U0463445

王 茜 ◎ 著

马克思群众观研究

天津社会科学院出版社

图书在版编目（CIP）数据

马克思群众观研究 / 王茜著. -- 天津 : 天津社会
科学院出版社，2025. 1. -- ISBN 978-7-5563-1052-4

Ⅰ. D6；D252

中国国家版本馆 CIP 数据核字第 2024W1A950 号

马克思群众观研究
MAKESI QUNZHONGGUAN YANJIU

选题策划：韩　鹏
责任编辑：付聿炜
装帧设计：高馨月
出版发行：天津社会科学院出版社
地　　址：天津市南开区迎水道 7 号
邮　　编：300191
电　　话：（022）23360165
印　　刷：高教社（天津）印务有限公司
开　　本：710×1000　　1/16
印　　张：17
字　　数：207 千字
版　　次：2025 年 1 月第 1 版　　2025 年 1 月第 1 次印刷
定　　价：68.00 元

版权所有　翻印必究

前　言

　　对马克思群众观进行研究,既是一个历史理论课题,也是一个严肃的政治和现实课题。群众观作为马克思主义根本立场的集中体现,是马克思主义先进性的重要标志,是历史唯物主义的理论基石,同时也是马克思一生理论探索的核心问题。需要说明的是,这一理论并非仅由马克思一人提出,作为挚友,恩格斯对马克思群众观的形成发展做出了不可或缺、不可磨灭的贡献,只不过"绝大部分基本指导思想(特别是在经济和历史领域内),尤其是对这些指导思想的最后的明确的表述,都是属于马克思的"①。可以说,恩格斯与马克思共同创造了群众观思想,"如果以马克思为中心来叙述马克思主义的故事,那么,恩格斯恰如其分地充当了'第二小提琴手'"②,"共同的事业、共同的指导思想、共同的历史叙事以及为其提供依据的哲学是他们两个人的共同贡献"③。

　　马克思终其一生都将目光锁定在人民群众身上,其理论的创立也是为人民群众服务的。在中学时代,马克思就树立了为人类利益谋福祉的伟大理想。在其博士论文中,马克思论证了人的自由和自我意识的能动作用,

---

① 《马克思恩格斯选集》第四卷,人民出版社 2012 年版,第 248 页。
② 胡大平:《恩格斯对马克思主义的贡献及其科学意义》,《新华日报》2020 年 12 月 22 日第 15 版。
③ 胡大平:《恩格斯对马克思主义的贡献及其科学意义》,《新华日报》2020 年 12 月 22 日第 15 版。

◎ 马克思群众观研究

强调要把世界的创造主体交给人而不是神,显现出以人为本而不是以神为本的思想倾向。在《莱茵报》工作期间,马克思极力维护穷苦人民的物质利益,为人民群众的悲惨生活摇旗呐喊。在《德法年鉴》中,马克思把哲学看作无产阶级自我解放的"精神武器"和"头脑",他试图找到改造现实的力量和途径,改善群众的境况。《1844年经济学哲学手稿》从哲学人本主义、经济学思想和共产主义学说等方面关注工人阶级,从实践主体角度阐述了无产阶级的生存处境、发展命运以及无产阶级的解放问题。《德意志意识形态》是在一定意义上为实现无产阶级的解放和人的自由全面发展而作的论证,马克思、恩格斯运用唯物史观说明了实现无产阶级和人类解放具有历史必然性。《共产党宣言》在本质上是阐述无产阶级解放和人的自由全面发展的宣言书,马克思用阶级分析的方法指明了无产阶级革命的基本道路,揭示了无产阶级实现自我解放乃至全人类解放的根本途径。

在理论深化发展时期,马克思通过将理论与实践相结合,总结革命斗争的经验和教训,丰富和完善了群众观。在《路易·波拿巴的雾月十八日》中,马克思通过对路易·波拿巴复辟政权的分析,强调了农民对于革命斗争的重要性,指出农民是工人阶级的天然同盟军,要获得无产阶级革命斗争的胜利,必须团结农民,防止资产阶级从中作乱。花费多年心血著作的《资本论》被恩格斯称为工人阶级的"圣经"。在《资本论》及其手稿中,马克思从人的经济基础出发,找到了工人阶级遭受剥削的秘密,论证了资本主义灭亡、社会主义胜利的途径和方法。在晚年的《法兰西内战》《哥达纲领批判》中,马克思透过革命实践活动,强调了人民群众的历史使命和作用,对未来共产主义的实现和社会形态做出了科学的设定。

在整个群众观理论的构建体系里,马克思立足现实的人,确立起一条与以往旧唯物主义和唯心主义完全不同的研究路径:以面向现实的批判精神与彻底改造世界的科学方法,以人民群众的"物质生活实践"为逻辑起点,围绕群众与现实社会、群众与历史发展的关系,逐渐延伸出其群众观,肯定了人民群众在历史活动中的决定性作用,恢复了人民群众作为世界历史创造者的本来面目,彻底、科学地解决了谁是历史创造者的问题,找到了理解人类社会发展的"钥匙",论证了实现全人类解放的可能性。

马克思群众观凸显了中国共产党人奋斗进取的根本立场,为马克思主义中国化时代化奠定了坚实的思想基础。正是因为有了对马克思群众观长期而深刻的把握,中国共产党在艰苦的革命斗争和艰辛的社会主义事业建设中,坚持把满足和实现人民群众的根本需要和愿望作为自己的历史使命,不断丰富马克思群众观的科学内涵,并在不同时期的实践中为发展和丰富马克思主义群众观做出了巨大的贡献。然而,在社会主义建设的新时代,受多元文化、多样思潮的影响和干扰,马克思群众观面临着理论和现实的双重挑战。

从理论上来看,马克思在其著作和手稿中论述了有关群众的思想,但没有做专门集中论述,他的有关看法只是零星散见于著作之中。这样一来,对于目前国内外马克思主义理论体系中人们所讨论的绝大多数关于群众问题的思想就存在着这样的问题:由于马克思在许多我们今天仍争议不休的问题上并没有做专门论述,这就为后人提供了许多很不相同甚至完全不同的理解甚至随意曲解的可能。当然,理解和解释的多样性是不可避免的。但是,对马克思的理论来说,这种理解的多样性绝不意味每一种解释都是合理的,都有着相同的价值。对马克思群众观的理解和阐释也是如此。对于马克思群众观,不仅存在着对文本深度和广度之间的差异,而且存在着对群众概念、群众观所持的立场、观点、方法等问题上的争议。有的人认为马克思的群众概念已经不能涵盖当前群众的外延,"过时"了;有学者说马克思的群众史观存在着"根本缺陷";也有学者否定马克思的群众史观,否认人民群众创造历史这个基本原理,并将这种说法认定为是附会苏联20世纪30年代联共(布)简明历史教程,是"对马克思主义的曲解";还有人极力宣扬"精英政治论""精英治国论",认为人民群众是历史的创造者"以及类似的命题还有一个隐含着的错误,就是把无所不包的历史看作是一个独一无二的力量创造的。事实是英雄创造自己的历史"①。更有甚者根本就不承认历史有主体,持与马克思人民群众的历史主体观相对立的历史宿命论。结构主义者阿尔都塞的理论可以看作这种观点的极端表现,他的格言就是"历史是无主体的过程"。由此可以看出,用人民群众创造历史来概括人类历史的发展已经出现了话语危机、阐释危机,不能够有效解释和说明现代社会的历史发展变化。如何分析这些理论上的质疑和挑战?在马克思的语境中,"群众"的内涵到底是什么?"人民群众是历史的创作者"这个命题是不是马克思所表述的命题?我们熟悉的马克思主义基本原理教科书有无偏离或者曲解马克思的思想?如果没有,又在多大程度上契合了马克思的原意?马克思是如何阐述群众观的?群众在历史的进程中究竟起了多大和什么样的作用?对马克思文本或思想的解释,情况异常复杂,难有定论,是否意味着就没有一定的标准和准绳,如果有,标准是什么?依据又是什么?要真正理清楚这些问题,并对诸多争论做出合理的评判,关键是全面客观地理解马克思群众观,深入挖掘马克思的群众思想,把握其在群众观思想上所引发的深刻革命及在整个马克思理论体系中的地位和作用,并结合社会发展的现实做出科学回应。

从现实情况的变化来看。一方面,随着我国改革开放的不断深入,人民群众的社会生活发生了广泛而深刻的变化,群众的构成及阶层关系发生了巨大的改变,随之而来的是社会经济结构的组成、组织形式、人民群众的利益关系和分配方式呈现出多样化、复杂化的态势,对群众的归纳和具体利益的描述显得更为庞杂和困难。另一方面,对于党群关系和干群关系在现实中的表述存在着不符合现代社会发展的观念。目前,人们在日常语言的表述中所使用的"政党—群众""政府—群众""领袖(领导)—群众""干

---

① 张瑞生:《"人民群众是历史的创造者"是一个科学命题——与黎澍同志〈再论历史的创造及其它〉商榷》,《理论学刊》1986年第11期。

部—群众"等关系经常成对出现,并且在人们通常的理解中呈现出上下级关系的痕迹,在这些关系中群众总是处于下者地位。事实上,在我们的社会,上者——党(先锋队)、政府、领导(领袖)、干部等,不是群众的主人,不是外在于群众、与群众对立的,而是与群众一体的,代表人民群众利益的。尽管如此,仍然有人提出了改革开放"代表谁、依靠谁、为谁谋利"的问题,加上权力制约机制在某些方面相对薄弱,部分党员干部脱离群众,形式主义、官僚主义等使得"人民群众"主体地位存在被异化的危险。对这些问题如果不能给出有效的回应和阐释,不仅会动摇马克思群众观的理论基础,而且会使人们对马克思经典作家所描述的人民群众主人翁地位产生疑惑。这样的疑惑若不能得到合理的解决,我们的党就会面临严峻的执政考验,自身内部也会存在脱离群众、消极腐败等危险问题。在今天,坚持群众主体地位不动摇的重要性已然不容有任何忽视。新时代要坚持"以人民为中心"思想,坚持走好群众路线,就有必要对"群众"的内涵及其社会地位等问题进行再思考,如果对这一问题不能有清楚的认识,恐怕很难实现有效的党群鱼水关系,无异于另一种"脱离"。如何在新的历史时期根据新形势、新情况把马克思主义群众观的研究推向新的制高点,就需要在更深的层次上不断返本开新,重新回归马克思的经典文本,夯实对马克思群众观的基础性研究。

　　鉴于此,对马克思群众观进行整体性思考和研究,准确把握马克思群众思想的本质,无论是理论维度还是现实层面,都具有重要的研究价值。这不仅体现出时代发展的要求,有助于丰富拓展对马克思主义理论的认识,也为新时代中国式现代化道路的发展提供了坚定的理论支持和现实关照。

　　第一,有利于廓清马克思群众观的思想轮廓,深化对马克思唯物史观的理解。尽管马克思没有专门而集中地研究群众思想,但关于群众观的阐述隐藏于他对社会历史发展的阐释以及对人的关怀中,其基本框架是清晰且明确的。群众观是马克思整个思想体系中一个不可或缺的、相对独立、较为完整的组成部分,贯穿他的前后著述中。不过,作为在马克思群众观中占有基石性地位的"群众概念",虽然为人们所"熟知",但"熟知并非真知"。当人们在不断述说群众观的时候,对其真实内涵大多没有深入追究,这也导致了对马克思群众观的诸多"误解"和"偏见"。而且随着社会的快速发展,社会结构出现了很大的变化,"群众概念"的外延也在不断扩大,不仅包括了单纯从事物质资料生产的体力劳动者和脑力劳动者,也包括了既处在剥削地位也受他者剥削的"中间阶层",剥削者与被剥削者之间的关系交织在一起,阶级的划分变得愈加含糊不清,"群众"的内涵也益发复杂。因此,有必要在原有的认识基础上对变化了的"群众"概念进行深入的分析、阐释和界定,澄清马克思在具体层面上所使用的意义范围。在此基础上的研究才能更深刻理解马克思群众观所具有的思想内涵,才能更真切体会"人类生活"的根本思想指向,马克思唯物史观中所具有的"实践性"特质、"历史性"维度才能得到更加清晰的呈现。

第二,有利于准确把握马克思群众观的真谛,澄清"群众观"与"群众史观"关系问题上的种种误区。以往学界对马克思群众观和群众史观并没有进行明确的区分,有时甚至将两者混为一谈,这就缺失了对马克思群众观的整体把握。群众史观作为一个具体的、系统的科学理论,是马克思群众观在理论上的凝练,要研究马克思群众观,必然绕不过群众史观这个重要理论,但绝不能将两者混淆。马克思群众观是在基于群众史观的基础上确立对待人民群众的总的看法和观点,其核心主要有人民群众主体论即群众史观,此外还应包括群众的内涵、群众的基本构成、群众的历史地位和对待群众的态度等问题的基本看法和基本观点等。马克思群众思想以人民群众的实践活动为出发点,以扬弃异化为中心线索,以现实的实践途径关注和改善人类的命运为历史使命,最后落脚于人的自由全面发展。

第三,有利于丰富对马克思群众观的认识,捍卫群众史观及历史唯物主义的地位。群众观是马克思用以揭示人类社会发展规律、追求人类解放和实现共产主义的重要思想,是马克思唯物史观的两大支柱之一。马克思的理论是把现实的人作为研究历史的起点,从人的物质实践活动、现实生产劳动出发,建立了历史唯物主义,在人类思想发展史上第一次以雄辩的逻辑揭示了人类社会发展的基本规律,指出真正推动社会发展的主体是在社会生产力发展中起主要作用的广大人民群众。恩格斯在《路德维希·费尔巴哈和德国古典哲学的终结》中对马克思主义群众观给予了高度评价,他指出唯物主义的第一个原理是历史发展的客观规律性问题,第二个原理就是群众史观的问题。"如果要去探究那些隐藏在——自觉地或不自觉地,而且往往是不自觉地——历史人物的动机背后并且构成历史的真正的最后动力的动力,那么问题涉及的,与其说是个别人物,即使是非常杰出的人物的动机,不如说是使广大群众、使整个整个的民族,并且在每一民族中间又是使整个整个阶级行动起来的动机。"[1]因此可以说,唯物史观是马克思群众观的理论基础,群众观是唯物史观的根本观点。

第四,有利于巩固党的执政地位,为中国式现代化道路的建设提供强有力的理论支撑。马克思群众观在后来的发展过程中得到了充分的丰富和完善,其基本宗旨得到了继承,在不断发展的实践过程中形成了系统的马克思主义群众观。新中国成立以来,中国共产党将马克思主义群众观的精髓一以贯之,形成了"从群众中来,到群众中去""全心全意为人民服务""代表广大人民群众的根本利益""以服务人民为荣,以背离人民为耻""以人民为中心"等一系列群众思想,推动着中国特色社会主义事业建设的顺利进行。人民群众是我们党执政的基础,群众问题关系到党的事业的兴衰成败。我们党之所以能够领导人民取得社会主义革命、建设和改革的伟大成就,根本就在于我们党始终深深扎根于人民群众之中。我们党最大的政治优势就是密切联系群众,党执政后的最大危险是脱离群众。在当今社

---

① 《马克思恩格斯选集》第四卷,人民出版社 2012 年版,第 255-256 页。

会,研究并挖掘马克思主义群众观蕴含的基本内容、基本方法,有助于回应中国社会发展中所出现的众多困惑和争议。然而由于传统西方对群众的贬低,该观点长期以来并未受到重视,目前国内关于马克思群众观的研究主要囊括在马克思主义群众观的研究成果中,针对列宁、毛泽东等马克思主义继承者的群众观研究较多,对马克思的群众观研究则少之又少。而关于马克思群众观的理解又大都集中在群众史观部分,并未对马克思群众观进行全面准确的把握。因此,对马克思群众观的思想内涵进行深层次的挖掘并结合目前我国有关群众的现实需求,将有利于更好地理解和坚持马克思群众立场,并以之来应对中国式现代化道路中的一些现实问题,开创人类文明新形态的逻辑架构和世界意义。

目　录

第一章 | 马克思群众观产生的背景

每一个时代的理论思维都是历史的产物,马克思在创立历史唯物主义的同时所阐发的群众观同整个马克思主义理论体系一样,是建立在他对当时历史和时代发展的深刻理解和把握基础之上的,有着深刻的社会条件、个人条件和理论渊源。正如马克思所说的:"一切划时代的体系的真正的内容都是由产生这些体系的那个时期的需要而形成起来的,所有这些体系都是以本国过去的整个发展为基础的,是以阶级关系的历史形式及其政治的、道德的、哲学的以及其他的后果为基础的。"①

第一节 马克思群众观形成的社会历史背景

马克思群众观的形成首先需要客观历史条件的支持和影响,资本主义经济的快速发展和无产阶级革命运动的兴起为马克思群众观的形成提供了客观历史条件和基础。

① 《马克思恩格斯全集》第三卷,人民出版社 1960 年版,第 544 页。

一、欧洲资本主义的发展与内在矛盾的凸显

18世纪末19世纪初,欧洲资产阶级已经在政治上、经济上占有一定的统治地位,与此同时,资本主义对工人疯狂的剥削造成了工人的极度赤贫,生活苦不堪言。工人与资本家之间的矛盾日益尖锐,他们迫切需要推翻资产阶级的压迫,建立新的政权。

一是封建经济的没落和资本主义生产方式的兴起是马克思主义群众观产生的社会历史条件。18世纪,在专制王朝、封建领主和教会僧侣的重重盘剥之下,封建专制的经济基础遭到严重破坏,土地被大量兼并,广大农民在土地和司法关系上依附封建领主,一些地方甚至还存在落后的农奴制。沉重的赋税使农民苦不堪言,残酷的封建剥削使农村普遍凋敝,农民纷纷弃家外逃,丰年满目疮痍,荒年饿殍遍野。农民与封建领主的矛盾日益尖锐,封建专制王朝陷入无法摆脱的经济危机。

法国封建统治者对内横征暴敛,对外穷兵黩武,社会的阶级关系和社会矛盾不断尖锐。在这种重重税赋和特权的压迫下,人民早已不堪重负,再加上天灾,大量小业主和农民破产,工人失业,加剧了社会的动荡。各地频频发生市民抗议和农民起义。到了路易十五统治后期,统治阶级妄言"死了以后哪怕洪水滔天",法国社会更加危机深重,病入膏肓。积重难返的革命早已注定,正在等待漫天而至。在德国,"再版农奴制"成为阻碍普鲁士社会进步的顽疾。普鲁士农民遭到沉重的徭役剥削、封建人身依附关系束缚,以及名目繁多的国家赋税负担。"国内的手工业、商业、工业和农业极端凋敝。农民、手工业者和企业主遭到双重的苦难——政府的搜刮,商业的不景气。贵族和王公都感到,尽管他们榨尽了臣民的膏血,他们的收入还是弥补不了他们的日益庞大的支出。一切都很糟糕,不满情绪笼罩了全国。没有教育,没有影响群众意识的工具,没有出版自由,没有社会舆

论。"①腐朽的封建制度在农民的反抗和资产阶级的兴起中走向没落,封建主义的生产关系急速瓦解。

与此同时,商品经济的发展和雇佣关系的出现,资本主义生产关系得到了较快的发展。18 世纪中叶,英国率先开始工业革命。这是一场从工场手工业向机器大工业飞跃的革命,极大地促进了社会生产力的大幅度增长,引起了生产关系的变革,加速了资本主义生产方式的发展。工业革命是建立在社会劳动分工基础上的一种职业化和组织化的劳动场所,是以机器生产和获得利润为中心的新型生产体制。工厂制度的建立和发展创造出大量的社会财富,社会呈现出繁荣的经济景象,充分显示出资本主义制度比封建制度的优越性和强大的生命力。1824 年英国取消了阻止熟练工人迁移国外的法律,1843 年禁止出口机器的法律也停止实施。先进生产力的扩散迅速席卷欧洲各国。英国大量的过剩资本与技术流入欧洲大陆,欧洲大陆的工业革命在先进技术的带动下逐步展开。纺织业、煤炭、冶金等行业发展迅猛。煤铁资源丰富的地区如比利时的瑟兰、法国的勒克勒佐、德国的鲁尔等很快成为重工业中心。人们谋生的手段增加,跨地域的婚姻增多,出生率不断上升,工业的发展、农业技术、医药卫生的进步改善了人们的生存条件,死亡率逐渐降低,欧洲人口迅速增加。而人口的迅速集中导致新兴工业城市不断涌现,旧城迅速扩大,城市数量不断增加,德国的一些城市如慕尼黑、汉堡、法兰克福、莱比锡等逐步发展成为地区性乃至全国性经济中心城市。城市化进程又引起了产业结构、就业结构、消费结构及阶级结构的变化,把资本主义的发展推向了一个更高的阶段。

工业革命的发展促进了资本主义生产方式的发展,资本主义生产方式的发展反过来又给工业化和近代化以巨大的推动,资本主义社会在此过程中不仅战胜了封建主义,而且确立了其在世界范围内的统治地位。

对于资本主义生产方式怎样在封建社会内部孕育,资产阶级又怎样一

① 《马克思恩格斯全集》第二卷,人民出版社第 1957 年版,第 633-634 页。

步步地夺取封建统治阶级的政权,以致后来发展到资产阶级革命,最终推翻封建社会的上层建筑而建立自己的政权的过程,马克思在《黑格尔法哲学批判》《德意志意识形态》以及《共产党宣言》等中都或详或略地有所涉及。马克思明确指出:"资本主义社会的经济结构是从封建社会的经济结构中产生的。后者的解体使前者的要素得到解放。"①

二是阶级矛盾日益尖锐化,群众的革命性和历史作用日益凸显。19世纪末20世纪初,英法等欧洲国家的工业革命迅猛发展,不仅促进了资本主义经济的发展,而且巩固了资产阶级专政,使资本主义发展成为历史发展的潮流。但是资本主义本身所固有的矛盾在其发展过程中也充分暴露出来,无产阶级和资产阶级矛盾日趋尖锐化。随着欧洲各主要国家资本主义制度的确立和大工业的发展,到19世纪三四十年代,无产阶级和资产阶级之间的阶级斗争日趋尖锐。

工业革命带来了先进生产力,建立了近代工厂制度,使得大量工人进入工厂工作。然而,资本家在利益的驱使下,为追求高额利润,对工人进行着非人的压榨,工人从事着最艰苦的劳动,遭受着前所未有的折磨。他们身处恶劣的工作环境中,身体受到严重的伤害。"体格强健的人变老了,四十岁就不能劳动;儿童也变得衰老畸形,未满16岁就数以千计地被结核病残害死了。"②在法国,几乎每个纺织工人都发育不良,瘦弱多病。这些人的生活状况极度不堪,居住在散发着恶臭的陋室里,食不果腹,贫困和饥饿伴随他们一生。更为残酷的是,资本家为追求利润,招募大量童工进入工厂工作,童工们干着和成年人一样的工作,忍受着跟成年人一样的恶劣工作环境,却只能拿到比成年人更为低廉的工资。

这是一个表面上富裕的、充满生机的社会,实际上却生活着一大群贫

---

① 《马克思思格斯文集》第五卷,人民出版社2009年版,第822页。
② [英]罗伊斯顿·派克:《被遗忘的苦难:英国工业革命的人文实录》,蔡师雄、吴宣豪、庄解忧译,福建人民出版社1983年版,第40页。

穷的人,他们用自己的辛勤劳动创造出几乎全部的社会财富,却要遭受资本家沉重的剥削:工人干着最苦最累的活,却拿着最低最少的收入;工人生活在贫困、肮脏的贫民窟,富人生活在富裕、文明的社区;工人穿着破大褂、戴着鸭嘴帽,富人资产阶级则身着礼服、燕尾服……随着工业革命的进行,这一情况愈发严重。不必从事生产劳动的资本家占有着所有的生产工具和生产资料,劳动成为工人获取生存的唯一方式,工人阶级与资产阶级之间的分裂逐渐加剧。

这种分裂和冲突愈演愈烈。资产阶级只需利用财产所有权为自己攫取大量财富,而工人阶级只能依靠出卖劳动力来维持生计,他们的基本生存权无法得到保障,阶级革命的爆发成为历史必然。在革命过程中,城市平民和广大农民积极加入到革命中,与工人一起反抗资产阶级的残酷统治,人民群众的力量由此崭露头角,为马克思倡导民众的力量、开启群众观奠定了实践基础。

二、无产阶级解放运动的深入开展与群众地位的突显

18 世纪末 19 世纪初,随着大工业和资本主义的发展,有产者凭借着雄厚的资本优势和强大的军事力量,压迫和剥削本国与殖民地国家的无产阶级,而无产阶级丧失了除自己劳动力以外的所有支配权,除了自己选择剥削自由以外的所有自由,为了生存不得不接受剥削。资产阶级与无产阶级之间冲突不断升级,社会的分裂和冲突愈益加剧,欧洲诸国进入社会革命时代。

19 世纪 30 年代开始,随着工人队伍的不断壮大,欧洲各地的斗争组织不断结成同盟。被称为 19 世纪上半叶的欧洲三大工人运动:1831 年和 1834 年的法国里昂工人起义,1836—1848 年的英国宪章运动和 1844 年的德国西里西亚纺织工人起义,唤醒了无产阶级的革命性,运动的矛头直指资本主义私有制,直击资产阶级制度的要害,标志着无产阶级开始作为独

立的政治力量登上了历史的舞台,成为"在历史观上引起决定性转变的历史事实"。工人运动采取群众集会、请愿、游行示威等方式,甚至武装起义等更加成熟而有效的斗争手段,充分表现出工人阶级同资产阶级作战的无产阶级革命性质。在英国宪章运动和法国里昂工人起义中,工人们要求普选权、要求集会结社的自由、要求建立民主共和国等内容,表现出工人阶级对政治权利的声张。尤其是英国宪章运动,建立了世界上第一个独立的工人政党——全国宪章协会,统一领导全国的斗争,是世界上第一个以工人为历史主体争取实现人民宪章的运动。

三次工人运动既继承了历次农民起义的经验,又汲取了农民起义的失败教训,表现出工人群众在意识上和斗争策略上的提高。其一,体现出鲜明的政治性。工人们不再满足于生存上的权利,他们开始要求普选权等,要求实现"被奴役的贫苦的工人阶级的政治和社会解放"。这些发自工人阶级心底的呐喊"一下子就决不含糊地、尖锐地、毫不留情地、威风凛凛地大声宣布,它反对私有制社会"①。无产阶级运动展现出无产阶级对人身权利的追求,彰显出无产阶级的政治觉悟。其二,体现出较强的组织性。无产阶级革命斗争使他们意识到要改变自己的命运,只能依靠自己的斗争,不能对资产阶级有任何希望。要实现同资产阶级的有力斗争,就必须组织起来,团结一致。英国宪章运动的领导组织"全国宪章派协会"拥有四百个分会和四万多会员,法国里昂工人起义也是在进行了有组织的集会游行后才开始武装起义的,德国的西里西亚工人起义的队伍在开始就很快集结了三千人,表明工人阶级已经开始有意识地团结在反压迫的旗帜下。无产阶级的斗争对资产阶级产生了巨大的冲击,以至于资产阶级报纸竟出现这样的惊呼:我们这个商业和工业社会,如同一切社会,也有它的隐患,那就是工人。有工厂就有工人,随着工人日益众多和贫困,社会永无安宁之日。

---

① 《马克思恩格斯全集》第三卷,人民出版社2002年版,第390页。

欧洲革命时期的社会震荡对马克思群众观的形成和完善起到了非常积极的作用。列宁指出："分析这个经验,从这个经验中得到策略教训,根据这个经验来重新审查自己的理论,这就是马克思为自己提出的任务。"①马克思积极投身革命运动,在实践中研究工人运动。马克思称,1831 年法国里昂工人起义时工人在黑旗上所写的"不能劳动而生,毋宁战斗而死"可以被视为"现代无产阶级的口号"。他对 1844 年德国西里西亚纺织工人起义也给予了很高的评价,认为这个斗争已经意识到无产阶级的本质,并且是直截了当的、尖锐地反对私有制社会。群众性的革命运动使马克思从中看到了无产阶级的革命性和斗争性,无产阶级的革命斗争是比几百种纲领和理论更为重要的实践步骤。可以说,世界无产阶级运动直接影响和丰富了马克思主义群众观的形成,也使得马克思对群众观的阐发从最开始的单纯逻辑推导逐渐走向理论与实践相结合。

第二节　马克思群众观形成的个人条件

任何一种理论的产生,除了由社会经济、政治等客观因素决定,还与理论者成长环境、本身的人格、个性息息相关。马克思敢于批判质疑、独立思考的个人品质以及为人类解放而奋斗的强烈社会责任感是其群众观产生的主观条件。

一、时代精神和教育环境的熏陶

特殊的家庭和所接受教育的环境对马克思主义群众观的形成产生了较大的影响,使马克思从小就对贫苦人民充满了同情,在心中早就播下了

---

① 《列宁全集》第三十一卷,人民出版社 2017 年版,第 34 页。

解救受苦受难的工人群众的种子。

一是马克思出生的德国普鲁士邦莱茵省特里尔市文化历史非常久远。特里尔市曾是古罗马的重要城市,有着两千多年的历史,常被称作德国最古老的城市。市里的宗教氛围浓厚。歌德曾经描写这里说,城墙之内,教堂、小礼拜堂、修道院、修士会、神学院、骑士团体、寺院和其他教会机构的屋宇层层围绕。尽管特里尔有着古老的历史,这座城市的思想却十分先进。莱茵省作为普鲁士王国资本主义经济较为发达的省份,受到新兴资产阶级宣言的自由、民主、博爱等思想猛烈的冲击,资产阶级自由主义运动发展较快。再者,普鲁士邦莱茵省在 1814 年之前是法国领土,曾一度被拿破仑统治后又归还,所以这个地区留下了法国大革命的精神痕迹。法国的启蒙思想,特别是"自由、平等、博爱"等代表了当时最先进的思想在莱茵省得到广泛的传播并为人们所接受。

二是马克思就读的特里尔中学是一所由充满了自由主义思想教育家主导的中学,学校校长和教师普遍接受和传播启蒙主义思想。马克思的中学校长符登巴赫是一位有教养的资产阶级进步人士,他不仅思想开明,而且提倡民主,经常和学生一起探讨问题,还常带领学生参加社会实践。在老师的带领下,马克思目睹了特里尔近年来的情景:康塞尔河谷的葡萄种植业收成不好,农民生活越来越苦;特里尔全城一万四千多人,占大多数的手工业者和工人的境况却越来越差;官吏、商人、大葡萄园主们不用劳动,却成天吃喝玩乐……在特里尔城的中心广场,他目睹了城市贫民区的惨状。这些社会现状深深印在马克思的脑海里。

三是马克思的父亲是一位思想上深受法国宗教、科学、艺术等观念影响的进步人士,极力推崇 18 世纪法国启蒙思想。马克思的女儿艾琳娜曾说她的祖父是一个真正的 18 世纪"法国人",他能背诵伏尔泰和卢梭的作品,还崇敬牛顿、莱布尼茨、洛克等哲学家和科学家。他经常带马克思实地参观城市的文化古迹,给他讲历史故事、各地风俗,拓宽马克思的知识和视野。马克思后来的岳父路德维希·冯·威斯特华伦男爵对青少年时期的马克思也影响极其深刻。当威斯特华伦男爵勇敢站出来呼吁大家关注贫穷的劳动者,批判好逸恶劳的资产阶级,控诉特里尔人备受压迫和折磨的贫困现状时,马克思的心中萌发了一种对劳动人民的同情感和对统治者的仇恨。威斯特华伦男爵曾对马克思提出要特别注意圣西门的思想,激发了马克思对法国空想社会主义者的兴趣。马克思通过大量阅读了解启蒙思想家自由、平等、博爱的进步思想,在马克思早期思想中烙下了深深的印记。受到先进思想的影响,青年马克思更加关注人的理性、自由、平等等问题,在中学作文《青年在选择职业时的考虑》中马克思就已经表达出为人类幸福献身的人生理想。

在自由主义和人道主义的启蒙熏陶之下,青年马克思对进步与自由有着深深的向往,对穷苦大众的贫穷生活也产生了深深的同情,自我意识开始在年轻马克思的心中萌芽。他坚信"神也给人指定了共同的目标——使人类和他自己趋于高尚,但是,神要人自己去寻找可以达到这个目标的手段"[1]。可以说,民主自由的空气激发了马克思对人类和社会的责任感,对马克思的人生价值目标和政治方向产生了最直接的影响,促使马克思将目光聚焦于社会现状和现实的人。

二、积极投身于革命实践

马克思对群众观的阐发不是依靠几条哲学原理单纯逻辑推导出来的,而是在实践中不断丰富和发展的结果,是理论与实践相结合的产物。

一方面,关注现实生活世界是马克思主义群众观形成的关键。受幼年时期的影响,马克思具有强烈的启蒙主义思想和实践愿望,他不断走入人民群众中,参与群众的活动,为他们呐喊。在《莱茵报》做主编的时候,马克思就表现出对普鲁士国家封建专制主义的强烈反感,他极力维护贫苦人

---

① 《马克思恩格斯全集》第一卷,人民出版社1995年版,第455页。

民的物质利益。在对现实生活中物质利益的问题,诸如统治阶级和劳动阶级对待物质利益的不同态度,劳动人民不断恶化的生存条件,国家日益沦为统治阶级剥削和压迫劳动者的工具,出版物如何才能准确真实地表达人民的利益和愿望等思索中,马克思发现农民贫困的原因不在于资本主义社会制度的不合理性,也不是由领导者的主观意志决定的,重要的是客观关系对贫穷群众在思想上所造成的巨大影响,这才是最为隐蔽的和强制的力量。在对这些现状的批判过程中,马克思重点考察了群众的生活状况,分析了他们的社会地位,并积极维护人民群众的利益。在与贫苦群众的接触中,马克思的情感和立场逐渐转移到无产阶级和劳动者的层面。为贫困农民物质利益的两次申辩均告失败后,马克思意识到社会的等级划分和阶级对立。马克思认为,对物质利益的占有使社会划分为贫富两个阶级,对私人利益的追求始终支配着人们的思想和行动。政府和国家立法机关为了维护特权阶层的利益,不顾农民的生存生活境遇,任意践踏农民的各种权益。为此,初出茅庐的马克思不畏强权,极力呼吁制度正义,努力维护广大贫苦农民的各项权益。在对人民群众的同情和对资产阶级的痛恨中,马克思很快站到了反对封建专制制度的革命民主主义立场上来。

另一方面,马克思不断深入到工人群众中去,积极参与革命实践活动。马克思在巴黎从事政治经济学研究的同时,就已投身于工人阶级的斗争中。他深入工人群体与他们交流,了解他们的愿望和要求;参加德法两国工人的集会和工人秘密团体的活动。马克思曾这样热情地写道:"要理解这个运动中人的高尚性,就必须知道英法两国工人对科学的向往、对知识的渴望、他们的道德力量和他们对自己发展的不倦的要求。"[①]在流亡布鲁塞尔期间,为了实地考察英国的经济状况,马克思与英国的工人组织和工人群众建立起联系,收集有关经济学方面的实际资料和文献资料用以研究。1845 年夏天,马克思在恩格斯陪同下,到英国伦敦和曼彻斯特做了为

---

① 《马克思恩格斯全集》第二卷,人民出版社 1957 年版,第 107 页。

期一个半月的考察。马克思不仅实地考察,而且对英法资产阶级革命的历史文献做了大量研究。马克思发现,资本主义制度的建立虽然推动了生产力的极大发展,创造出大量社会财富,但实际上广大劳动人民并没有从中得到任何福利,政治解放只使资产阶级获得了解放,无产阶级依旧处在被统治的地位。要使广大劳动人民摆脱被压迫被剥削的社会地位,必须实现无产阶级和全人类的解放。后来,马克思在参加巴黎工人运动的过程中,阐述了无产阶级的社会地位、阶级特点,指出无产阶级是最革命的阶级,只有无产阶级才能成为革命斗争的领导者,承担起人类解放这个伟大的历史使命。无产阶级只有首先实现自我解放,才能实现全人类的解放。

对人民群众的关注贯穿于马克思的全部实践活动。恩格斯评价马克思说,他不仅是"当代最伟大的思想家",而且"首先是一个革命家。他毕生的真正使命,就是以这种或那种方式参加推翻资本主义社会及其所建立的国家设施的事业……很少有人像他那样满腔热情、坚韧不拔和卓有成效地进行斗争"[1]。马克思群众观正是他亲身参加生产和革命实践所获得的感性认识的理论升华。

第三节　马克思群众观形成的思想渊源

面对 19 世纪上半叶资本主义发展中经济、政治领域的急剧变化及其面临的诸多困境,欧洲许多思想家和理论家都进行了有价值的探索。恩格斯曾经说,一种新学说的产生,"必须首先从已有的思想材料出发"[2]。和其他理论一样,马克思群众观也汲取了前人的思想养分。对近代资本主义

---

[1] 《马克思恩格斯选集》第三卷,人民出版社 2012 年版,第 1003 页。

[2] 《马克思恩格斯文集》第九卷,人民出版社 2009 年版,第 19 页。

自由竞争时期的社会矛盾有深入研究的资产阶级启蒙思想家的民权思想、德国古典哲学和空想社会主义成为马克思群众观的直接思想来源。

一、空想社会主义的遗产

以圣西门、傅立叶和欧文为代表的空想社会主义者的出现标志着空想社会主义思潮发展的突出阶段。马克思在《共产党宣言》中对空想社会主义者进行了高度赞扬,称赞空想社会主义者有力地抨击了资本主义的全部基础,极大地启发了工人的阶级觉悟。空想社会主义者对资本主义的批判以及对未来社会的设想,为启发工人阶级觉悟和激励工人阶级、实现自己的根本利益做出了重要贡献,也为马克思群众观的形成提供了丰富的思想材料。

空想社会主义思想产生于资本主义生产状况和阶级状况尚未成熟时期,是资本主义生产方式产生和成长时期剥削者与被剥削者之间对立的反映,其主流派开端于莫尔的《乌托邦》,在法国三大空想社会主义者那里达到鼎盛。新航路开辟以后,欧洲大陆上主要的封建国家陆续进行改革,推行富国强兵的政策,不仅使得工场手工业得到很大发展,还出现了以资本主义方式经营的牧场和农场,严重冲击了封建主义的经济基础。1640年,英国资产阶级革命爆发,为资本主义制度的确立开辟了道路。随后,欧洲各国相继爆发资产阶级革命。1789年,法国资产阶级革命彻底摧毁了法国的封建专制制度,强烈震撼了欧洲各国的封建秩序,给人民带来了"理想王国"降临人间的希望。然而欧洲资本主义经济的发展从一开始就暴露了弊端,严重的两极分化造成资产阶级发财致富,大多数劳动者却过着贫困痛苦的生活:圈地运动使得乡村的农民失去土地和家园,变得一贫如洗,大批农民流入城市,形成庞大的失业者队伍;机器的采用不仅使以前的个体劳动者失去原有的地位,变为一无所有的无产者,同时也使大批小资产者破产而沦为无产者;童工、女工制度使资本家肆意降低工资、延长工时,对无产者的剥削越来越残酷。广大劳苦群众生活挣扎在社会的最底层,迫切需要从水深火热的苦难困境中解脱出来。他们以捣毁机器、烧毁工厂等自发性的无组织方式对资产阶级进行报复,试图为自己的经济地位和政治地位作斗争。"他们毁坏那些来竞争的外国商品,捣毁机器,烧毁工厂,力图恢复已经失去的中世纪工人的地位。"①劳动人民对资本主义不断增长的抗议和新生的现代无产阶级的萌芽状态,使得无产阶级对资本主义的抗议和斗争在思想上发展起来。也正是在这种情况下,空想社会主义者开始深入思考无产阶级和资产阶级直接矛盾的产生,批判资产阶级这一吃人的社会,并通过幻想的条件和构想的社会制度来解救人民的困苦。

经历了法国大革命之后,圣西门看到革命的结果并不像思想家们所鼓吹的那样,是一个自由、平等的制度。在革命中起了主力军作用的无产者和其他劳动群众,不但没有得到预期的自由和解放,反而被戴上了比封建桎梏还沉重的资本主义枷锁;而那些处于统治阶级上层的"游惰者",即封建阶级、资产阶级中不依靠劳动而以租息收入为生的人,不通过劳动便可享受着高贵的地位和安逸的生活。圣西门感到他所生活的资本主义社会是一个"黑白颠倒的世界"。圣西门认为,社会的本质是为了让人们生活得更好,"人民应当把自己的社会尽量组织得有益于最大多数人,以最迅速和最圆满地改善人数最多阶级的精神和物质生活,作为自己的一切劳动和活动的目的"②。为了改变社会,圣西门设想了未来的理想制度——实业制度。在这种制度下,社会的唯一目的就是要穷尽一切方法满足人们的需要,特别是满足人数最多的贫穷阶级的物质生活和精神生活的需要,从而消灭"一部分人统治另一部分人的现象,而联合起来共同去影响自然

---

① 《马克思恩格斯选集》第一卷,人民出版社 2012 年版,第 408 页。
② 《圣西门选集》第三卷,董果良、赵鸣远译,商务印书馆 1985 年版,第 163 页。

界"①。在这个过程中,每个人都"有最大的可能将自己的精神力量和物质力量最有益地贡献于社会和大多数同胞"②,使"社会的一切成员都能够得到最大的幸福"③。在蔑视"游惰者"的态度下,圣西门看到了广大劳动群众对社会发展所起到的进步作用。圣西门指出,社会结构的基石是工人,在任何时候都要维护最贫穷的人的利益。对于一个社会来说,三万名被称为"国家栋梁"的各种"游惰者"的死亡,并不会造成严重的不幸,但是如果死亡的是工人、科学家、艺术家和手工业者等"劳动者",那么即使不是三万人而是三千人,也将造成不可弥补的损失。"法国的康乐富强,只能是科学、美术和手工业进步的结果。但是,王公显族、大主教、元帅、省长和游手好闲的财主,并没有用自己的劳动直接促进科学、美术和手工业的进步。"④恩格斯说圣西门的思想"特别强调的是:他随时随地都首先关心'人数最多和最贫穷的阶级'(la classe la plus nombreuse et plus pauvre)的命运"⑤。

傅立叶对资本主义社会的咒骂则更加尖锐。与圣西门不同,傅立叶对人民的关注受到同情人民群众的知识分子的影响。他更加关注底层人民的生活,认为"呻吟于苦恼之中"的人民实际上是启蒙学者笔下美好王国的牺牲品。他对贫苦人民的社会状况做了这样的描述:"失业后受尽房东和债主逼迫的工人,历尽多少的烦恼之后流落为乞丐,于是把自己的溃疡、自己的赤裸裸身体和饿得衰弱不堪的儿女展露在街头。"⑥对于被剥削的人民,傅立叶指出,雇佣劳动制是"复活了的奴隶制",工人创造了财富,却

① 《圣西门选集》上卷,何清新译,商务印书馆1962年版,第280页。
② 《圣西门选集》第二卷,董果良译,商务印书馆1982年版,第11页。
③ 《圣西门选集》下卷,何清新译,商务印书馆1962年版,第224页。
④ 《圣西门选集》上卷,何清新译,商务印书馆1962年版,第274页。
⑤ 《马克思恩格斯选集》第三卷,人民出版社2012年版,第782页。
⑥ 《傅立叶选集》第二卷,庞龙、冀甫译,商务印书馆1959年版,第40页。

生活在贫困之下,"在文明制度下,贫困是由富裕产生的"①。因此,傅立叶构想未来社会必须把"幸福普及于人民中最低阶级"②。而要让所有人过上理想中幸福的生活,就不可避免地要推翻现存的不合理制度。"我的目的不在于改善文明制度,而在于消灭这个制度,并引起发明更完善的社会机构的愿望。"③在这里,他看到了穷人反对富人的战争不可避免,并预见到1789年的法国革命只是第一次喷火,不久以后将有更多的斗争爆发。在这里,傅立叶虽然触及群众的革命作用,却没有对群众贫困状况进行深入分析,也没有具体说明推翻资产阶级所要依靠的主要力量以及理想社会制度的状态,因而未能切中要害。

欧文是通过亲身试验来寻求群众获取幸福的方式。他提出了新村合作社的设想,不仅要求新村的代表要向居民汇报总结过去一年的工作,而且要求代表们接受居民的实际帮助和建议。在新纳拉克工厂制度的改革中,欧文通过亲身行动体验工人的生活,不断进行改革,在吸取群众意见的情况下欧文的理论体系日趋完善。在实验遭到失败以后,欧文将目光锁定到工人阶级身上,他深入工人的实践活动中,帮助工人阶级开展革命斗争运动,对工人阶级运动产生了巨大的影响。"当时英国的有利于工人的一切社会运动、一切实际成就,都是和欧文的名字联在一起的。"④

空想社会主义者通过对当时资本主义社会的政治制度进行淋漓尽致的揭露和抨击,暴露出资本主义吃人的本质。尽管他们对受苦人民充满关怀,却也只是寄予同情心,认为他们是"一个受苦最深的阶级",除此以外看不到他们的力量,更不相信他们的独立性和革命性。由于思想体系的阶级属性比较复杂,他们把社会创作者的社会力量寄托于统治阶级的开明和

---

①　《傅立叶选集》第三卷,冀甫译,商务印书馆1964年版,第59页。
②　《傅里叶选集》第二卷,赵俊欣等译,商务印书馆1981年版,第160页。
③　《傅立叶选集》第一卷,汪耀三译,商务印书馆1959年版,第231页。
④　《马克思恩格斯全集》第二十卷,人民出版社1971年版,第288页。

仁义,在依靠对象上"求助于资产阶级的善心和钱袋"。例如,圣西门对于王权的最高代表者国王采取了姑息的态度,认为"王权从诞生之初起就一直保护人民的利益"①,只有"王权越来越想摆脱它的左右的人,而同人民群众建立越来越密切的联系"②时,才会同情人民,才会去保护人民的利益。因而当无产阶级还没有成长为一个自为的阶级,无产阶级同资产阶级的斗争还没有完全展开,它的理论形态总是不能明确地认识到本阶级的历史任务,也就不能采取任何有效的手段和方式去解决问题。"在当时刚刚作为新阶级的胚胎从这些无财产的群众中分离出来的无产阶级,还完全无力采取独立的政治行动,它表现为一个无力帮助自己,最多只能从外面、从上面取得帮助的受压迫的受苦的等级。"③除此之外,对于工人阶级捣毁机器的行为,以及法国大革命中人民群众表现出来的激情,给空想社会主义者造成了一定的心理阴影,使他们认为工人运动是粗暴的。当工人阶级"取得解放的物质条件在旧世界内部也还没有完全成熟"④,空想社会主义者"也不能从工人阶级身上发现运动的有组织的力量和对运动的认识"⑤时,也就无法找到改造现实社会的物质力量,也不能把人民群众尤其是受苦最深的工人阶级作为改造社会的根本力量。马克思深刻地指出,空想社会主义者的思想"看到了阶级的对立,以及占统治地位的社会本身中的瓦解因素的作用。但是,他们看不到无产阶级方面的任何历史主动性,看不到它所特有的任何政治运动"⑥。

由于空想社会主义者主观上不是把自己的学说当作无产阶级这一个阶级的思想,他们把改造现实社会的历史使命赋予某个天才人物,认为决

---

① 《圣西门选集》下卷,何清新译,商务印书馆1962年版,第219页。
② 《圣西门选集》下卷,何清新译,商务印书馆1962年版,第193页。
③ 《马克思恩格斯选集》第三卷,人民出版社2012年版,第780页。
④ 《马克思恩格斯选集》第三卷,人民出版社2012年版,第153页。
⑤ 《马克思恩格斯选集》第三卷,人民出版社2012年版,第153页。
⑥ 《马克思恩格斯选集》第一卷,人民出版社2012年版,第431页。

定世界命运的是天才人物,这就陷入"英雄创造历史"的泥潭之中。"我一个人使三千年来的幻想和愚蠢化为乌有。……现在和未来几代的人都应该为自己的幸运而感谢我一人。"①为此,马克思指出:"天才人物在500年前也同样可能诞生,这样他就能使人类免去500年的迷误、斗争和痛苦。"②列宁也指出:"空想社会主义没有能够指出真正的出路。它既不会阐明资本主义制度下雇佣奴隶制的本质,又不会发现资本主义发展的规律,也不会找到能够成为新社会的创造者的社会力量。"③

马克思群众观虽然源于空想社会主义,但又高于空想社会主义。正如恩格斯所说:"欧文、圣西门、傅立叶的著作现在和将来都是有价值的,可是只有一个德国人才能攀登最高点,把现代社会关系的全部领域看得明白而清楚。"④恩格斯在给哈克纳斯的信中充分肯定了空想社会主义者对当时人民群众最贫困和最痛苦的分析,指出"工人阶级对压迫它的环境的革命的反抗,争取人权的刻不容缓的企图——不论是半觉悟的或完全觉悟的——这一切全属于历史,并且在现实主义中全能有它们的地位"⑤。这为马克思构建群众思想、寻求群众自我解放的途径提供了极为宝贵的材料,为构筑社会主义制度的蓝图起到了奠基的作用。空想社会主义作为一种理论学说,反映了当时人民群众对政治平等、社会平等的要求和愿望,其中对于现存资本主义制度的批判和对未来社会的理想交织在一起,体现出他们开始从剥削阶级的统治思想向无产阶级思想的转化。他们的"学说含有十分虚幻和空想的性质,但他们终究是属于一切时代最伟大的智士之列的,他们天才地预示了我们现在已经科学地证明了其正确性的无数真

---

① 《傅立叶选集》第三卷,赵俊欣等译,商务印书馆1982年版,第209页。
② 《马克思恩格斯文集》第九卷,人民出版社2009年版,第21-22页。
③ 《列宁全集》第二十三卷,人民出版社2017年版,第47页。
④ 《马克思恩格斯文集》第三卷,人民出版社2009年版,第79页。
⑤ 《马克思恩格斯论文学与艺术》,王道乾译,平明出版社1951年版,第239页。

理"①。在无产阶级的成长过程中,马克思逐渐寻得实现革命胜利的手段,
"历史活动是群众的活动,随着历史活动的深入,必将是群众队伍的扩
大"②。无产阶级"为了要达到自己的最后胜利,首先还是要靠他们自己努
力:他们应该认清自己的阶级利益,尽快地采取自己独立政党的立场,一时
一刻也不要由于受到民主主义的小资产者花言巧语的诱惑而离开无产阶
级政党保持独立组织的道路"③。

二、西方启蒙思想家的"民权"思想

人的问题以及与人的问题密切关联的群众问题也受到了西方思想家
的关注。马克思群众观综合了近代许多思想家的思想成果,是以往人民主
权思想精华的创造性继承和发展。就像恩格斯所指出的,马克思的学说
"就其理论形式来说,它起初表现为 18 世纪法国伟大的启蒙学者们所提出
的各种原则的进一步的、据称是更彻底的发展"④。霍布斯自然状态下的
人、洛克的主权在民思想、卢梭的人民主权学说和社会契约论等都曾深深
地影响马克思,是马克思群众观的重要思想理论来源。

自古希腊以来,追问人性、认识自我、探寻主体、定位人生一直是西方
哲学家探究的基本问题。著名的"斯芬克斯之谜"以神话的方式确认了对
人自身的反思在哲学研究中的核心地位,而刻在德尔斐神庙碑铭上的"认
识你自己"这句箴言开启了古代人类探索自身的思维进程。恩格斯说:
"在希腊哲学的多种多样的形式中,几乎可以发现以后的所有看法的胚
胎、萌芽。"⑤由于古代各门学科还没有从哲学中分离出去,古代的主体思
想主要还是表现在哲学中。文艺复兴以后,人们不再用自然或神去说明历

---

① 《马克思恩格斯选集》第三卷,人民出版社 2012 年版,第 37 页。
② 《马克思恩格斯文集》第一卷,人民出版社 2009 年版,第 287 页。
③ 《马克思恩格斯全集》第七卷,人民出版社 1959 年版,第 328 页。
④ 《马克思恩格斯选集》第三卷,人民出版社 2012 年版,第 775 页。
⑤ 《马克思恩格斯选集》第三卷,人民出版社 2012 年版,第 877 页。

史,而是用人自身去说明历史,人是历史过程的主体成为近代哲学思维的主流。文艺复兴唤醒了人们的主体意识,人们开始认识主体的力量和潜能。

文艺复兴时期的欧洲处于由封建社会向资本主义社会过渡的社会转型时期,政治、经济、文化等新旧势力产生着强烈的撞击。与此同时,全欧洲在文化领域产生了一场被称为"启蒙运动"的思想文化革新运动。早在16世纪英国就已经出现启蒙运动的端倪,英国王室自上而下推行宗教改革,不仅大大增强了国王的权力,并且推动了英国资本主义的原始积累。在当时的文化圈内流动着一种轻松愉悦的学术氛围,为理性精神的崛起培植了土壤。18世纪的法国则出现了一场波澜壮阔的思想解放运动即启蒙运动,西方自然科学得到很大的发展,人的地位被提升到一个很高的位置,神学、神权的地盘逐渐缩小。西方启蒙思想家探索的核心就是人民主权。他们主张把实际主权从资产者阶级普及到无产者阶级,实现一切权利属于人民。他们积极维护人民的权益,谋求群众的政治和经济地位,主权在民思想的主旨就是"应用来为他们谋福利和保护他们的财产"①。

霍布斯以自然权利为基础,确立了近代自然权利人权观。霍布斯认为,在自然状态下,人人都有平等地享有、占用一切物品的权利,并且"每一个人按照自己所愿意的方式运用自己的力量保全自己的天性——也就是保全自己的生命——的自由"②。但是,在国家尚未建立之前,人们生活在一种自然状态中,由于没有一个公认的强权使人敬畏,人的自然权利的实现受到了很大的限制,人性"恶"的一面主导人们为了自己的权利而发生"一切人反对一切人"的战争。为了保护人的根本自然权利,使人超脱自然状态,就要有一个理性选择,一个合理的共同思想指导行动以谋求共同利益。"群体纵使再大,如果大家的行动都根据个人的判断和个人的欲

---

① [英]洛克:《政府论》,叶启芳、瞿菊农译,商务印书馆1964年版,第105页。
② [英]霍布斯:《利维坦》,黎思复、黎廷弼译,商务印书馆1985年版,第166页。

望来指导,那就不能期待这种群体能对外抵御共同的敌人和对内制止人们之间的侵害。"①在这种情况下,人们失去部分自然权利构建国家,用失去的那部分自然权利来交换国家状态里新的权利保障。如人民将保障自己性命的安全权转交给国家,换取部分自由。"臣民的自由只有在主权者未对其行为加以规定的事物中才存在,如买卖或其他契约行为的自由,选择自己的住所、饮食、生业,以及按自己认为适宜的方式教育子女的自由等等。"②在霍布斯看来,人民享有的一切权利都要以对君主法律的服从为前提。他宣称,即使是最坏的君主制也要比自然状态或无政府状态好。

霍布斯对自然状态的描述摆脱了封建神学的束缚。他不再是从神或上帝而是从人自身出发,用人的眼光来审视问题。他鞭挞君权神授,公然向君权神授专制权威挑战。他宣告国家不是上帝或神创造的,国家是人性的必然产物。国家的产生是人们为了自己的权利而用部分自然权利交换得来的,是人们通过契约建立的。同样,君主作为国家的最高领导者,他的权力也不是神授而是人民赋予的。这样,霍布斯彻底颠覆了国家的神圣性,把国家从一个神造物变成一个普通的人造物体,君主从神坛上被拉下,成为一个普通的人。霍布斯对上帝和神的否定在当时具有重大的反封建的进步意义。马克思评价道,作为一个先进的资产阶级思想家,霍布斯"已经用人的眼光来观察国家了",并从"理性和经验中而不是从神学中引伸出国家的自然规律"③。

与霍布斯一样,洛克认为,在人类进入公民社会以前,所有人都处于自然状态中。这种自然状态是一种平等的、自由的状态。人们靠自然法即理性来保护自己的利益,维持社会秩序。由于自然状态存在种种不便,每个人便与其他人签订社会契约,交出自己的一部分自然权利建立政府。契约

---

① [英]霍布斯:《利维坦》,黎思复、黎廷弼译,商务印书馆1985年版,第129页。
② [英]霍布斯:《利维坦》,黎思复、黎廷弼译,商务印书馆1985年版,第169页。
③ 《马克思恩格斯全集》第一卷,人民出版社1956年版,第128页。

的联合成为国家置身于政府之下的重大的和主要的目的,用以保护他们的财产,而达到这个目的的工具和手段就是社会所制定的法律。立法权是国家中的最高权力。

但是立法权要受人民的意志和利益的限制。洛克认为,"只有人民才能通过组成立法机关和指定由谁来行使立法权,选定国家的形式"①。这就是说,立法权是人民主权,其他一切权力都受立法权的节制。"只有是民众同意的人或民众委任的人,才有权制定这些法律,没有公众的同意和委任,他们中的任何人或任何数量的人都无权制定法律。"②洛克从三个方面进行了主权在民思想的设计:第一,政府的合法性来源于人民的认同,"确定谁是统治者也是政府自然和必要的一部分,是由民众自己决定的"③,在此基础上,政府权力必须"以社会的公众福利为限";第二,内部分权,相互制约和监督,以"避免给人民的弱点以绝大的诱惑";第三,革命原则,一旦政府失去民意或当人民的权益受到伤害时,人民有权反抗甚至是推翻公民意志及损害公共利益的权力。洛克认为,政府源于人民的契约,它如果违背了人民的委托而施暴于人民,人民就可以把滥用权力的人当作敌人来对待,对其进行罢免或要求更换立法机关。"当立法者们图谋夺取和破坏人民的财产或贬低他们的地位使其处于专断权利的奴役状态时,立法者们就使自己与人民处于战争状态,人民因此就无需再予服从……人民享有恢复他们原来的自由的权力,并通过建立他们认为合适的新立法机关以谋求他们的安全和保障。"④由此可以看出,洛克不仅强调人民拥有政治和经济权利,而且人民可以行使自己的权利对政府进行牵制和监督,保护自己的权益。

洛克的人民主权学说反映了资产阶级废除封建专制特权,建立自由平

---

① ［英］洛克:《政府论》下卷,叶启芳等译,商务印书馆1964年版,第89页。
② ［英］洛克:《政府论》下篇,叶启芳等译,商务印书馆1999年版,第96页。
③ ［英］洛克:《政府论》下篇,叶启芳等译,商务印书馆1999年版,第96页。
④ ［英］洛克:《政府论》下篇,叶启芳等译,商务印书馆1999年版,第80页。

等社会的政治理想。马克思认为洛克的这一学说最大贡献就在于从根本上宣判了专制特权的非法性，彻底否定专制权力的"人民主权论"，揭示出"民主"是人类的价值追求与历史合规律沿革的统一，肯定了人民作为国家主人的天经地义性。

卢梭部分继承了霍布斯和洛克的思想，认为"每个人对于一切东西都具有一种天赋的权利"，自由乃是人性的产物，是人的最高的标志。"每个人都生而自由、平等①，"人与人之间本来都是平等的"②。然而"人是生而自由的，但却无往不在枷锁之中"③。当人们从自然状态进入社会状态后，由于个人能力的不同，社会的不平等、贫困等现象也随之出现。卢梭认为，要让人们重新获得自由平等的权利，就需要通过"社会契约"的方式建立"公意"的政府。这样的国家是人民同意建立的，因此国家的最高权力即主权应该属于全体人民，并且由人民制定法律来保护他们的各种权利，政府只是人民根据法律建立的机构。卢梭提出"公意"强调的是公共利益，体现着人民共同意志和公共利益的不可违抗性。人民的意志高于一切，人民的利益高于一切，全体人民必须服从公意和这个代表人民最高公共意志和公共利益的政治共同体。作为公意的运用的人民主权思想主要有四个原则：第一，主权不可转让。"权力可以转移，但是意志却不可以转移。"④主权既然是公意的运用，那么它就不可转让。第二，主权不可分割。因为公意是唯一的，体现公意的主权自然就不可分割。第三，主权不可代表。主权在本质上是公意的体现，而意志绝不可以代表，它只能是同一个意志或另一个意志。第四，主权是绝对的，至高无上的。主权是神圣不可侵犯的，政府只是作为主权者而存在，其职责只是执行公意，如果政府一旦

---

① ［法］卢梭：《社会契约论》，何兆武译，商务印书馆 1980 年版，第 9 页。

② ［法］卢梭：《论人类不平等的起源和基础》，李常山译，商务印书馆 1962 年版，第 63 页。

③ ［法］卢梭：《社会契约论》，商务印书馆 1962 年版，第 6 页。

④ ［法］卢梭：《社会契约论》，何兆武译，商务印书馆 2003 年版，第 31 页。

篡夺了人民主权,人民就有权利起来推翻它,这就给予了人民一定的政治权利。卢梭的人民主权思想强调国家的全部政治应当属于人民,不容君主和贵族插手主权,这是对封建专制和封建特权的彻底否定,反映出处于封建统治下的法国广大中小资产阶级和劳动群众的政治要求。这一思想促进了广大人民群众揭竿而起的意识,对 18 世纪末发生的法国大革命及革命的深化奠定了深厚的理论基础。在法国大革命时期,人民群众在人民主权思想的影响下,纷纷要求参与政治事务,并为之投入革命中。各种群众组织和政治团体的建立,报刊、小册子的大量涌现显示了人民群众强烈的政治参与意识。

　　启蒙思想家尤其是卢梭的人民主权思想对马克思产生了深远的影响。"总体来看,卢梭对人民主权的界定和论述是他的全部政治哲学理论中最有价值的思想遗产之一,马克思则是这一思想遗产的真正继承者和批判者。"[1]马克思、恩格斯充分肯定了卢梭人民主权思想在反对封建专制主义斗争中的进步作用。恩格斯认为,法国大革命时期的雅各宾专政就是在卢梭的政治指导下实行的。同时,马克思还承认卢梭人民主权思想中确实存在着合理的具有人民性的革命内容,他们曾以人民主权思想为武器,对封建专制及其同盟者展开了坚决的斗争。人民主权思想被马克思充分吸收并得到深入发展。在资产阶级民主革命时期,马克思就以该思想为武器对封建专制进行了三次批判,尤其是针对德国资产阶级为中断革命的发展而与封建势力妥协的现象,马克思指出人民主权不是别人恩赐的,而是人民在斗争中夺来的。如果国民议会违背人民的意志,损害人民的利益,甚至"把自己出卖给某一个叛变的政府"[2],人民就可以"起义反对封建的或市侩立宪的暴政"[3]。在这里,马克思实际上是号召人民用革命斗争来反对

---

① 王东、王晓红:《从卢梭到马克思:政治哲学比较研究》,《教学与研究》2007 年第 6 期。

② 《马克思恩格斯全集》第六卷,人民出版社 1961 年版,第 305 页。

③ 《马克思恩格斯全集》第六卷,人民出版社 1961 年版,第 399 页。

以国民议会为代表的资产阶级的妥协叛卖,争取和捍卫人民的主权。

无论是霍布斯的人的自然权利、洛克的主权在民还是卢梭的公意,都宣称人的权利是天赋的。人权从神权的附属地位中被解放出来,给资产阶级革命注入了巨大的推动力量,马克思也从中找到了自己的精神武器。马克思通过对资本主义经济过程的分析,揭露了在法律平等掩盖下的无产者阶级与资产者阶级在经济上、社会上、政治上不平等的事实,指出在资本主义条件下,民主只对资产者阶级是实在的,对无产者阶级则是虚伪的。只有当无产者阶级代替资产者阶级,主权者从统治阶级扩展到全体公民后,人民群众的地位和权利才能够充分实现。"富有和贫穷的对立并没有化为普遍的幸福,反而由于调和这种对立的行会特权和其他特权的废除,由于缓和这种对立的教会慈善设施的取消而更加尖锐化了;现在已经实现的摆脱封建桎梏的'财产自由',对小资产者和小农说来,就是把他们的被大资本和大地产的强大竞争所压垮的小财产出卖给这些大财主的自由,于是这种'自由'对小资产者和小农说来就变成了失去财产的自由;工业在资本主义基础上的迅速发展,使劳动群众的贫穷和困苦成了社会的生存条件。"①在这段较长的论述中,充分展示了马克思对劳动群众的关注,他把目光放在正在成长的工业无产阶级身上,认定这不是一个注定受难的阶级,而是注定要在未来的历史中发挥自己作用的阶级。马克思从笼罩着的社会的宗教、法律和国家制度背后转移到处于下层和基础的物质生活关系上,在面对民众的苦难和现实的恶这些无法回避的事实和真实的存在所构成的整个社会存在的基础上,看到了人民群众的社会地位和处境,并认定只有群众团结起来打碎国家机器,才能实现无产者联盟,实现自我乃至全人类的解放。

维护人性的尊严,歌颂人性的完美,争取人性的解放是人文主义思潮的核心,对人的价值、人的理性、人的尊严和权利、人的需求和利益加以推

---

① 《马克思恩格斯文集》第三卷,人民出版社 2009 年版,第 526-527 页。

崇和倡导成为启蒙思想的核心,人的主体地位的崛起以不可阻挡之势闯进近代哲学的大门。

三、德国古典哲学家的"主体性"思想

以黑格尔、费尔巴哈为代表的德国古典哲学在思维方式和研究方式上对马克思主义群众观产生了深刻影响。马克思不仅从德国古典哲学中吸收有主体性的基本观点和看法,也创造性地发展了分析主体问题的基本方法,把唯物主义与辩证法、历史主义与整体主义有机地结合在一起,为科学地阐述群众观提供了方法论基础。

随着人类征服自然、改造自然能力的提高和对主体认识的深入研究,自康德开始的德国古典哲学进一步深化了对哲学中主体问题的认识。西方启蒙思想家的人民主权思想则影响了康德"心中道德律"的确立。在西方哲学史上,康德确立了"人是主体"的自我学说,把人类认识的发展中心从"自然"转向"人",从必然转向自由。康德作为近代德国哲学革命的开创者,明确把认识者先验自我作为主体。康德认为,在认识活动中,主体通过感性时空形式的"先天形式",对物自体刺激感官获得的零碎"感性材料"加以整理和综合,形成作为认识对象的"现象";主体用因果等十二对先验范畴对现象进行整合,使零散的或偶然的感觉经验系统成具有普遍性和必然性的科学认识。在认识与实践过程中,康德强调主体在整理综合过程中的能动性,认为主体像一炉火,销熔和并吞一切感性资料,使之具有统一性和普遍必然性。而作为主体的人,在康德看来,"具有一种自己创造自己的特性,因为他有能力根据他自己所采取的目的来使自己完善化,他因此可以作为天赋有理性能力的动物而自己把自己造成为一个理性的动物"①。康德认为人通过人的自我创造活动表现出来,不仅强调主体意识的能动性,而且从人创造自己的现实活动及其实际的发展出发,在人与社

---

① [德]康德:《实用人类学》,邓晓芒译,重庆出版社1987年版,第232页。

会、历史的相互联系中考察人类理性,开创了实践哲学的先河。

继康德之后,费希特提出"自我哲学"。他认为自我是认识和活动的主体。"我既是主体,又是客体,而这种主客体同一性,这种知识向自身的回归,就是我用自我这个概念所表示的东西。"①非我由自我设定,但它不是在自我之外而是在自我之中,是自我分化的产物。在费希特看来,能动的主体活动产生了非我,即客体,并最后在与客体的对立中得到说明,从而达到自我和非我的统一。不过他歪曲了人类认识和实践过程,认为理论理性为实践理性奠定基础,"自我"和"非我"都属于意识,对象世界本身不具有任何意义,只是主观地自我进行创造活动、道德实践活动的材料。谢林不同意自我产生非我,而是主张"自我"和"非我"、主体和客体都来源于"绝对",他企图克服康德和费希特所特有的主体与客体的矛盾,引入主观和客观原初"绝对同一"概念。"绝对"是一种不自觉的精神力量,在这种力量中,主体和客体、思维和存在融合为一。"自我不是别的,只是一种把自身变成自己的对象的创造活动。"②

黑格尔继承和发展了康德的哲学思想,他试图通过主体产生客体的方式来克服康德哲学中主观与客观对立的矛盾。在黑格尔哲学中,"绝对精神"是先天存在的,是一切事物的本质。而人之所以成为主体,是因为人的精神活动。黑格尔认为,主体的特质,"那便是我们称作为'理念'的东西"③。绝对理念是能动的主体,它把自己外化为客体,"精神就是这种自己变成他物,或变成它自己的对象和扬弃这个他物的运动"④。主体的能动性通过两种运动体现出来,其一是"理论认识活动",其二是"实践认识活动"。黑格尔在一定程度上看到了主体即人的社会性,并抓住了劳动的

---

① [德]费希特:《人的使命》,梁志学、沈真译,商务印书馆1982年版,第57页。
② [德]谢林:《先验唯心论体系》,梁志学等译,商务印书馆1976年版,第35—36页。
③ [德]黑格尔:《历史哲学》,王造时译,商务印书馆1963年版,第73页。
④ [德]黑格尔:《精神现象学》上卷,贺麟、王玖兴译,商务印书馆1962年版,第23页。

本质。"在劳动和满足需要的上述依赖性和相互关系中,主观的利己心转化为对其他一切人的需要得到满足是有帮助的东西,即通过普遍物而转化为特殊物的中介。这是一种辩证运动。其结果,每个人在为自己取得、生产和享受的同时,也正为了其他一切人的享受而生产和取得。"①黑格尔的这段论述表明,个人只有在与他人的联系中才能实现自身。正是在人的劳动过程中人的历史才得到发展。黑格尔不断重复历史是人的作品。"人们的行为……出自于他人的需要、激情、利益、性格和才能,而且在这种行为的戏剧中只要需要、激情、利益是作为'历史'动力出现,并'在历史中'作为主导作用出现。"②在这里,我们感受到黑格尔竭力强调人是创造历史的力量,这为马克思更好地把握人类历史的发展提供了思想来源。

费尔巴哈认为,黑格尔哲学与神学一样,都是把客观的东西主观化。在费尔巴哈的哲学中,主体既不是先验的"自我"也不是抽象的绝对精神,而是客观存在的现实的人,是肉体和精神统一。他把自然、社会和人统一起来,把哲学中的主体和现实的人联系在一起,这就突破了哲学与生活脱离的情况。但由于费尔巴哈不懂实践在认识领域中的作用,他只是强调感觉、经验的主导作用,"人的存在只归功于感性","人的本质是感性,而不是虚幻的抽象,'精神'"③,没有把作为主体的人与生产实践结合起来,而只把实践理解为需要,理解为日常生活,使他不能理解主体的能动性。

虽然德国古典哲学没有科学地解决社会历史的主体问题——康德哲学中的人是人类学意义上的人,黑格尔所理解的主体乃是市民社会中的市民,即有产者(bourgeois),费尔巴哈哲学中的主体是生活直观主体,即日常生活的人,但他们对主体的认识无疑是马克思科学地理解和把握主体问题的基础。德国古典哲学家把近代自然权利人权观提升为以自由为核心和

---

① [德]黑格尔:《法哲学原理》,范扬等译,商务印书馆1961年版,第210页。
② 《西方哲学原著选读》下卷,北京大学哲学系外国哲学史教研室编译,商务印书馆1982年版,第446页。
③ 《费尔巴哈哲学著作选集》上卷,荣震华等译,商务印书馆1984年版,第213页。

最高原则的法权哲学,尤其是黑格尔对个人主义权力观的批判,对马克思产生极大影响,为马克思开辟唯物史观和群众观奠定了理论基础。

第二章 | 研究马克思群众观的前提性问题

第一节　"群众"概念的考察

在当代中国的政治生活中,"群众"一词的使用频率相当高,它凝聚着非常丰富的政治文化内涵,体现出典型的政治文化特色。然而,这个看似简单的概念因其本身复杂的组成及社会定位而难以得到清晰且明确的表述。有时,它与极少数统治者相对,指其他一切社会成员;有时,它与精英阶层相对,指社会中下层的广大社会成员。《辞海》把群众界定为"大众"①,而《现代汉语词典》从三个方面来界定群众含义:①泛指人民大众。②指没有加入共产党、共青团组织的人。③指不担任领导职务的人。② 我们到底应该从历史的角度,还是政治的角度,抑或权威工具书的角度来使用群众的概念? 马克思是如何界定群众内涵的? 这是研究马克思群众观的首要前提。"概念永远先于理解,而当概念模糊时,理解也就不确实了;

---

① 《辞海》(下),辞海编辑委员会,上海辞书出版社1999年版,第5451页。
② 《现代汉语词典》2002年增补本,中国社会科学院语言研究所词典编辑室编,商务印书馆2004年版,第1054页。

在没有概念的时候,必然也就没有理解。"①长久以来,人们把传统意义上的群众与马克思主义理论范畴中的群众混为一谈,这就缺失了对群众概念内涵的准确把握。鉴于此,梳理群众概念并分析与群众相关的其他概念,有助于我们清晰地掌握马克思视域中群众的真正内涵。

一、中西方传统社会对群众的理解

人民群众这个范畴自人类社会产生就一直存在。在原始社会,人们没有群众概念和意识,只是为了生存的需要而结成群体共同反抗外族或异类的入侵。进入阶级社会,由于受到统治者的残酷压迫和剥削,人们开始出现群体反抗意识,自我意识也得到不断的提高,"群众"概念随之产生。在古代中国和西方,群众概念都是指许多人的聚合体,近代以后,才逐渐分化产生了西方政治学语义中的群众概念和马克思主义的群众概念。需要说明的是,本书并不打算穷尽群众概念使用的各种镜像,只是尽力去揭示隐藏在人们使用群众概念时其背后的各种历史状况,因为当时的历史背景可以使我们清晰地捕捉到那时的"群众"问题。

(一)近代以前中西方社会都将群众看作是一个群体

在我国古代,群众一词最早出现在荀子的文章中,"功名未成,则群众未县也;群众未县,在君臣未立也","群众不可移也"。不过,这里所描述的群众只是一个简单的数的叠加,指的是许多人的集合体。19世纪末,在西学之风影响下,康有为、严复等人将西方舶来词"society"译为群、人群或群体,不过他们理解的社会指的是团体,而非政治意义上的社会。进入20世纪以后,知识界才逐渐意识到"society"与群体的区别,对西文的翻译采用了日文"社会"的翻译名称。"五四"时期,傅斯年将群众与"society"区

---

① [英]休谟:《人性论》,关文运译,商务印书馆1980年版,第189页。

分开来,他认为,社会是有规则、有纪律、有活力、具有积极建设性的有机组织体系,而群众不具备这些特征。① 傅斯年理解的群众是传统观念中对群众的理解,即无序地聚合起来的人,与中国古代对群众的理解相契合。

在西方社会,自古希腊、古埃及时期起群众的特征基本上都是消极的、负面的、低劣的。西方思想家认为群众是处于社会下层、文化素质不高、也没有自主组织的群体。群众容易被煽动而成为暴民,对社会产生不良影响。雅典民主制的衰败刺激柏拉图对群众理论进行了最早的探讨。柏拉图目睹了雅典平民丑恶的表演,他最尊敬的老师苏格拉底也因言论和思想的自由而被民主派处死,这就加深了柏拉图对民主派的反感。柏拉图认为,苏格拉底的死与群众不无关系,正是无知的群氓处死了历史上最伟大的哲学家苏格拉底。② 在柏拉图著名的洞穴理论中,柏拉图将群众比作囚徒,认为他们生活在无知的洞穴中。作为西方思想史上第一个系统阐述群众理论的思想家,柏拉图为群众的价值评判定下了基调。与之相同,毕达哥拉斯认为,群众的意见是非理智的、不可取的,"重视一切人的一切意见,特别是重视群氓的意见是不理智的,因为只有少数人能做出好的决定和想出好的思想"③。此后,李维、马基雅弗利、孟德斯鸠、休谟,以及将民众视为"巨兽"的美国宪法之父汉密尔顿、麦迪逊等现代群众理论的先驱无一例外地对群众表现出恐惧和反感。

(二)现代西方群众理论中对群众的理解出现正反两种声音

19 世纪末,现代意义上的西方群众理论正式形成。西方群众理论是西方政治民主制度和公民政治的产物,是少数人的民主向全民民主转变的

---

① 傅斯年:《社会—群众》,《新潮》1919 一卷二号。

② [古希腊]柏拉图:《柏拉图全集》第一卷,王晓朝译,人民出版社 2002 年版,第 2-32 页。

③ 马啸原:《西方政治思想史纲》,高等教育出版社 2001 年版,第 16 页。

民主化时代的产物,也是对自由民主的反思,对革命的反思。①

受到法国大革命的影响,勒庞、奥尔特加·加赛特、赛奇·莫斯科维奇等西方群众理论思想家延续了传统西方社会对群众的理解,认为群众不仅地位低下,没有理性,而且毫无权利可言。他们把群众概括为具有愚昧、盲从、非理性等特征的人。庞勒认为,群众的特征是极端冲动、非理性、感情用事,在他看来,群众"没有推理能力,因此他们也无法表现出任何批判精神,也就是说,他们不能判别真伪或是对任何事物形成正确的判断。群体所接受的判断,仅仅是强加给他们的判断,而绝不是经过讨论后得到采纳的判断"②。西班牙哲学家奥尔特加·加赛特认为群众是非理性的、放任自流的,属于无权利的一族,如果没有精英领袖,群众只是一群自卑的无足轻重的乌合之众。法国学者塞奇·莫斯科维奇在汲取了塔德和弗洛伊德的思想后,指出群体的特征一方面是冲动的,可以公开接受所有的建议,另一方面又是极端的,没有任何自控能力。群众虽然具有革命性,但同时伴随着极强的破坏性。他们公开的接受状态使他们易受外部世界的刺激,容易受到"群众领袖"的煽动和利益,从而产生过激的反应和行为。

20 世纪以来,西方社会对群众的理解出现了不同声音。在经历了两次世界大战的磨难后,汤因比、雅斯贝尔斯等人燃起了对历史发展的目标和人自身命运的关注。他们深刻认识到人的命运同他所隶属的群体的历史进化具有密切的联系,因而在一定程度上看到并承认人民群众在历史发展中的作用。"当个人自然是孤立的时候,完美是不可能的。个人在向完美的行进中必须带领其他人同他一道前进,竭尽全力,不断扩充和增大这股涌向完美的、声势浩大的人流,如果他不服从这个原则,他就要在个人发

① 丛日云:《当代中国政治语境中的"群众"概念分析》,《政法论坛》2005 年第 2 期。
② [法]古斯塔夫·勒庞:《乌合之众:大众心理研究》,冯克利译,中央编译出版社 2007 年版,第 82 页。

展中遭受挫折和衰弱之苦。"①英国思想家雷蒙·威廉斯认为,"实际上没有群众(the masses),有的只是把人看成群众的那种看法。在一个城市性的工业社会中,有许多机会使人们有这种看法"②,"群众往往是其他人,我们不知道,也不可能知道的其他人。然而在我们这种社会中,我们一直都看到这些其他人,看到无数形形色色的其他人;我们的身体就站在他们身边。他们就在这里,我们就和他们在一起。当然,最重要的一点就是,我们和他们在一起。对于其他人来说,我们也是群众,群众就是其他人"③。对于不同政治取向的使用者来说,"群众"概念具有不同的意涵。在社会主义革命者那里,群众是积极的、具有革命传统的对象。"在许多保守的思想中,它是一个轻蔑语,但是在许多社会主义的思想里,它却是一个具有正面意涵的语汇。"④另一位英国学者麦克里兰认为,传统西方社会把群众看作暴民,但是到了近代社会,群众作为政治力量已经成为政治生活的一部分。法国大革命后,下层平民开始一波波地涌进政治舞台,大众民主时代来临。从这个时候起,"群众成为永久性政治力量登上历史舞台"⑤,"群众本身已经成为社会生活的模式"⑥。在这里,群众不再是暴民,而是进入政治角斗场的一个群体。1871 年爆发的法国巴黎公社运动更是把民主运动推向高潮,表明了通过人民自己实现人民管理制的发展方向。麦克里兰指

---

① [英]阿诺德·汤因比:《历史研究》,刘北成、郭小凌译,上海人民出版社 2000 年版,第 229 页。

② [英]雷蒙德·威廉斯:《文化与社会》,吴松江、张文定译,北京大学出版社 1991 年版,第 379 页。

③ [英]雷蒙德·威廉斯:《现代主义的政治——反对新国教派》,阎嘉译,商务印书馆 2002 年,第 379 页。

④ [英]雷蒙·威廉斯:《关键词:文化与社会的词汇》,刘建基译,生活·读书·新知三联书店 2005 年版,第 281 页。

⑤ J. S. McClelland, *The Crowd and the Mob*, *From Plato to Canetti*, Unwin Hyman Ltd, 1989. p. 4.

⑥ J. S. McClelland, *The Crowd and the Mob*, *From Plato to Canetti*, Unwin Hyman Ltd, 1989. p. 4.

出,"也许 1848 年,更可能是 1871 年,是群众观念的一个决定性转折点。从此,群众成为社会政治理论的中心。或者说,任何社会理论不将群众置于中心,就被视为临时拼凑的货色,荒谬的,愚顽不冥的"①。诺贝尔文学奖获得者埃利亚斯·卡内提在《群众与权力》一书中提出了一种诗性人类学的群众理论。作为一名犹太人,他亲身体验过纳粹德国的难民遭遇,切身体会过群众会如何听从元首的召唤,成为盲目而可怕的迫害力量。因此他认为在权力的威慑下,处在指令关系中的群众会产生极端残忍地排斥、摧残,甚至毁灭个人的情况。再者,由于群众没有权力,他认为群体可以对个人起到保护作用,群众团结起来就有可能摆脱领袖的摆布。从这个意义上来看,群众具有积极的革命性作用。当群众从所谓的暴民走向政治舞台,成为政治革命的主力时,群众便具有了一定的政治性。但西方学者仍旧担心群众在被鼓动之后会具有可怕的破坏性,影响社会的稳定。

可以说,西方传统思想中长期存在着对群众的负面理解,即便到了 20 世纪出现了积极的声音,也只是对群众的历史作用有了一些正面的判断。理论家依旧对群众的现象表示堪忧,他们担心群众有向暴民的转变或蜕变为暴民的趋向。与之相反,马克思站在下层被压迫人民的立场上来评判法国大革命和 19 世纪的革命运动,对时代的脉象做出了完全相反的诊断。马克思认为,人民群众在法国大革命中的表现显现出他们的政治性、革命性和组织性。群众并非无序的、无理性的,群众之所以长期以来被视为卑贱的群体,乃是由他们的社会地位以及他们的对立面造成的,"一方面是历史的局限性造成了他们不可能真正认识到自身的主体和创造作用,另一方面也是统治阶级及其思想家用自己的文化精髓奴役的结果"②;群众之所以无序、盲从,是因为他们没有科学的组织和科学的指导思想。这样被

---

① J. S. McClelland, *The Crowd and the Mob*, *From Plato to Canetti*, Unwin Hyman Ltd, 1989. p. 3.

② 郝贵生:《马克思主义——使多数人成为社会主人的学说》,《天津师范大学学报(社会科学版)》2002 年第 6 期。

西方群众理论家所担忧的群体成为马克思所寄予希望的,西方群众理论家所批判的对象成为马克思要赞扬的,西方群众理论家心目中民主的消极因素成为马克思构建理想社会的积极力量。

二、人民、公民、大众等相关概念的差异性分析

在当代中国,群众一词具有极高的政治意蕴,并且常常与人民连用,是随着马克思主义的传播并与传统社会中"民"的概念相嫁接而产生的一个特有的政治词汇。同时,群众一词往往与大众、公民概念交织在一起,没有得到很好的学术清理,容易造成逻辑上的混乱。为准确把握马克思主义群众观,避免认知上出现逻辑混乱,有必要厘清人民、大众、公民概念的异同。

(一)人民是一个具有高度政治含义的概念

在中国,人民一词在春秋战国时期就已经出现,最初泛指人类,如《管子·七法》中记载"人民鸟兽草木之生物"。在《周礼·地官司徒》中记载"掌建邦之土地之图,与其人民之数",这里的人民指的是平民百姓。后来人民概念逐渐演化,被赋予了一定的政治意义,如孟子的"民为贵,社稷次之,君为轻",朱熹的"国以民为本,社会亦为民而立"等。民被视为国家的构成要素,是国家之本。但是在古人的语境中,民是与统治阶级相对的概念,是君的所有者和附属物,处于权力体系的底层,是受治者,"君在上,民在下",民必须服从于君。民本思想体现出当权者维护和稳定社会的基本思想。现代意义上的"人民"概念继承了传统中"民"作为国家构成要素的内涵,并与马克思的群众概念相结合,两者在现代社会往往放在一起使用,并被提升到国家主体、国家主人的地位。

在西方,人民是一个使用广泛却又含混不清的概念。西方的"人民"一词首先指的是一个整体的、复数的概念,是一个与城邦、民族和国家这些术语联系在一起的政治范畴。自古希腊以来的很长一段时间里,人们都将

"人民"局限于某些集团——有钱人、受过教育的人、男人、成年人、具有特殊技能和职业的人等。在最早实行民主政治的古希腊和古罗马,人民是指拥有公民权的,包括奴隶主贵族和一些平民的群体,把占人口绝大多数的奴隶和外来移民排除到人民之外。亚里士多德认为,人民是由各种混杂的人群组成的,在多数情况下它用来指代城邦的全体居民,主要指的是奴隶主和自由民,不包括占人口多数的奴隶。到了中世纪,欧洲许多国家处在封建统治之下,民主政治的人民也只是少数封建领主和自由民。例如,英国思想家洛克在《政府论》中写道,"立法机关或它的任何部分是由人民选出的代表组成的"①,这里的"人民"指的是资产阶级。到近代资产阶级立国后,妇女、有色人种等能够享受政治权利也是晚近的事。可以说,人民这个词是一个带有歧视意义的概念,是与君主、贵族相对应的第二层级的政治辞藻,处于社会的下层。在西方政治思想史上,大多数资产阶级思想家对"人民"采取的均是轻视的态度。在他们看来,普通人或人民的所思所行对于社会生活的意义微不足道。例如,叔本华用轻蔑的腔调中说"凡是对拉丁语一窍不通的人都属于人民"②,施密特说"凡是没有突出之处、没有差别的人,凡是不享有特权的人,凡是不因财富、社会地位或教养而出类拔萃的人,都是人民"③。在传统西方人的眼里,人民与群众一样,地位低下,没有理性,属于无权利的一族。到了近现代,这一思想仍为西方主流社会所认同。卢梭等少数学者则赋予了"人民"以一定的社会地位,并由此引起了持续的思想与历史反响。卢梭认为国家是由人民建立的,国家的最高权力应该属于全体人民,人民的利益高于一切。他强调作为公意的人民主权原则,是政治生活的最高准则,为稳定合法的政治秩序的建立提供了牢固的基础。公意绝对不只是从多数意志的角度而言的。公意必须克服

---

① [英]洛克:《政府论》下卷,叶启芳、瞿菊农译,商务印书馆1996年版,第94页。
② [美]詹姆斯·施密特:《启蒙运动与现代性——18世纪与20世纪的对话》,徐向东、卢华萍译,上海人民出版社2005年版,第281页。
③ [德]卡尔·施米特:《宪法学说》刘锋译,上海人民出版社2005年版,第260页。

众意。

卢梭对人民的肯定及其人民主权思想给予了马克思极大的启发。人民在马克思那里被改造成一个群众性数量概念,人民与群众的连用综合反映出这一点。一方面,马克思将人民群众塑造成一个具有代表历史发展方向的概念,另一方面,他将人民群众转换为一个象征历史前进方向的阶级概念,并与无产阶级相联系,通过无产阶级的先进性来论证人民群众的先进性,由此人民作为一种政治制度建构的整体走上政治神坛,由长期以来所有政治上层建筑的异化了的存在,变成所有政治上层建筑的主人和创造者,成为现代政治的特质。

(二)公民概念更加突出政治权利特质

相比而言,公民主要是指在法律规范下平等地享有权利和履行义务的主体。公民既是一个法律概念,也是一个政治概念,其本质问题是公民与政治国家的关系问题,这一点从其历史的发展中就可以看出。在传统政治中,公民概念的存在与作用不像人民概念那样普遍。在中国,公民概念是一个为人们所陌生,一方面是由于公民(citizen)概念来自西方,另一方面由于在古代,一切东西理论上都是皇帝的私产。强烈的封建等级制度严格固化了所有人的身份,众人参与政治首先要以对君王的无限忠诚为前提,而不是以反映个人利益与愿望的政治共同体为前提,严格的等级界限使得民众安于这种等级划分,并习惯成为顺民。偶有圣贤明君重视人民,也只是民本思想的流露。公民无须享有和行使政治权利,无须做自己的主人,只须做一个安分的守法主体、一个顺从的义务主体即可。正因为如此,在中国的政治结构中并不存在公民理念。马克斯·韦伯曾就此指出:"在西方之外,从来就不存在城市公民的概念。"①美国芝加哥大学的政治学教授

---

① [德]马克斯·韦伯:《新教伦理与资本主义精神》,彭强、黄晓京译,陕西师范大学出版社2002年版,第22页。

邹谠指出,中国与西方建立国家的基础是不同的,西方国家是建立在公民概念上的,而中国革命是建立在群众概念上的。

在西方,"公民"的英文"citizen"是与"city"密切联系的概念。在古希腊,公民"属于城邦的人",政治是城邦的公共事务,因此,公民是古希腊城邦政治制度的产物。由于参与公共事务的管理并不是任何人能够进行的一项工作,必须是自由人,因此,公民概念从其发端就与权利和平等意义相联系。由此,在古希腊人那里,人民与公民的政治理念差异与制度作用机制的区别并不明显,人民与公民是处于一个界域的概念,只不过公民较人民而言更加突出了政治意味。古希腊人将忠诚于自己所在的政治共同体的公民之全体,视为人民。在古代雅典,公民身份最主要的标志就是享有包括民主权利在内的政治权利,妇女、儿童、外国人等都不是公民。公民阶级正是由于这种经济的发展而造成的国民阶级分裂的产物,公民通过财产的多寡确立了自己在政治上的地位及权利,确立了社会成员之间的政治法律关系。亚里士多德认为,完整意义上的公民是"有权参加议事和审判职能的人"①。同时,公民具有一定的法定身份。罗马法学家盖尤斯认为,罗马公民是一个由法律所界定的身份,享有权利和义务,受法律保护和规范。亚里士多德也指出,公民是"有权利参加议事和审判职能的人"②。公民是国家的主人,全体公民共同构建国家,国家是公民的共同体。公民是古典的、直接民主的政治运作方式的主体之得以诞生和维持的基础。

近代意义上的公民是与资产阶级革命和市场经济的发展密切联系在一起的。"17世纪和18世纪的革命冲突带来了政治参与和成员资格观念的扩张。政治公民概念的形成,是民族国家发展的重要附属物,民族国家已成为当代政治生活的主要政治单元。"③在现代社会契约理念的制约下,

---

① [古希腊]亚里士多德:《政治学》,吴寿彭译,商务印书馆1965年版,第113页。

② [古希腊]亚里士多德:《政治学》,吴寿彭译,商务印书馆1997年版,第113页。

③ [英]T. H. 马歇尔、安东尼·吉登斯等:《公民身份与社会阶级》,郭忠华、刘训练编,江苏人民出版社2008年版,第317页。

人民作为主权实体,与政府处于一个让渡治理国家权力,而保留个人合法自由的权利状态下,产生了一种人民以何种政治存在形式对于国家或政府加以制约的角色规定问题。由于人民主权受到严格限制,公民理念的重要性得以显现出来。公民较人民来讲更加具体化,是人民主权下的个体。卢梭指出,在一个国家里"至于结合者,他们集体地就称之为人民;个别地,作为主权权威的参与者,就叫做公民"①。在启蒙思想家天赋人权理念推动下,个人本位思想必然促使个体联合起来,在国家权力渗透的过程中不断增长和扩大公民权利。西方社会的个体针对封建专制和资本的盘剥,逐渐联合起来组成政治派别,通过不同形式的斗争并争取人的公民权利、政治权利、经济和社会权利。因而,在现代社会,公民理念更加强调公民个体的自由与自主的权利意识。

相较于人民,参与政治、进入历史的"公民"就是从自然界中万千物种中的一种"民"转化为"人"的"人民"。"公民"用来指称参与共同体政治生活的个体,具有较强的政治特征和权利特征。因此"人民"与"公民"的另一个重要差异在于人民是集合概念,强调整体价值;公民是个体概念,强调个体价值,是个体权利的承载者。两者的差异并不完全对立,它们之间是相互补充的,却不可以相互替代,两者共同构筑起现代民主政治的合法形态。正是由于两者之间是相互补充的,现代社会人民主权原则的真正实现就需要以个体公民权利的真实享有来使之具体化,以避免人民概念虚幻化。只有厘清两者的关系,人民才可能真正成为国家的主人,否则当个体公民的权利走向虚无,人民就可能成为空洞的话语。

(三)大众是一个与传统群众概念相当的大工业社会产物

现代西方思想传统中"大众"概念是一个极具负面意涵的词汇。"大众"概念对应的英文单词是"mass"(复数形式 masses),在汉语界,该词也

---

① [法]卢梭:《社会契约论》,何兆武译,商务印书馆1997年版,第26页。

被翻译为"群众"。"大众"是一个从15世纪起就一直被广泛使用的词汇,从"mass"概念的历史考察中看,"mass"概念的社会意涵是在法国大革命和工业革命的影响下形成的,是资本主义工业化特定历史文化背景中产生的一个新意涵。历史演变中"大众"概念曾形成这样几层意涵:①无定型的东西;②一个数量的集合体;③物理科学、绘画与日常用法里表示中性意涵的"一堆、大量";④宗教所里特指弥撒。大约在17世纪末18世纪初,"mass"作为轻蔑语称谓的社会意涵开始出现。在资本主义经济与社会状况发生大规模变化后,"大众"契合了新起的资产阶级对自由、平等、民主等理念的诉求,从而成为资产阶级的对抗力量而存在,这表明资本主义社会的来临使传统社会的尊卑贵贱之别都被"夷平"了,现代资本主义社会形成的社会基础不再是人民而是大众。法国大革命后,革命或公开的社会冲突使大众获得"国民群起反抗的"重要意涵。出于对大众的恐惧和反感,1830年左右,"mass"开始成为政治上表示公开鄙视或恐惧的通用词汇。

大众社会理论就是在对"大众"的批判性认识中形成的一种理论形态。该理论的大众主要有这样几层含义:第一,大众是"无定形的人群",是在资本主义工业化、城市化生产生活模式下产生的一种新类型的群体;第二,大众是一个心理聚合体,是人们在特定情境下产生的一种心理和行为方式;第三,大众是没有任何资质的普通人聚合体;第四,大众是无阶级性的数量众多的暴民;第五,大众是资本主义制度中的无产阶级劳动者。总而言之,在大众社会理论视域中,"大众"是与"贵族""精英"相对立的范畴。大众社会论者往往以知识贵族、政治精英自居,形成精英—大众这样一个对立的社会群体。他们描摹大众的原型主要源于法国大革命中的无套裤汉、穿梭于城市奔波于工厂的劳工阶级、整个19世纪一次次聚集于巴黎街头的起义者、骚乱者,追随希特勒的纳粹党徒以及丧失革命热情的工人阶级等。

由此可以看出,尽管西方大众社会理论对"大众"存在着不同的认识,但他们都倾向于依照群氓的公式来理解它,即把社会中大多数人看作愚昧、地位低下的乌合之众。在这个意义上,大众的概念与西方传统社会对群众的理解相一致,大众所指称的社会成分与群众大体相当,都是处于社会中低层的大多数人,具有愚昧、盲从、非理性的特征。

三、马克思群众概念解读

通观马克思的经典文本,我们发现马克思并没有一个一以贯之的明确的群众定义。然而,我们可以透过似乎庞杂混乱的群众语意的背后去解读马克思群众概念的真意。马克思超越"哲学家的世界"将目光转向"群众的世界",并以此作为哲学的基本问题域。马克思以"群众原则"根本区分了"消灭哲学"的两种方式,以"群众原则"确定了自身哲学的基本走向,以"群众原则"确立了自身哲学的历史原则、实践原则和整体原则的基本规定和现实根基,从而实现了哲学的变革。

哲学在"群众"之外或者"群众"在哲学之外,一直都是西方哲学史的思想主流。在阶级社会里,群众只是统治阶级用来维护巩固自身统治的工具或者手段,统治阶级善待群众抑或利用群众,其目的只有一个,就是巩固自身的统治,以求得其统治能永远维持下去,群众只是他们的一个操弄对象。在封建社会后期,资产阶级出于对封建统治者的残酷压迫和剥削的不满,联合广大劳动群众进行革命,推翻封建制度,建立所谓的民主制国家,并通过"民主"来筑牢其统治根基。在资产阶级那里,对群众价值的重视似乎与前资本主义社会有了很大的不同,人民群众的地位似乎被抬升到一个高度,人民群众拥有了一定的政治权利,但是英国历史学家克里斯托夫·黑尔一针见血地指出,资产阶级的"议会最高权力的建立,法规的建构,毫无疑问主要是为了有产者的利益的"①。在资本主义社会,群众仍然是维护资产阶级统治地位的工具。资产阶级所谓的"民主"只是实质性"不民主"的遮羞布。在政治生活中,没有群众的地位,他们依旧是资产阶级巩固自身统治地位的工具,群众也不可能以主体身份或者作为社会发展的目的进入思想家的视野,更不可能以主体身份或者作为社会发展的目的进入哲学家的视野。这种脱离群众现实的哲学肯定不能为力图在解释世界的基础上改变世界的马克思所接受。

马克思认为,实践是一切社会生活的本质,理论也必然从属于实践活动,马克思主义的一切理论活动就是根源于群众的实践活动并为群众的实践活动和根本利益服务。马克思利用其实践的新唯物主义对群众进行了系统的考察和分析。这个考察和分析过程也是他对已有的哲学关于群众的理解进行深刻批判和根本改造的过程。

第一,马克思的群众指的是某些特定的群体或人群,即占人口大多数的且生活在社会底层的劳动群众。马克思在幼年时期就对群众就有了一个模糊的认识。贫困农民的生活惨状和资产阶级的腐败生活深深印在马克思的心里,他对这些生活境遇堪忧的人产生了深深的同情。在莱茵报工作时期,他为争取贫困群众的物质利益而与统治阶级做斗争,甚至被驱逐出境。马克思所生活的时代现实深深地告诉他,不是国家决定市民社会,而是市民社会决定国家,只有那些生活在社会最底层的劳动群众才是历史的真正主体。在马克思看来,人民群众的主体是工人阶级,他们社会地位低下,是生活境遇贫困的被剥削者、被压榨者。这些人一无所有,只能依靠出卖劳动力谋生,属于无产者。当然,马克思笔下的群众范畴并未一成不变,而是在不断的扩大。在马克思早期思想里,群众只是劳动群众,是被剥削、被统治的无产者;而在《法兰西内战》中,马克思扩大了对人民群众的

① Christopher Hill, *The Purtian Revolution*. 转引自 Howard Zinn, *A People's History of the United States*, New York: Harper & Row Publishers, 1980, p. 74.

界定。马克思认为,人民群众的主体是工人阶级,其次是农民。"公社对农民来说,'公社的胜利是他们唯一希望',这是完全正确的。"①公社能使农民免除血税,能给他们一个廉价政府。除此以外,还包括中等阶级和没落的贵族等。中等阶级主要指小资产阶级和中等资产阶级,不包括金融资产阶级和大资产阶级即资本家。这一部分人因为丧失了财产,生活状况也比较落魄。从法国历史看,资产阶级在1848年的二月革命中出现了分裂。一部分人支持国王路易·菲利普,形成金融资产阶级,在政治上走向堕落和反动;另一部分与法兰西第二共和国站在一起,构成工业资产阶级,在社会的经济发展方面处于中坚力量。从中等阶级分化出去的大资产阶级是与政权结合的阶级,是最堕落和反动的,而中等资产阶级是社会的健康力量。对于这一现象,马克思早有察觉,马克思认为,投机的资产阶级是不值得信赖的,他们在革命斗争中随时会为了自己的利益而倒向革命斗争的敌人。总体来说,人民群众就是贫穷落后的劳动者或生产者群众。"真正的人民即无产者、小农和城市贫民。"②

第二,群众是一个与政党相联系的群体。1848年的欧洲革命和1871年的巴黎革命,使马克思对群众有了更深的了解。这次革命让马克思看到了群众的力量和群众的革命性,看到了人民群众在政治上的成熟程度和自觉程度对实现的社会改造的完备程度和彻底程度,也决定着社会革命的成功与失败。马克思在谈到巴黎公社时强调,巴黎公社是"以人民群众的名义,并且是公开为着人民群众即生产者群众的利益而进行"③的革命。马克思认为,由无产阶级组成的政党是最革命的政党,"共产党人同其他无产阶级政党不同的地方只是:一方面,在无产者不同的民族的斗争中,共产党人强调和坚持整个无产阶级共同的不分民族的利益;另一方面,在无产

①　《马克思恩格斯文集》第三卷,人民出版社2009年版,第160页。
②　《马克思恩格斯全集》第四卷,人民出版社1972年版,第220页。
③　《马克思恩格斯文集》第三卷,人民出版社2009年版,第207页。

阶级和资产阶级的斗争所经历的各个发展阶段上,共产党人始终代表整个运动的利益"①。作为社会整体利益代表的政党,其作用不仅在于对革命力量的组织与整合,更体现在对革命的领导,依靠群众的力量实现革命的胜利,使广大人民群众掌握国家权力管理国家事务,实现自我统治。

第三,群众具有阶级性。马克思在《共产党宣言》开篇就指出,"一切社会的历史都是阶级斗争的历史"②。既然有阶级斗争,那么必然存在着两个对抗的阶级,其中一个阶级反对另一个阶级。自阶级社会产生以来,社会就被分解为"统治阶级"和"被统治阶级"。统治阶级在每一个时代都支配着物质生产资料和精神生产资料,而人民群众是物质资料和精神资料的生产者,却不能享有劳动成果,只是隶属于统治阶级。人民群众一直从属于被统治阶级,具有强烈的阶级色彩。马克思说:"无产阶级在反对有产阶级联合力量的斗争中,只有把自身组织成为与有产阶级建立的一切旧政党不同的、相对立的政党,才能作为一个阶级来行动。"③这表明阶级性是人民群众概念的本质特征。人民群众随着阶级的存在而存在,也会随着阶级的消亡而消亡。只有把人民群众的概念放在阶级的范畴内来考证,才能得出正确的结论。

第四,群众具有世界历史性。在马克思看来,人民群众主体目标的实现要在世界历史中才能实现。群众既是社会发展的目的,也是社会发展的工具和手段,在历史活动中,人民群众既是主体也是客体。在马克思看来,人类历史不过是人民群众的劳动史,是人民群众创造的历史。"整个所谓世界历史不外是人通过人的劳动而诞生的过程"④,是人民群众的物质生产实践活动创造了历史。"批判的批判什么都没有创造,工人才创造一

① 《马克思恩格斯文集》第四卷,人民出版社 2009 年版,第 324 页。
② 《马克思恩格斯选集》第一卷,人民出版社 2012 年版,第 400 页。
③ 《马克思恩格斯选集》第三卷,人民出版社 2012 年版,第 173 页。
④ 《马克思恩格斯文集》第一卷,人民出版社 2009 年版,第 196 页。

切……英国和法国的工人就很好地证明了这一点。工人甚至创造了人。"①可见,马克思所表达的世界历史不是思辨的历史,而是从事物质生产资料的群众的历史。历史活动是"群众的活动",历史发展的动力"与其说是个别人物,即使是非常杰出的人物的动机,不如说是使广大群众、使整个整个的民族"②共同劳动的结果。当然,从事物质生产资料的群众是处于动态变化之中的,因此,群众也是一个动态的范畴。因为在马克思的语境里处于反封建制度历史进程中的资产阶级是属于"群众"范围的,如在《莱茵报》时期,马克思对群众出版自由的捍卫,就包括当时新兴资产阶级的出版自由。不过,无论历史情况发生什么样的变化,人民群众的主体和稳定部分始终是从事物质资料生产,推动社会生产力发展的劳动群众,而且随着社会的发展,"群众"的范围将不断扩大,最后将是全人类。"随着历史活动的深入,必将是群众队伍的扩大。"③可以看出从世界历史性的概念的表述中,马克思对群众概念的表达指的是众多个人的共同性,从这一意义上说,马克思所使用的群众概念与带有国家和地域性的特殊概念如"公民""市民"是不同,它超越了国家和地域性,是对他们具有的普遍性共同身份和地位的一种指代。

综合而言,马克思笔下的群众具有这样几个内涵:从数量上讲,群众是指占社会人口大多数的人;从质量上看,是指从事物质生产实践的现实的人。这既是一个集合性概念,又是一个个体性概念,既指称从事实际活动的所有人,又指称从事实际活动的每一个人。在阶级社会里,群众主要指称被统治阶级,包括一切对社会发展起推动作用的阶级、阶层和社会集团,是各个阶级、阶层和社会集团中进步力量的联合体。在资本主义社会,群众主要指称"无产阶级"或者"工人阶级"。从政党角度来看,群众是指围

---

① 《马克思恩格斯全集》第二卷,人民出版社1965年版,第22页。
② 《马克思恩格斯文集》第四卷,人民出版社2009年版,第304页。
③ 《马克思恩格斯文集》第一卷,人民出版社2009年版,第287页。

绕在无产阶级政党周围,以无产阶级形式,携带革命任务而成为历史运动的推动者,是实现社会变革的主要力量。

第二节 马克思"群众"概念的双重含义

由前面的历史考察中我们已经知道,在马克思文本中群众是一个动态的、发展的概念,这一概念是在历史发展的进程中,在具体的政治和社会实践中形成的,不同领域人民群众的不同内涵为我们深化对马克思群众观的认识提供了广阔的思路。马克思群众观通过彰显历史唯物主义中"群众"概念的多重内涵,为人类解放之路的探求指明了所依靠的历史主体问题。梳理马克思经典文本中关于群众概念的论述,我们发现马克思至少从以下两个角度阐述了群众概念的内涵。

一、社会历史观角度:群众是不同历史阶段和社会形态中的 广大劳动者

社会是人的社会,唯物史观对社会问题的研究自然会把目光投向作为历史创造主体的人民群众身上。马克思研究社会历史的对象就是整个人类社会,人民群众则是马克思社会历史观的一个主要范畴,是社会运动规律和总趋势的体现者以及以此为基础推动社会发展的人们。社会是建立在物质资料生产基础上的人们的共同体,是人们交互作用的产物。社会区别于自然界的一个重要特征就是社会的发展必须通过人的实践活动来实现。人与社会同在,人是社会的人,社会是人的社会。正如马克思所说:"有了人,我们就开始有了历史。"[1]如果世界没有人,谁会去思考它存在的

---

① 《马克思恩格斯全集》第二十卷,人民出版社 1971 年版,第 374 页。

意义？因而运用历史唯物主义研究社会历史，不能离开人，不能离开对人的研究。社会历史观的科学内容就是以人的社会历史活动为基础的。"现代唯物主义把历史看做人类的发展过程，而它的任务就在于发现这个过程的运动规律。"①

　　其一，社会历史存在的前提是人。唯物史观对社会历史一般规律的探讨是从人开始的。人是社会生活中必不可少的结构，没有人类，就不会存在社会，那么社会与自然界也就没有了区别。因而社会存在的第一个前提是人，具体考察历史的出发点也是人。马克思在《德意志意识形态》中指出，社会历史的第一个前提是人，"全部人类历史的第一个前提无疑是有生命的个人的存在"②。这是历史的出发点和前提。恩格斯也指出："无论不从事生产的社会上层发生什么变化，没有一个生产者阶级，社会就不能生存。"③既然人是社会历史的第一个存在物，那么对历史的考察就必然不能抛开人这个基础。离开人，人类社会就无法存在；离开社会来讲人，只能是宗教描绘的天国；离开人来谈社会，只见物不见人，就是空中楼阁，毫无意义。正是有了人的存在，才有了社会和历史。

　　然而，这种历史前提的人不是独立的、单个的人，而是从事物质生产实践的人，"不是处在某种虚幻的离群索居和固定不变状态中的人，而是处在现实的、可以通过经验观察到的、在一定条件下进行的发展过程中的人"④。物质生产实践活动是人赖以生存的第一个历史活动，是人基本的存在方式和活动方式，是人和社会存在、发展的基础。因而，人类的历史不是脱离现实的个人之外的纯粹精神抽象物，而是现实的人用自己的劳动创造出来的结果。人民群众通过自己的劳动创造出丰富的社会物质财富和

　　①　《马克思恩格斯选集》第三卷，人民出版社2012年版，第400页。
　　②　《马克思恩格斯选集》第一卷，人民出版社2012年版，第146页。
　　③　《马克思恩格斯全集》第二十五卷，人民出版社2001年版，第534页。
　　④　《马克思恩格斯选集》第一卷，人民出版社2012年版，第153页。

精神财富。

其二,历史是人民群众的物质实践生产活动。人是历史的主体,历史的发展只能从人的活动中寻找答案,"从对每个时代的个人的现实生活过程和活动的研究中产生"①。人作为历史的主体,首先是从事物质生活资料生产的现实的人。马克思指出,人们为了能够创造历史,必须能够生活。但是为了生活,首先就需要衣、食、住以及其他东西。"正像达尔文发现有机界的发展规律一样,马克思发现了人类历史的发展规律,即历来为繁芜丛杂的意识形态所掩盖着的一个简单事实:人们首先必须吃、喝、住、穿,然后才能从事政治、科学、艺术、宗教等等;所以,直接的物质的生活资料的生产,从而一个民族或一个时代的一定的经济发展阶段,便构成基础,人们的国家设施、法的观点、艺术以至宗教观念,就是从这个基础上发展起来的。"②因此生产出满足人们生存需要的生活资料是人类的第一个历史活动。物质生活资料生产和再生产的不断进行,是一切历史的基本条件,没有这种生产,历史就要中断,其他一切历史活动也就无法进行。从人类最初的物质生产活动开始,人们就结成一定的社会关系并随着这种关系的发展而发展。因而历史的主体又是在一定的社会关系中生活,并以自身的活动改造这些社会关系的人。这样的人,一方面以某种方式同其他人联合在一起,共同从事物质生活资料的生产;另一方面也在不断调整、发展和改变着人与人的社会关系。这样人民群众建构历史过程的活动就从两个角度来展开:一是人对自然的相互作用,主要指物质生产实践。人们通过实践活动改造自然界,生产满足自己需要的生存资料。二是人和人之间的相互作用,指的是人的交往实践活动。人与人的共同劳动结成一定的关系,这种关系的发展进而形成社会,人类历史由此展开。人类历史以及人类所创造的物质生活资料也就是广大人民群众通过辛勤劳动获得的。从这个基

---

① 《马克思恩格斯选集》第一卷,人民出版社 2012 年版,第 153 页。
② 《马克思恩格斯选集》第三卷,人民出版社 2012 年版,第 1002 页。

础上来看,人民群众是历史的创造者。"历史活动是群众的事业","整个所谓世界历史不外是人通过人的劳动而诞生的过程,是自然界对人来说的生成过程"①。

社会历史中的一切活动都由人来承担,人是全部历史活动的发动者、组织者和担当者。社会历史活动造就了人,只有在社会历史活动中人才是现实的、具体的人;而只有现实的、具体的人才是真正的社会历史的主体。由此马克思确认了人民群众在历史发展中的主体地位。活动的人和人的活动构成全部社会历史。社会历史通过人的实践活动而存在和发展,人也通过自己的实践活动而确证自己在社会历史中的主体地位。在整个社会历史中,人民群众的劳动实践活动构造了"属人世界",在社会实践总体中生成与创造的"生产不仅为主体生产对象,而且也为对象生产主体","不仅在客体方面,而且在主体方面,都是生产所生产的"②。因而,从社会历史观角度来看,人民群众是社会历史的主体,是从事物质生产实践的现实的人,是推动历史发展的广大劳动群众。

二、科学社会主义角度:群众是与政党相对应的阶级

从科学社会主义的角度来说,马克思对群众的定义是与无产阶级相对应的工人群众,这是从对 19 世纪三四十年代的社会现实分析中得出的。马克思、恩格斯在创立世界上第一个无产阶级政党时,就提出了党与工人阶级群众的基本关系,即党是无产阶级事业的领导者和推动力量,党必须以工人群众为依托,工人阶级是无产阶级政党实现领导功能的阶级基础。

19 世纪初,资本主义的快速发展加剧了生产的社会化与资本主义私人占有的矛盾,一方面创造出一个富有的工业资本家阶级,另一方面创造出一个贫困的产业工人阶级。1825 年开始,欧洲社会连续爆发了三次大

---

① 《马克思恩格斯文集》第一卷,人民出版社 2009 年版,第 196 页。
② 《马克思恩格斯文集》第八卷,人民出版社 2009 年版,第 16 页。

规模的经济危机,这说明资本主义的生产关系已经开始由促进生产力的发展转向阻碍生产力的发展。如果说 1825 年是欧洲经济的转折点,那么 1831 年就是欧洲政治的转折点。从这一年起,连续爆发了三次大规模工人运动,表明无产阶级和资产阶级之间的矛盾已经上升为社会的主要矛盾,无产阶级开始作为一支独立的政治力量登上历史舞台。资本主义向何处发展,工人运动何去何从,当时社会已有的理论不能回答这些重大的时代难题。封建阶级主张开历史倒车,空想社会主义的方案不切实际,资产阶级、小资产阶级的改良主义理论纷纷破产。时代的巨变呼唤人类思想的革命性变革,工人运动的发展需要有科学的理论来武装。这些时代需求迫切呼唤一个新的理论来对人类社会历史发展的规律和资本主义发展的历史趋势做出科学的说明。科学社会主义顺应时代潮流应运而生。科学社会主义在哲学上的唯物史观和政治经济学的剩余价值论这两大发现的基础上,揭示了资本主义时代无产阶级革命的根本性质和历史使命。

1848 年 2 月,《共产党宣言》发表,这部著作在理论上凸显了科学社会主义基本原理和思想精髓与时代发展和各国具体情况的紧密结合,在实践上表现为科学社会主义由理论论证转为社会实践。马克思在这部著作中不仅对科学社会主义的研究对象作了明确的回答和完整的表述,而且根据资本主义的矛盾冲突和无产阶级解放运动的实践,揭示了科学社会主义理论的一系列基本观点、基本原理,指明了无产阶级革命性、先进性和无产阶级革命的方向。马克思认为,无产阶级即现代工人阶级是实现共产主义的主体力量,同时认为,工人阶级必须接受科学社会主义的教育才能承担自己的历史使命。这是因为共产主义的崇高目标规定了工人阶级必须接受科学理论的指导。没有科学理论的指导,无产阶级运动只能陷入盲目的境地。"为了不使理论成为空谈,工人们的斗争不再在茫无目的和毫无计划的道路上徘徊,必须把科学共产主义同当时业已存在的工人组织结合起来。"①马克思指出:"哲学把无产阶级当做自己的物质武器,同样,无产阶级也把哲学当做自己的精神武器。"②人类解放的"头脑是哲学,它的心脏是无产阶级"③。科学理论会帮助工人阶级提高阶级意识,提升思想觉悟,使他们充分认识到自己所处的社会地位和历史使命,从而为完成自己的历史使命而进行坚决的斗争。

首先,无产阶级政党来源于无产阶级自身,是真正革命的无产阶级的政党。18世纪末19世纪初的欧洲,无产阶级运动频发,但运动的结果始终是以失败而告终。马克思认为,运动失败的最主要原因就是无产阶级革命运动没有一个科学正确的领导者。这个领导者不能是资产阶级、更不可能是封建阶级,因为任何一个"进行革命的阶级,仅就它对抗另一个阶级而言,从一开始就不是作为一个阶级,而是作为全社会的代表出现的;它以社会全体群众的姿态反对唯一的统治阶级"④。只有在无产阶级内部产生的革命领导者,才能真正代表全体无产阶级的利益。"无产阶级在反对有产阶级联合力量的斗争中,只有把自身组织成为与有产阶级建立的一切旧政党不同的、相对立的政党,才能作为一个阶级来行动",而"为保证社会革命获得胜利和实现革命的最高目标——消灭阶级,无产阶级这样组织成为政党是必要的"⑤。共产党同其他无产阶级政党的不同之处在于共产党人在革命斗争中始终强调和坚持整个无产阶级共同的利益。"在实践方面,共产党人是各国工人政党中最坚决的、始终起推动作用的部分;在理论方面,他们胜过其余无产阶级群众的地方在于他们了解无产阶级运动的条

---

① [德]海因里希·格姆科夫等:《马克思传》,易廷镇、侯焕良译,生活·读书·新知三联书店1978年版,第78页。
② 《马克思恩格斯选集》第一卷,人民出版社2012年版,第16页。
③ 《马克思恩格斯全集》第三卷,人民出版社2002年版,第214页。
④ 《马克思恩格斯选集》第一卷,人民出版社2012年版,第180页。
⑤ 《马克思恩格斯文集》第三卷,人民出版社2009年版,第228页。

件、过程和一般结果。"①因而,无产阶级政党是无产阶级的一部分,来源于无产阶级工人群众,它的阶级属性决定了它必须依托工人阶级才能实现自己的领导作用。

其次,无产阶级只有依靠无产阶级政党才能解放全人类,最后解放自己。这主要是因为无产阶级是随着资本主义和机器大工业的发展而发展起来的,资产阶级和资本主义制度是通过对无产阶级所创造的剩余价值的剥削而发家和发展的。无产阶级处于社会的最下层,受剥削最重,受压迫最深,他们悲惨的社会境地和一无所有的社会现状使得他们是最坚决、最富于革命彻底性的阶级。"在当前同资产阶级对立的一切阶级中,只有无产阶级是真正革命的阶级。其余的阶级都随着大工业的发展而日趋没落和灭亡,无产阶级却是大工业本身的产物"②,无产阶级是"是唯一坚决的革命阶级"。共产党是工人阶级的政党,它没有任何与整个无产阶级的利益不同的利益,共产党领导的无产阶级革命代表了无产阶级的利益,是为无产阶级服务的。无产阶级要想彻底摆脱资本的统治,实现自身政治和经济上的解放,必须依靠无产阶级政党的领导彻底打碎资产阶级国家机器,建立人民当家作主的新政权。

最后,无产阶级政党不仅代表无产阶级的利益,而且代表了工人阶级之外的全世界范围内所有劳动者阶级的利益。共产主义是世界历史性的事业,也是全人类的事业,世界范围内的无产阶级具有共同性的利益。工人没有国籍,同时也丧失了民族性。"工人没有祖国"③,"现代的工业劳动,现代的资本压迫,无论在英国或法国,无论在美国或德国,都是一样的,都使无产者失去了任何民族性"④。这就为全世界无产阶级以及其他劳动

---

① 《马克思恩格斯文集》第四卷,人民出版社 2009 年版,第 324 页。
② 《马克思恩格斯选集》第一卷,人民出版社 2012 年版,第 410-411 页。
③ 《马克思恩格斯选集》第一卷,人民出版社 2012 年版,第 419 页。
④ 《马克思恩格斯选集》第一卷,人民出版社 2012 年版,第 411 页。

者阶级,如农民、小资产者等接受和掌握无产阶级政党提供了可能性。世界范围内的无产阶级只有联合起来才能担负自己的历史使命。

可见,在科学社会主义理论中,人民群众是与无产阶级政党相对应的,是无产阶级政党实现领导和执政的群众基础。没有人民群众,也就没有无产阶级政党。科学社会主义也因为群众与政党之间的联系而找到了实现美好理想的阶级力量和群众基础,提出了共产主义是群众的事业的著名论断。

第三节　马克思群众观研究的基本方法

某种理论之所以能成为科学的理论,是因为其具有历史性和现实性。马克思群众观也不外如此,它之所以是科学的理论,就在于它不仅具有较强的理论性,也体现出强烈的历史性和现实性。马克思提出要坚持历史、理论和现实相结合的方法,这也是列宁倡导的一个基本方法。恩格斯曾指出:"马克思的整个世界观不是教义,而是方法。它提供的不是现成的教条,而是进一步研究的出发点和供这种研究使用的方法。"①我们在研究马克思群众观的过程中需要遵循这个基本研究方法,才能不失偏颇地把握理论。

一、理论与实践的统一

马克思在理论探索的过程中曾一次次走进书斋,但他并没有在思辨王国里自言自语、自得其乐,而是带着对现实问题的疑惑进行研究,磨砺其批判的锋芒,从而在批判旧世界的过程中建立新世界。马克思不满足于学院

---

① 《马克思恩格斯选集》第四卷,人民出版社 2012 年版,第 664 页。

派那种故纸堆里的学问,而是注重对解释世界的知识体系的革命性变革。因而,马克思的理论具有其他理论体系难以企及的实践性。马克思群众观作为马克思理论的一部分,自然也就是理论与实践相结合的产物。理论与实践相统一的原则贯穿马克思理论活动的始终,是马克思群众观最重要的理论品质。

从实践性来看,实践是改变现实的活动,然而如果没有一种理论对现实作总体的把握,那么就根本谈不上对现实的真正改变。一切有着具体目标的伟大实践活动都是由理论为它提供改变现实的可能性的,理论愈是能够从总体上把握历史过程,就愈加紧密地与实践活动结合起来,为实践活动提供行之有效的方法和指出实践活动努力的方向。马克思主义群众观就是来源于实践并服务于实践的。马克思群众观在源头上是产生于人们的社会实践过程中,并在人们社会实践所形成的科学认识基础上进行高度的理论思维而达到系统化、理论化成果。正如列宁所说:"马克思主义者只能以严格证明和确凿证明的事实作为自己政策的前提。"①实践性决定了马克思群众观不是沉迷于书斋创造和经院式的哲学解读,而是一切从现实和实际出发。一方面,马克思主义群众观来源于对人民群众的关注中。马克思在《莱茵报》工作时期就十分关注劳苦群众,在林木盗窃案中积极维护人民群众的利益,在对摩泽尔地区贫苦群众现状进行分析的过程中考察群众的生活状况,分析他们的社会地位,并由此产生了对人民群众的同情。另一方面,马克思群众观来源于社会实践。马克思不仅积极地参加和领导了当时各国的工人运动,而且根据社会实际为工人阶级写作革命纲领,将理论与实践相结合。在参加德法两国工人的集会和工人秘密团体的活动时,马克思曾这样热情地写道:"要理解这个运动中人的高尚性,就必须知道英法两国工人对科学的向往、对知识的渴望、他们的道德力量和他

---

① 《列宁全集》第四十七卷,人民出版社 2017 年版,第 457 页。

们对自己发展的不倦的要求。"①在德国无产阶级参加 1848 年革命过程中,马克思为德国无产阶级制定了独立的政治纲领——《共产党在德国的要求》。在世界无产阶级运动的影响和推动下,马克思为工人阶级制定了革命纲领——《共产党宣言》,用以指导无产阶级运动。当巴黎公社失败之后,马克思还及时从理论上做出总结,认为"工人阶级不能简单地掌握现成的国家机器,并运用它来达到自己的目的"②。

在理论性上,马克思坚持实践观点。马克思早在其博士论文中就探讨了哲学与世界的问题,指出了哲学世界化和世界哲学化的任务。马克思强调哲学在改造现实世界中的作用,认为理论对于实践的作用是巨大的。在《德法年鉴》时期,马克思指出:"批判的武器当然不能代替武器的批判,物质力量只能用物质力量来摧毁;但是理论一经掌握群众,也会变成物质力量。理论只要说服人[ad hominem],就能掌握群众;而理论只要彻底,就能说服人[ad hominem]。"③这一时期,马克思已经把理论与实践相结合,把"批判的武器"和"武器的批判"区分开来,理论能否和实践相结合取决于理论能否掌握群众。在《德意志意识形态》中,马克思系统阐发了唯物史观的基本原理,表明其历史观是"始终站在现实历史的基础上,不是从观念出发来解释实践,而是从物质实践出发来解释各种观念形态"④,从而确立了唯物史观的实践性。

源于实践的理论,并不只是对实践经验的概括和总结,更重要的是对实践活动、实践经验和实践成果的批判性反思、规范性纠正和理想性引导。这是理论对实践的超越。在《〈黑格尔法哲学批判〉导言》中马克思指出,"理论在一个国家实现的程度,总是取决于理论满足这个国家的需要的程

---

① 《马克思恩格斯全集》第二卷,人民出版社 1965 年版,第 107 页。
② 《马克思恩格斯选集》第三卷,人民出版社 2012 年版,第 95 页。
③ 《马克思恩格斯选集》第一卷,人民出版社 2012 年版,第 9-10 页。
④ 《马克思恩格斯选集》第一卷,人民出版社 2012 年版,第 172 页。

度。……理论需要是否会直接成为实践需要呢? 光是思想力求成为现实是不够的,现实本身应当力求趋向思想"①。一方面,理论可以通过人转变为实践。当一种理论被人们接受时,就会潜移默化地转化为人的一种思维方式,进而改变他的行为方式,最终变为他的存在方式或生活方式。这是从人们对基于客观世界的观念或者思维方式的转变开始的,即理论可以通过人转变为实践。另一方面,当人们把实践中的经验通过抽象概括的方式转变成一种思维方式的时候,就具有了普遍的指导意义,上升到了理论的层面。而且建立在实践和体验之上的理论是最有力量、最有生命力的。

马克思群众观正是他亲身参加生产和革命实践所获得的感性认识的理论升华。它来源于实践,又高于实践,是对实践经验的高度概括和抽象,经过理论化和系统化的加工制作过程,具有很强的理论性和实践性。正如恩格斯所评价的,马克思不仅是"当代最伟大的思想家",而且"首先是一个革命家。他毕生的真正使命,就是以这种或那种方式参加推翻资本主义社会及其所建立的国家设施的事业……很少有人像他那样满腔热情、坚韧不拔和卓有成效地进行斗争"②。马克思自觉地将群众观运用到自己的理论研究与对现实社会问题的考察之中,力求把自己的理论研究与社会迫切的现实斗争有机地统一起来,在实践中不断完善理论,使马克思群众观日渐成为工人阶级进行革命斗争与政权建设的指导思想。

马克思群众观从创立之初就坚持了理论自觉和实践自觉的统一,这种方法一直贯穿其理论创立的始终。马克思深刻关切包括无产阶级在内的广大人民群众的存在和命运,还亲自参与群众的社会实践活动并在实践活动中自觉把理论同实践进行有效对接,这就决定了马克思群众观绝不是脱离"群众"的抽象理论,绝不是脱离"群众"的狭隘实践理论,绝不是脱离"群众"的书斋理论,绝不是"什么都行"的实用主义,而是通过"群众的实

---

① 《马克思恩格斯选集》第一卷,人民出版社 2012 年版,第 11 页。
② 《马克思恩格斯选集》第三卷,人民出版社 2012 年版,第 1003 页。

践"来改变"群众的世界"从而实现"群众的解放"和人的解放的理论。因此,通过根本变革"群众的世界"来实现人的解放就必然成为马克思群众观的基本诉求,也必然成为马克思或者马克思主义的基本理论旨趣。

二、历史与现实的统一

马克思群众观不仅是一个理论问题,更是一个现实问题。马克思正是在不断面临的现实社会问题、在思考人类生活存在的重大问题中,揭示出人的生活本质;在对历史发展及其规律的考察中揭示出人民群众的历史地位和历史使命,形成群众观。因而,对现实的重视和关注,将历史研究与现实问题研究紧密结合起来,是马克思群众观的一个重要研究方法。在马克思的著作中,我们到处都可以看到马克思对现实的人和具体的社会历史现象与现实的分析。例如,马克思《1844 年经济学哲学手稿》中的异化的、非人化的劳动者,《德意志意识形态》中作为一切历史的第一个前提的吃喝住穿等日常生活,以及作为历史发展过程的第三种关系的人自身的生产、繁衍、家庭关系等。通过对现实社会生活和社会历史实践的考察,马克思以对现实的批判与用彻底改造世界的方法,使黑格尔抽象的自我运动走向历史的现实运动之中,通过现实和历史的统一揭示了社会生活的内在矛盾和资本主义生产方式的暂时性根源,并最终通过对资本主义社会形态的人体解剖,找到了理解人类社会发展的钥匙和人类解放的科学途径。

从现实性来看,马克思群众观的产生不是来源于书本之中,而是来源于现实的世俗的世界。勇于实践,注重现实,努力使自己的哲学思想与现实统一起来是马克思治学的一个特点。理解现实是理解历史的前提,马克思认为"低等动物身上表露的高等动物的征兆,只有在高等动物本身已被认识之后才能理解"①,对历史的认识必须基于对现实的理解,"从对每个

---

① 《马克思恩格斯选集》第二卷,人民出版社 2012 年版,第 705 页。

时代的个人的现实生活过程和活动的研究中产生"①。在欧洲无产阶级革命运动过程中,马克思表现出深切的关心,他积极参与运动,对参与革命运动的人民群众给予高度赞扬,并从革命运动中不断吸取经验,完善自己的理论。在面对贫困大众的生活惨状时,马克思努力与现实政治做斗争。在《莱茵报》工作时期,通过"关于出版自由"的论战,马克思看到了不同等级的代表对出版自由的不同态度,揭示出德国社会的阶级结构和各个不同阶级的实际利益的对立;通过"关于制定林木盗窃法"的辩论,马克思跳出了精神、思想领域的斗争圈子,认识到国家根本不是什么"人类理性"的体现,而是保护林木占有者的工具;通过"关于摩塞尔地区农民贫困原因"的辩论,马克思进一步明确地意识到了这个地区农民贫困的原因是同普鲁士政府的政策有着密切的联系。对广大劳动群众悲惨处境所产生了一连串的追问与解答,造就了《1844年经济学哲学手稿》的诞生。马克思对现实的人的分析突破了传统人道主义对人本身的研究,更关注人所处的历史环境、人所需要的生活条件、基本要求等,由此马克思在《德意志意识形态》中阐明"全部人类历史的第一个前提无疑是有生命的个人的存在"②,这是研究一切历史的起点和前提。对人和现实社会的关注,使马克思突破了黑格尔纯思辨的思维方式,将现实与理论结合起来,用现实来审视和丰富理论,再用完善的理论揭示现实社会,指导革命运动。《共产党宣言》作为为工人阶级撰写的、用以帮助工人阶级进行无产阶级革命的一部理论和实践纲领,聚焦于无产阶级的现实生存际遇,从历史发展的规律出发,论证了无产阶级革命运动的主体和历史使命,是历史与现实、革命斗争与理论相结合的最好的产物。

马克思一切理论的来源是对现实的关注,而这也是马克思群众观产生的基础。马克思抛弃了在他之前西方学者惯用的带神秘和思辨色彩的理

---

① 《马克思恩格斯选集》第一卷,人民出版社2012年版,第153页。
② 《马克思恩格斯文集》第一卷,人民出版社2009年版,第519页。

论方法以及"纯粹的"神学、哲学、道德的理论视角,立足于现实,从人民群众的生产实践活动出发,看到了人民群众现实生存境遇,考察了人民群众的社会历史地位,从而分析社会的生产、分工、所有制和国家的发展状况,指出了资本主义的发展趋势和共产主义实现的途径,真正做到了用经验的观察方法来揭示人民群众与社会发展、历史规律之间的联系。"在思辨终止的地方,在现实生活面前,正是描述人们实践活动和实际发展过程的真正的实证科学开始的地方。"①

从历史性来看,对历史的认识,对人民群众及其社会历史发展规律的分析不能把历史与现实割裂开。历史分为自然史和人类史,人与自然都是历史的一部分,没有人类活动痕迹的自然史只是自然的演化史,而人类史才是马克思研究的历史。这种历史是人的历史,它并不遵照它之外的某种尺度来编写。马克思认为,以往一切历史观存在的最大问题就在于将历史认识与现实生活相分离。"现实的生活生产被看成是某种非历史的东西,而历史的东西则被看成是某种脱离日常生活的东西,某种处于世界之外和超乎世界之上的东西。"②一旦离开现实的人及其社会物质生活,历史就会变成抽象的精神领域的历史,变成黑格尔的绝对精神,变成鲍威尔的自我意识,变成施蒂纳的普遍理性,成为没有根基的空中楼阁。

事实上,历史并不是处于世界之外的东西,也不是人们由主观臆断构建的,它是人们现实生活本身,是以往人类历史的当代延续。"对现实的描述会使独立的哲学失去生存环境,能够取而代之的充其量不过是从对人类历史发展的考察中抽象出来的最一般的结果的概括。这些抽象本身离开了现实的历史就没有任何价值。"③实践、人类主体和社会观念等都只能是在一定社会历史条件下所形成的有限的、暂时的历史性产物。人类的历

---

① 《马克思恩格斯文集》第一卷,人民出版社 2009 年版,第 526 页。
② 《马克思恩格斯文集》第一卷,人民出版社 2009 年版,第 545 页。
③ 《马克思恩格斯文集》第一卷,人民出版社 2009 年版,第 526 页。

史从不自觉的自身开始经过历史表达的自觉而趋向自觉的历史哲学,这正是人类自觉的一个组成部分,历史的特殊性正在这里,它既是历史的自身,又是历史的表达与反思。人们在反复理解、思考历史的过程中,建立对现实世界的思考;又在对历史的反思和考察中,准确把握现实社会,进行更好的社会建设。

历史性和现实性的统一构成了马克思群众观的内驱力和生命力。现实与历史的统一只能在具体有限的历史条件下去揭示人类主体及其生产实践活动,马克思群众观也只能在一定的社会情境中得以真正揭示。历史是人们行动的"得失之镜",在对历史的研究中人们找寻到历史发展的规律,这些规律可以引导人们的现实行动,以免人们在历史发展中走错走偏。只有立足于现实,分析过去,历史才呈现出其鲜活的生命力,为人们创造美好的未来提供源源不竭的思想源泉。

三、主体与客体的统一

在西方哲学史上,主体范畴经历了一个长期的演化过程。古希腊时期就已经有了主体范畴。亚里士多德把主体理解为某些特性、形状和作用的承担者,是最真切的本体。只有客观存在的事物才是主体。中世纪的哲学则把上帝放到了最高的位置,所有事物都是上帝的派生物,人也不外如此,人的理智活动不过是接受了上帝的指示。"宇宙间除了上帝以外,没有任何存在者不是由上帝那里得到存在。"①从笛卡尔开始,西方近代哲学研究的重点从本体论转向了认识论,主体作为认识论的范畴并成为研究的焦点。笛卡尔把主观可靠性、主体自我意识同客观现实世界对立起来,提出"我思故我在"命题,强调了思维主体的作用。"我是一个实体,这个实体的全部本质或本性只是思想,它并不需要任何地点以便存在,也不依赖任

---

① 《西方哲学原著选读》上卷,北京大学哲学系外国哲学史教研室编译,商务印书馆1981年版,第219页。

何物质性的东西;因此这个'我',亦即我赖以成为我的那个心灵,是与身体完全不同的,甚至比身体更容易认识,纵然身体并不存在,心灵仍不失其为心灵。"①主体成为哲学研究的重点。德国古典哲学是欧洲哲学史上的一个高峰,它以自觉的辩证法而著称,其重要特点就是强调主体的能动性。

马克思就是从批判继承德国古典哲学的主体性理论入手,着眼于世界关系中的本原关系和主客体的对象性关系。在对德国古典唯心主义哲学主体性理论的批判过程中,马克思发现了德国古典哲学主体性理论把主体性看作世界和事物的本原性这一特点。在德国古典哲学家那里,主体性具有本原、始基、基础和根据的性质,这种性质在哲学史上表现为物质的主体性和精神的主体性。

其一,"主体是人"反映了主体与外部事物的一种特定的为我关系。马克思认为,社会历史的主体不是脱离现实只存在于精神领域的人,而是处于一定社会关系中进行物质生产活动、现实的、活生生的人。历史客体是现实的人们要改造的自然界,是人们进行社会实践活动所改造的客观对象。客体作为一个客观存在的对象,既可以被主体认识和掌握,也会被主体利用和改造。这个改造过程就是依靠人民群众来完成的。"在任何实践——认识活动中,作为实践和认识活动者、行为者的人是主体;而作为实践和认识对象的世界、事物和人是客体。"②社会历史如果离开人民群众这个历史主体及其实践活动,就会变成无主体的运动;而社会历史若离开了客体,人们的社会生活就会失去改造对象,丧失其全部的内容。

人作为历史主体的全部意义在于对自然界这个历史客体的改造过程中得到确认的。自然界或世界是人的能动的实践活动的表现,是实现和确证人的实践本质力量的对象,从而使作为客体的现实世界发生变化并对主

① 《十六一十八世纪西欧各国哲学》,北京大学哲学系外国哲学史教研室编译,商务印书馆1975年版,第148页。

② 李德顺:《价值论——一种主体性的研究》,中国人民大学出版社1987年版,第60页。

体的人呈现出意义,自然界成为人的作品,人与自然的一切关系表现出为我关系。"凡是有某种关系存在的地方,这种关系都是为我而存在的。"[①]人作为主体通过积极的能动作用建构为我关系来促进自己的发展。社会历史主体与客体的这种相互关系中,存在着主客体之间的双向运动:一方面,客体受到人的活动的改造,被打上主体意志的烙印;另一方面,历史主体在改造客体的同时也改变着自身,主体世界由此产生变化,在改造过程中变得更加丰富和生动。对自然客体而言,自然作为其客观存在的本质方面是不断人化的自然;作为主体方面,又是不断的自然的人化即自然界成为人的现实部分。

其二,物质生产实践是"人与自然之间的物质变换过程"。物质生产实践作为人与自然之间的物质变换过程,包含着主体与客体的关联结构,即作为主体的人与作为客体的自然界之间有着内在的双向选择关系。从主客体的实践关系即对象性关系出发,马克思指出,实践是一种对象性活动,是主客体之间的一种最本质的关系。"区分主体与客体的根本标志是构成一定实践——认识关系的实体因素在该关系中的具体地位,即行为者与其对象的地位。"[②]

在历史过程中,主体根据自身需要对客体进行改造,使客体满足主体的需求,为主体所用。历史主体与客体之间的全部活动构成了历史过程的全部内容。人根据自己的需求和能力对自然物质予以改造和限制,使其中与人的现实本质力量相适应的部分确定下来,为人所用;自然物质则依其固有的规定性约束人的行为和改造力量,使其中与自然物质相适应的规定性确定下来。当人与自然物质彼此确定了对方,同时也为对方所用时,二者之间的主客体地位才能真正确定下来,人的物质生产活动才能现实地进

---

① 《马克思恩格斯选集》第一卷,人民出版社 2012 年版,第 161 页。
② 李德顺:《价值论—— 一种主体性的研究》,中国人民大学出版社 1987 年版,第 67 页。

行。在这个过程中,主体和客体作为认识和实践的两极,既对立又统一。第一,在主客体相互作用中,主体和客体的地位是不对等的。一方面,人是历史活动的主体,具有能动地认识和改造客体的能力,在历史过程中处于主要的、能动的一方,主体通过这种能动的能力实现对客体的改造。主体的能动性体现在两个方面:一是主体的认识活动。主体对于外部世界的认识总是外部世界以主体为对象向主体的呈现,因而总是在观念形态上建构为我关系。二是主体的实践活动。人生活在自然界,生存和发展必然要依赖自然界。然而自然界不会自动满足人的需求,人必须通过制造和使用工具进行实践活动,并形成一定的社会关系。在实践活动中,主体总是从自己出发改造客体的物质形态和结构来满足主体的需要,因而总是在物质形态上建构为我而存在的关系。认识活动和实践活动交织在一起凸显了主体的能动性。另一方面,客体虽然处于被认识和改造的地位,是被动方,但不会任由人们随意改造,而是在客观规律的限制下对主体活动加以约束,因而人们改造自然界必须遵循自然规律来实现,在客体给予人的规定性条件下完成的。"人并没有创造物质本身,甚至人创造物质的这种或那种生产能力,也只是在物质本身预先存在的条件下才能进行。"①第二,主客体之间的相互作用的完成需要有一个媒介。主客体之间本是彼此不相联系的,人们要生存就要改造客体,与客体建构某种联系,构建这个联系的媒介就是工具。工具帮助主体实现改造的目的,完成主客体之间物质和信息的交换。第三,作为主体的人不仅要改造客体,而且在改造客体的同时提高认识能力,把自身作为客体来认识和改造,使自己得到更加全面丰富的发展。人能够认识自己,改造自己,体现出主客体之间相互作用的复杂关系。

可见,自然界的客体意义取决于人的本质力量的发挥,而人的本质力量的发挥程度取决于人对自然界及其规律的认识和改造程度。作为历史主体的人必然要在实践过程中与自然发生关系,并在与作为客体的自然界

①　《马克思恩格斯全集》第二卷,人民出版社 1957 年版,第 58 页。

相关性中得到确认,在主体与客体的辩证统一中说明历史主体概念及其实质。

从现实的人及其活动出发,马克思把人与自然、人与社会、人与人放在主客体关系结构中进行考察,从而突破了旧哲学长期以来关于物质与意识、人与自然、主体与客体二元对立的思维方式。马克思主义群众观由此阐明了人是历史的主体,人民群众的实践活动体现出人与自然的相互关系,体现出主体与客体的统一。

第三章 ｜ 马克思群众观的形成与发展

马克思群众观的形成不是一蹴而就的,它经历了孕育阶段、形成阶段、成熟阶段和发展阶段,从不完善到完善的过程中最终形成了系统的、科学的群众观。

第一节　孕育提出:从《博士论文》到《莱茵报》时期

从1841年大学毕业到1843年初,马克思受社会环境的影响,目睹了劳动群众生活状况的窘迫,对统治阶级镇压自由人士产生了不满,并受到进步阶层和一些思想家的熏陶,使其对贫苦人民充满了同情,开始研究社会、批判社会,并公开为受压迫的贫苦群众辩护。在这期间,马克思撰写的博士论文以及为《莱茵报》撰稿的文章,集中代表了马克思这一时期的理论思考成果,成为马克思主义群众观萌芽的标志。当然,"必要的理论概念不会按照人们在需要它们的时候所发出的指令而奇迹般地出现。相反,科学和伟大哲学开始创立时的全部历史表明,新概念并不是全部整齐地排成一行通过检阅,有些概念会姗姗来迟,有些概念则要穿上借来的衣服通过检阅,它们只有在稍后才能穿上合体的衣服,因为历史还没有产生裁缝和布匹"①。也就是说,在马克思的博士论文或《莱茵报》时期的文献中,我们很难找到马克思关于"群众观"的直接论述,但是,如果结合文献的具体语境,我们可以窥见马克思对群众问题的关注。

一、博士论文:人的自我意识的觉醒

马克思在青年时期就树立了为全人类的幸福献身的伟大理想。在中学毕业论文《青年在选择职业时的考虑》一文中,马克思认为个人在选择职业时,要坚定信念,遵循"人类的幸福和我们自身的完美"的原则,坚决反对狭隘的利己主义。他写道:"在选择职业时,我们应该遵循的主要指针是人类的幸福和我们自身的完美。……人的天性本来就是这样的:人们只有为同时代人的完美、为他们的幸福而工作,才能使自己也达到完美。……如果我们选择了最能为人类福利而劳动的职业,那么,重担就不能把我们压倒,因为这是为大家而献身;那时我们所感到的就不是可怜的、有限的、自私的乐趣,我们的幸福将属于千百万人,我们的事业将默默地、但永恒发挥作用地存在下去,而面对我们的骨灰,高尚的人们将洒下热泪。"②在青年马克思看来,只有那些为公众效力、为大多数人造福的人才是最伟大的人。"历史承认那些为共同目标劳动因而自己变得高尚的人是伟大人物;经验赞美那些为大多数人带来幸福的人是最幸福的人。"③

马克思带着中学时期的远大志向和强烈的社会责任感走进大学。如果说中学时期为理性与现实的统一提供了前提背景,那么大学时期的马克思则迈出了思想上的第一步。在大学期间,马克思主修法学课程,不仅阅读了大量法学著作,翻译了《罗马法全书》的前两卷,还打算写一部法哲学的著作。但是,怀有高度社会责任感的马克思不满足于掌握法律的具体条

① [法]路易·阿尔都塞、艾蒂安·巴里巴尔:《读〈资本论〉》,李其庆、冯文光译,中央编译出版社 2001 年版,第 49 页。
② 《马克思恩格斯全集》第四十卷,人民出版社 1982 年版,第 7 页。
③ 《马克思恩格斯全集》第四十卷,人民出版社 1982 年版,第 7 页。

文,因为他在关注现实、独立冷静思考的过程中发现,法律并不能帮助他解决思想的疑惑和现存的社会问题,尤其是在他的法学体系中,本应充分弘扬法的精神即自由和真理消失了。"严重障碍正是现实的东西和应有的东西之间的对立。"①为研究理论背后隐藏的更深层次的社会问题,马克思转向哲学。他广泛阅读康德、费希特等人的著作。然而康德二元论哲学中本体的分裂和费希特脱离现实的自我意识让马克思遇到了理性与现实的矛盾,他给父亲的信中写道:"康德和费希特在太空飞翔,对未知世界在黑暗中探索;而我只求深入全面地领悟在地面上遇到的日常事物。"②马克思表现出对理论与现实相统一的追求。为了找到真理和归宿,马克思转向黑格尔哲学,并参加了鲍威尔等青年黑格尔派组成的"博士俱乐部"。黑格尔哲学中蕴含着丰富的辩证法思想,对马克思影响极深,黑格尔思维与存在统一的思想,尤其是理论批判要在现实世界中引出理性,理性存于世界之中,事物本身的理性应当作为一种矛盾展开并求得自身的统一,"绝对精神"是主体与实体相统一,客观实体与客观形式相一致的理论表述,让青年马克思从费希特理想的天空回到地面,他不可能一头扎入坚实的大地(以物质实体作为第一性),而是要寻找体现理想的实体(实际社会活动)。黑格尔哲学符合马克思的哲学需求,黑格尔的"绝对精神"及其辩证法也成为马克思的批判武器。马克思在谈到黑格尔对他的影响时这样说道:"发现了最崇高的智谋,领会它深邃的奥秘,我就像神那样了不起,像神那样披上晦暗的外衣,我长久地探索着,漂游在汹涌的思想海洋里,在那儿我找到了表达的语言,就紧抓到底。"③

受黑格尔的影响,马克思认为在理想和现实的关系中应更加注重自我意识应该作用于现实并向现实转化。1841年3月马克思完成了博士论文

---

① 《马克思恩格斯全集》第四十卷,人民出版社1982年版,第10页。
② 《马克思恩格斯全集》第四十卷,人民出版社1982年版,第651-652页。
③ 《马克思恩格斯全集》第四十卷,人民出版社1982年版,第651页。

《德谟克利特的自然哲学和伊壁鸠鲁的自然哲学的差别》。在自己的《博士论文》中马克思写道:"世界的哲学化同时也就是哲学的世界化。"①哲学不能脱离世界,必须与现实世界相联系,自我意识就是实现世界哲学化或哲学世界化的中间环节。这种思想是他对中学作文思想的一种延续。虽然此时的马克思还把实践理解为精神活动,但已经明显地从实践的角度去理解历史的发展,表明了他反思辨哲学的倾向。

马克思在博士论文中详细论证了伊壁鸠鲁哲学与德谟克利特哲学的区别,用伊壁鸠鲁关于原子自动偏斜说来论证说明人的自由和自我意识的能动作用。对自我意识的关注和肯定表明了马克思把世界的创造主体交给了人而不是神,这就显现了以人为本而不是以神为本的群众观的思想倾向。马克思首先强调人是社会的人,人的自我意识的能动作用的发挥,不是那种与外界隔绝的、纯粹内心的自由,而是与外界发生关系、人与人之间全面交往的自由,自我意识是世界发展过程中的决定力量。"直接存在的个别性,只有当它同他物发生关系,而这个他物就是它本身时,才按照它的概念得到实现,即使这个他物是以直接存在的形式同它相对立的。所以一个人,只有当他与之发生关系的他物不是一个不同于他的存在,相反,这个他物本身即使还不是精神,也是一个个别的人时,这个人才不再是自然的产物。但是,要使作为人的人成为他自己的唯一现实的客体,他就必须在他自身中打破他的相对的定在,即欲望的力量和纯粹自然的力量。排斥是自我意识的最初形式;因此,它是同那种把自己看作是直接存在的东西、抽象个别的东西的自我意识相适应的。"②以此表达出马克思对人的哲学的思考,即人应该是社会的现实的人,作为自我意识的哲学存在于现实生活中,其目的是要唤醒人的自我意识,使人在自我意识中获得主体性和自由。哲学不能把自己封闭在自己的思想体系中,哲学一定要转向世界,要和人

---

① 《马克思恩格斯全集》第一卷,人民出版社1995年版,第76页。
② 《马克思恩格斯全集》第一卷,人民出版社1995年版,第37页。

及现实社会相互作用,去"干预生活"。

马克思阐明哲学一定要和现实世界接触并相互作用,因为哲学不是纯粹的精神领域的活动,不是存在于世界之外的遐想,它同现实、同人民有着非常紧密的联系。"哲学不是在世界之外,就如同人脑虽然不在胃里,但也不在人体之外一样。当然,哲学在用双脚立地以前,先是用头脑立于世界的","任何真正的哲学都是自己时代的精神上的精华……那时哲学不仅从内部通过自己的内容来说,而且在外部通过自己的表现,同自己的时代的现实世界接触并相互作用。……各种外部表现证明,哲学正在获得这样的意义,哲学正变成文化的活的灵魂,哲学正在世界化,而世界正在哲学化"①。一方面,哲学来源于现实,来源于人的智慧。哲学是时代的产物,是人民智慧的结晶,"是自己的时代、自己的人民的产物,人民最精致、最珍贵和看不见的精髓都集中在哲学思想里。那种用工人的双手建筑起铁路的精神,现在在哲学家的头脑中树立哲学体系","哲学都是自己时代的精神上的精华"②。另一方面,哲学也必须作用于现实,为人所用。哲学必须"同自己时代的现实世界接触并相互作用",哲学"已浸进沙龙、神甫的家、报纸的编辑部和国王的接待室,浸进同时代人的灵魂,也就是浸进使他们激动的爱与憎的感情里"③。在面对哲学与现实的关系问题上,马克思把哲学的发展同经济的发展相提并论,意识到"工人的双手建筑起铁路"对哲学发展的贡献。哲学来源于人们的实践活动,是人们实践活动抽象的理论化的总结。人类的实践活动对哲学的形成和发展起着巨大的作用,体现出人民群众是社会物质财富创造者思想的最初萌芽。

马克思的博士论文肯定了人的主观能动性,强调自我意识的作用就是要实现人的价值。他在抽象的形态上开始涉及人与外部世界的关系,表现

---

① 《马克思恩格斯全集》第一卷,人民出版社 1995 年版,第 220 页。
② 《马克思恩格斯全集》第一卷,人民出版社 1995 年版,第 220 页。
③ 《马克思恩格斯全集》第一卷,人民出版社 1956 年版,第 121 页。

出对于前人的批判与不同,他对人的社会性、参与现实生活和改变世界的肯定体现了其唯物主义的倾向,这种倾向性是马克思最终形成和发展群众史观思想的重要环节和阶段,为他确立唯物史观奠定了思想基础。

二、《莱茵报》时期:物质利益问题上的群众思想

如果说在博士论文时期,马克思只是抽象地表达了为全人类的福利而劳动的理想,把解决社会民生的任务寄托给了绝对理念的化身——国家,那么在《莱茵报》时期他的思想开始发生了转变。刚刚毕业的马克思走向社会,逐步接触现实的社会状况。他仍保留着学生时代对人民苦难生活的关注和同情,以及改善民生、为人类寻求幸福的强烈愿望。1841 年,马克思进入《莱茵报》担任主编和编辑,报纸成为马克思从学校走向社会、从理论走向实际的政治生活的通道。然而,在《莱茵报》期间所遭遇的社会现实和"世界哲学化""哲学世界化"思想的冲突下,马克思深深陷入社会现实与头脑中黑格尔理性信仰之间产生的矛盾漩涡。理论与现实之间的差距,使马克思认识到只从理论上对现实进行批判是远远不够的,必须找到改造现实的力量和途径,才能改变群众的境况。而在此期间所发生的三件事对马克思的思想产生了巨大的冲击,使马克思开始研究以经济关系为主的社会历史关系,并于 1842 年 2 月撰写了《评普鲁士最近的书报检查令》,于 1842 年 4 月至 10 月写下《关于出版自由和公布等级会议记录的辩论》和《关于林木盗窃法的辩论》以及于 1843 年 1 月写下《摩塞尔记者的辩护》等文章。从这些文章的表述中可以看出马克思摆脱了黑格尔的唯心主义,转向了费尔巴哈的唯物主义。此时的马克思俨然以一个社会实践者的面目公开直率地发表自己的观点,为争取出版自由、反对封建等级制度和捍卫公民权利而斗争。对"物质利益"的困惑使马克思从现实世界中考察群众的生活状况,他力求在理论上对他的理想目标进行深入而系统的研究,为马克思主义群众观的形成奠定了现实的唯物主义基础。

其一是普鲁士国王威廉四世为了缓和资本主义和封建势力之间的矛盾,颁布了新的书报检查令。威廉四世声称要让人民有出版自由,实际却禁止出版物中所谓的"传播谬误和破坏言论",规定"不许攻击基督教"。年轻的马克思一眼就看穿了这个虚伪的检查令的实质,他笔调辛辣地写了《评普鲁士最近的书报检查令》一文,在文中马克思深刻揭露了普鲁士政府颁布出版法和书报检查令的真实动机,认为书报检查制度是出版发行前的秘密评判或"官方的批评",其标准就是"凡是政府的命令都是真理",因此,书报检查制度的存在本身就是对新闻出版自由的根本否定,而"没有新闻出版自由,其他一切自由都会成为泡影"①。书报检查令名为给人民出版自由,实为限制自由。马克思认为,一个道德的国家应该保证人民言论自由的权利,人民有权利对政府进行批判。"即使公民起来反对国家机构,反对政府,道德的国家还是认为他们具有国家的思想方式。"②马克思反对书报检查令,反对普鲁士的专制主义,都是站在革命人民的立场上,洋溢着革命民主主义的精神,马克思强调自由是人类精神特权,是人民不可剥夺的普遍权利,是"全部精神存在的类的本质"。出版的自由性体现了"自由所具有的英勇的、理性的、道德的本质。受检查的出版物的性格,是不自由所固有的无性格的丑态,这是文明的怪物,洒满香水的畸形儿"③。马克思认为,反对自由,不仅是反对人民,也违背了理性国家和法的本性。在当时,马克思还没有摆脱黑格尔的国家观和法律观的影响。黑格尔认为,"国家应是一种合理性的表现,国家是精神为自己所创造的世界"④,法则是"精神的东西,它的确定的地位和出发点是意志。意志是自由的,所

---

① 《马克思恩格斯全集》第一卷,人民出版社1995年版,第201页。
② 《马克思恩格斯全集》第一卷,人民出版社1995年版,第121页。
③ 《马克思恩格斯全集》第一卷,人民出版社1956年版,第66-67页。
④ [德]黑格尔:《法哲学原理》,范扬、张企泰译,商务印书馆1961年版,第285页。

以自由就构成法的实体和规定性"①。"法的体系是实现了的自由的王国"②。马克思从这里引申出革命的论断,认为普鲁士扼杀出版自由违背了国家和法的本性,就是不允许人民自由思想、自由发表意见。在对普鲁士的批判中更为深刻的是马克思把书报检查制度同普鲁士的国家制度联系起来,对书报检查的批判也是对普鲁士国家制度的批判。"书报检查的一般本质是建立在警察国家对它的官员抱有的那种虚幻而高傲的观念之上的。公众的智慧和良好愿望被认为甚至连最简单的事情也办不成,而官员们则被认为是无所不能的。"③新闻出版自由只有通过法治和良法之治才能得到有效的保障。在对普鲁士封建专制制度的抨击和斗争中,马克思群众观开始萌发孕育。

其二是关于林木盗窃法的辩论。封建主向省议会提交审议的新法律,要求把捡枯树枝也列入盗窃林木的范围予以法律制裁,这在实质上就取消了农民自古以来在森林捡拾枯木树枝的习惯。在这场辩论中,马克思怒斥林木占有者的无耻,他完全站在穷人一边,公开为备受屈辱的人民群众辩护。由于当时马克思对经济问题缺乏研究,因而他主要还是从法律和政治上去批判林木占有者,保护受苦的人民群众。马克思指出,林木盗窃法的问题是封建主和资产者对贫苦人民物质利益的进一步剥夺,这一法案体现的是林木占有者的利益而不是广大群众的利益,省议会"使国家权威变成林木所有者的奴仆"④。当权者的习惯权利以他们的欲求为出发点,力图尽量压榨劳苦百姓,这与法的本质是对立的,因此特权者的习惯权利是不法行为,应当受到惩罚。"我们这些不实际的人却要为政治上和社会上备受压迫的贫苦群众的利益而揭露那些卑躬屈节唯命是听的所谓历史学家

---

① [德]黑格尔:《法哲学原理》范扬、张企泰译,商务印书馆 1961 年版,第 10 页。
② [德]黑格尔:《法哲学原理》范扬、张企泰译,商务印书馆 1961 年版,第 10 页。
③ 《马克思恩格斯全集》第一卷,人民出版社 1995 年版,第 133 页。
④ 《马克思恩格斯全集》第一卷,人民出版社 1995 年版,第 267 页。

们所捏造出来的东西,他们把这种东西当做真正的哲人之石,以便把一切肮脏的欲求点成法之金。我们为穷人要求习惯权利","习惯权利按其本质来说只能是这一最低下的、备受压迫的、无组织的群众的权利"①。在这些雄辩词中,马克思用法为劳动人民伸张正义,其思想感情日益与劳动人民融合,并日益注意研究他们在社会生活中的地位。恩格斯曾说,他"曾不止一次地听到马克思说,正是他对林木盗窃法和摩塞尔河地区农民处境的研究,推动他由纯政治转向研究经济关系,并从而走向社会主义"②。

　　其三是《莱茵报》记者彼捷尔·科布伦茨关于摩塞尔地区葡萄酒业大量破产的报道。报道指出,当地葡萄酒业的破产导致农民生活异常贫困,而这个报道引起当地政府的极力不满,地方政府不仅对劳动人民的悲惨境况不闻不问,对人民的呼声强力压制,竭力掩盖事实真相,而且对人民群众"挥动大棒,打倒那些讨厌的人"③。和关于林木盗窃案的辩论一样,马克思再次站在人民群众的立场上为劳动人民的利益声辩。马克思指出,"不能认为摩泽尔河沿岸地区的贫困状况和国家管理机构无关,正如不能认为摩泽尔河沿岸地区位于国境之外一样"④。这种贫困状况"同时也就是治理的贫困状况"⑤。马克思并没有回避这些社会问题,而是采取积极的态度面对它,"今天一无所有的等级要求占有中等阶级的一部分财产,这是事实,即使没有斯特拉斯堡的演说,尽管奥格斯堡保持沉默,它仍旧是曼彻斯特、巴黎和里昂大街上有目共睹的事实"⑥,"应该把它当作目前的重要问题"⑦。马克思把事实客观性与劳动人民的同情结合在了一起,对普鲁

---

① 《马克思恩格斯全集》第一卷,人民出版社 1956 年版,第 141-142 页。
② 《马克思恩格斯全集》第三十九卷,人民出版社 1974 年版,第 446 页。
③ [德]弗·梅林:《德国社会民主党史》第一卷,青载繁译,生活·读书·新知三联书店 1963 年版,第 153 页。
④ 《马克思恩格斯全集》第一卷,人民出版社 1995 年版,第 364 页。
⑤ 《马克思恩格斯全集》第一卷,人民出版社 1956 年版,第 229 页。
⑥ 《马克思恩格斯全集》第一卷,人民出版社 1995 年版,第 293 页。
⑦ 《马克思恩格斯全集》第一卷,人民出版社 1956 年版,第 130 页。

士国家政府的不道德、不作为进行严厉抨击,努力捍卫劳动人民的利益。"我们为穷人要求习惯法,而且要求的不是地方性的习惯法,而是一切国家的穷人的习惯法。我们还要进一步说明,这种习惯法按其本质来说只能是这些最底层的、一无所有的基本群众的法。"①他痛斥反对出版自由的诸侯、贵族,抨击封建领主的专制,对人民群众的关注和同情也改变了马克思的人生价值观,使马克思看到了人民在社会历史中的重大实践意义,"英国历史非常清楚地表明,来自上面的神的灵感的论断如何产生了同它正好相反的来自下面的神的灵感的论断;查理一世就是由于来自下面的神的灵感才走上断头台的"②。

原本马克思从黑格尔的理性国家出发,认为国家、法律应受理性规律的支配,国家应该是道德理性的实体,国家能够解决现存社会的各种不公平、不自由的问题,从而实现幸福和平的美好社会,但是在现实社会中存在着大量违反理性、违背人民利益的问题,人民群众的实际生活与他们所应获得社会地位、利益严重不平等,这一矛盾的发生对马克思原先的哲学信仰产生了巨大冲击。这种冲击也就是马克思所遇到的"难事",即在1859年著名的《(政治经济学)序言》中所说:"1842—1843年间,我作为《莱茵报》的编辑,第一次遇到要对所谓物质利益发表意见的难事。"③

马克思在《莱茵报》时期遇到的"物质利益"的难事也即上面所提到的三件事在马克思主义群众观的演进中处于什么样的地位?"物质利益"难事的重要意义在于"物质利益"问题实际地介入到马克思先前的单纯理性的世界观之中,而且"物质利益"问题的介入第一次向单纯理性的观念提出了尖锐的挑战。马克思看到物质利益和等级地位决定着国家和法、决定人们对待事物的态度,黑格尔的理性主义破灭了。黑格尔的绝对精神立场

---

① 《马克思恩格斯全集》第一卷,人民出版社1995年版,第248页。
② 《马克思恩格斯全集》第一卷,人民出版社1995年版,第168页。
③ 《马克思恩格斯文集》第二卷,人民出版社2009年版,第588页。

不会面临这样的矛盾,因为这一立场把物质利益的对立、市民社会的分裂直接归入到"理念自身的同一";鲍威尔的自我意识立场也不会遇到这样的矛盾,因为这一立场本身排除了"物质利益""物质因素"等问题。

总的来说,这一时期马克思群众观不断孕育萌发,虽然这一时期马克思主要还是受到青年黑格尔派的影响,对客观关系还局限于一种抽象的、原则的提法,却为进一步认识问题确定了正确的方向。马克思为了调整理性和现实所发生的矛盾,解决自己的疑惑,使对社会政治的批判能够成立并避开上帝,他不得不去反思先前的国家法哲学与抽象批判原则的哲学思维方式,并从此开始由纯思辨走向现实物质利益,从抽象的自我意识转向现实的国家、法与市民社会,开始了从现实的社会历史来思考人的本质,在费尔巴哈唯物主义的影响下,马克思开始批判黑格尔的法哲学。

第二节　初步形成:从《德法年鉴》到《神圣家族》

一、《德法年鉴》:发现无产阶级这一人类解放的主体

1843—1844 年,马克思在他与卢格共同创办的刊物《德法年鉴》上相继发表了两篇重要的文章:《论犹太人问题》和《〈黑格尔法哲学批判〉导言》。两篇文章的发表标志着马克思从革命民主主义转向了共产主义,世界观的转变表明了马克思一般唯物主义理念和初步共产主义思想的形成,群众观也具备了一个初始性的轮廓。

(一)《论犹太人问题》:"人类解放"问题

马克思在《德法年鉴》上阐述了自己群众历史观的原始基点是对犹太

人问题的阐述。宗教解放、政治解放和人类解放的问题是《论犹太人问题》一文的重要内容，马克思认为人类解放不能靠宗教解放，也不能靠政治解放，只能依靠人自己。在对这些问题的阐述中，马克思阐述了自己在历史与现实问题上的科学认知，开始把人作为一个"类"，把群众看作能够使自身摆脱根深蒂固的生活方式、能使自己由低向高级发展的社会力量。

1843 年，布鲁诺·鲍威尔发表了两篇关于犹太人问题的文章：《犹太人问题》和《现代犹太人和基督教徒获得自由的能力》。鲍威尔把犹太人问题完全归结为宗教问题，把宗教解放看成是人的解放的唯一途径，并且将政治解放与人类解放混为一谈。对此，马克思批驳了鲍威尔从抽象的宗教观点谈论犹太人解放的问题，指出宗教的狭隘"确立"了犹太民族不能获得平等的权利，而鲍威尔混淆了政治解放和人类解放，他把人类解放视为政治解放的前提，最终仍然是以宗教论解放，不是真正意义上的解放。马克思认为，政治解放可以使国家摆脱一切宗教的控制与束缚，公民可以自主选择宗教信仰。人对宗教的政治超越可以铲除观念上的束缚，从而以政治方式宣布私有制的消亡。"广大群众战胜了财产所有者和金钱财富。"①但是政治解放尽管废除了等级特权，但只是观念上的废除，"从政治上宣布私有财产无效不仅没有废除私有财产，反而以私有财产为前提"②，这实际上是一种新型的私有制形式。如果没有意识到这个问题，只依靠政治解放或宗教解放，人类无法获得自由。

在《论犹太人问题》里，马克思阐述了一个重要的问题，即人类解放的途径不能仅仅通过政治解放，因为政治解放是有局限性的，"政治国家的成员信奉宗教，是由于个人生活和类生活之间、市民社会生活和政治生活之间的二元性"③。人不能从宗教中解放出来根源在于政治解放的局限

---

① 《马克思恩格斯文集》第一卷，人民出版社 2009 年版，第 29 页。
② 《马克思恩格斯文集》第一卷，人民出版社 2009 年版，第 29 页。
③ 《马克思恩格斯文集》第一卷，人民出版社 2009 年版，第 36 页。

性。这主要是因为：第一，政治解放没有消除政治异化现象。政治解放只是摧毁了封建特权和专制制度，却建立起以私有制为基础的资产阶级国家，这个国家只在口头上消除了私有财产、等级的差别，在实际生活中这些差别依旧存在。因而政治解放实际上只是对资产阶级的解放，建立起虚伪的资本主义政治形式。资产阶级为了笼络无产阶级，给予他们虚幻的自由平等口号，人们依然生活在不平等、不自由的社会制度中，受到资产阶级的统治和压迫。政治解放是"市民社会从政治中得到解放，甚至是从一种普遍内容的假象中得到解放"①。第二，通过政治解放建立的政治国家脱离了市民社会的"类生活"，在政治解放完成以后，人们依然生活在两个世界：资本主义的天国生活和无产阶级的世俗生活。这种社会存在着人的类存在和个体存在之间的矛盾，人们为了个人利益采取利己主义方式争取自己的利益，人与人的本质相背离。政治解放没有实现真正的解放，人作为市民社会的成员，作为政治国家的基础、前提，"并没有从宗教中解放出来，他反而取得了宗教自由。他并没有从财产中解放出来，反而取得了财产自由。他并没有从行业的利己主义中解放出来，反而取得了行业自由"②。因此，政治解放不是一般人类解放的最后形式。人类的最终解放还是要靠"人类解放"来实现，要靠人自己"使人的世界即各种关系回归于人自身"③。只有"当现实的个人同时也是抽象的公民，并且作为个人，在自己的经验生活、自己的个人劳动、自己的个人关系中间，成为类存在物的时候，只有当人认识到自己的'原有力量'并把这种力量组成成为社会力量因而不再把社会力量当作政治力量是跟自己分开的时候，只有到了那个时候，人类解放才能完成"④。在对政治解放的分析中，马克思已经指出了真正的历史的终结：个人生活与类生活的和解。

─────────────

① 《马克思恩格斯文集》第一卷，人民出版社 2009 年版，第 45 页。
② 《马克思恩格斯全集》第一卷，人民出版社 1956 年版，第 442 页。
③ 《马克思恩格斯文集》第一卷，人民出版社 2009 年版，第 46 页。
④ 《马克思恩格斯全集》第一卷，人民出版社 1956 年版，第 443 页。

概而言之,马克思在这里阐述了政治解放的两重性:一方面,它使人们从封建专制统治中解放出来;另一方面,它导致了社会生活的二元化。因此,《论犹太人问题》的一个重要意义就是马克思提出了高于政治解放的"人类解放"。马克思强调人类解放的含义在于使人类摆脱资产阶级的束缚和压迫,在时间上获取自由,在劳动中争得权益,人的本质力量在自由中得以塑造和弘扬,使人成为真正意义上的自由的人,从而进入自由的创造历史阶段。但是在《论犹太人问题》中人类解放还是一个比较抽象的范畴,因为这一范畴还只是根据人的本质并结合对市民社会的考察做出的一种价值判断,而且马克思对人类解放的实现力量和途径等并没有形成明确的看法。不过,在《〈黑格尔法哲学批判〉导言》中马克思将这种现实力量明确地赋予了无产阶级。

(二)《〈黑格尔法哲学批判〉导言》:人民创造国家制度

马克思在《论犹太人问题》中提出了人类解放问题,但究竟如何实现人类解放,由什么力量来实现人类解放这些问题还没有提出来。正如马克思在1843年9月给卢格的信中所说:"虽然对于'从何处来'这个问题没有什么疑问,但是对于'往何处去'这个问题却很模糊。"① 这一问题在《〈黑格尔法哲学批判〉导言》中得以解决,当然,这个问题的解决不在于"教条式地预料未来,而只希望在批判旧世界中发现新世界"②。在对黑格尔法哲学的批判中,马克思解决了"往何处去"的问题,提出无产阶级伟大历史使命的思想。在文章中,马克思明确地表明尽管各国解放斗争的形式不同,但最后的解放必定是人类的解放,必须由无产阶级来承担。可以说马克思的这篇文章以发现无产阶级的历史作用载入马克思主义的思想史册,确立了具有唯物主义倾向的群众观。

---

① 《马克思恩格斯文集》第十卷,人民出版社2009年版,第7页。
② 《马克思恩格斯全集》第一卷,人民出版社1956年版,第416页。

其一,马克思运用"新唯物主义"的方法考察了人类历史发展的基本前提。《黑格尔法哲学批判〉导言》这部著作是马克思在对理想与现实的思考中,第一次尝试分析和回答莱茵报时期遇到的实际问题和理论问题。"为了解决使我苦恼的疑问,我写的第一部著作是对黑格尔法哲学的批判性的分析。"①马克思对黑格尔的主体理念进行了批判,"理念变成了独立的主体,而家庭和市民社会对国家的现实关系变成了理念所具有的想象的内部活动。实际上,家庭和市民社会是国家的前提,他们才是真正的活动者;而思辨的思维却把这一切头足倒置"②;"条件变成了被制约的东西,规定其他东西的东西变成了被规定的东西,产生其他东西的东西变成了它的产品的产品"③。马克思从市民社会、国家、宗教和人的四重论域中展开阐述,并以现实生活作为自己理论的出发点,这和以前的理论总是以抽象的理性为基点不同,马克思第一次把理论的聚焦点对准了现实生活、对准了人的生产活动、对准了人类社会。其理论的价值旨趣鲜明而清晰地指向了广大无产阶级和劳苦大众。

马克思透过逻辑的泛神论的神秘主义迷雾,批判了黑格尔思辨的方法,指出"他使作为观念的主体的东西成为观念的产物,观念的谓语。他不是从对象中发展自己的思想,而是按照自身已经形成了的并且是在抽象的逻辑领域中已经形成了的思想来发展自己的对象"④。在马克思看来,黑格尔"把君主的主权和人民的主权对立起来是一种混乱的思想,这种思想的基础就是关于人民的荒唐观念。如果没有自己的君主,没有那种正是同君主必然而直接地联系着的整体的划分,人民就是一群无定形的东西,他们不再是一个国家,不再具有只存在于内部定形的整体中的任何一个规

---

① 《马克思恩格斯选集》第二卷,人民出版社 2012 年版,第 2 页。
② 《马克思恩格斯全集》第一卷,人民出版社 1956 年版,第 250-251 页。
③ 《马克思恩格斯全集》第一卷,人民出版社 1956 年版,第 252 页。
④ 《马克思恩格斯全集》第三卷,人民出版社 2002 年版,第 18-19 页。

定,就是说,没有主权,没有政府,没有法庭,没有官府,没有等级,什么都没有"①。由此马克思指出,家庭和市民社会才是国家的前提,是国家的真正的构成部分。人的社会生活是从单一的血缘家庭开始的。由血缘、亲缘为维系纽带的家庭是人迈向社会生活的基地,进一步而言,家庭本是社会的最小单位,家庭生活本身就是社会生活,故它构成了政治的"天然基础"。相应的,市民社会构成了政治国家的"人为基础"。因此,马克思提出了市民社会决定国家的观点,而不是黑格尔所说的抽象的国家决定市民社会。"不是国家制度创造人民,而是人民创造国家制度"②,"法的关系正像国家的形式一样,既不能从它们本身来理解,也不能从所谓人类精神的一般发展来理解,相反,它们根源于物质的生活关系,这种物质的生活关系的总和,黑格尔按照18世纪的英国人和法国人的先例,概括为'市民社会'"③,而"家庭和市民社会使自身成为国家。它们是动力"④。

"市民社会决定国家"强调了历史主体的个体特征,体现出人民群众在历史发展和国家建立中的创造性和决定性作用。马克思指出,"旧唯物主义的立脚点是市民社会,新唯物主义的立脚点则是人类社会或社会的人类"⑤。人民才是国家的主人,是推动社会发展的动力。但是在资本主义社会,私有制的存在使处于社会底层的广大劳动群众不具有经济基础,人民群众的劳动与所得不仅不成正比,而且很多时候他们几乎不能享有劳动成果。这种压迫力量在当时社会环境中,已经成为一种普遍现象并为人们所接受。因此,马克思认为,只有当社会底层的人民群众团结起来,共同消灭私有制,"生产者只有在占有生产资料之后才能获得自由"⑥。人民群众

① [德]黑格尔:《法哲学原理》,范扬、张企泰译,商务印书馆1982年版,第298页。
② 《马克思恩格斯全集》第三卷,人民出版社2002年版,第40页。
③ 《马克思恩格斯全集》第三十一卷,人民出版社1998年版,第412页。
④ 《马克思恩格斯全集》第三卷,人民出版社2002年版,第11页。
⑤ 《马克思恩格斯选集》第一卷,人民出版社2012年版,第136页。
⑥ 《马克思恩格斯文集》第三卷,人民出版社2009年版,第568页。

并不会自发进行革命,它需要有理性的科学的理论做指导。"革命需要被动因素,需要物质基础"①,而理论也不能孤立地存在于人的头脑中,理论需要与现实社会相联系。当理论与群众融会在一起,广大的无产阶级的思想觉悟被唤醒,反抗意识被激发,才能产生巨大的效应,"推翻使人成为被侮辱、被奴役、被遗弃和被蔑视的东西的一切关系"②。在用于反抗的武器和使用武器的广大的人民群众之外,理论同样也是物质力量。

不过,马克思在这一时期对历史过程的理解上主要以现实的个人为理论的出发点,认为不应该把人抽象化为精神、自我意识,人应该成为现实的人,是现实的主体、历史运动的承担者。这一时期马克思所强调的社会中的个人只是历史活动的主体和出发点,并未从整体上把握人民群众。"在社会中进行生产的个人,——因而,这些个人的一定社会性质的生产,当然是出发点。"③以人和人的劳动活动为研究起点,马克思一方面把历史理解为"人通过人的劳动而诞生的过程"④,另一方面又把历史理解为"共产主义的现实的产生活动"⑤。马克思认为共产主义运动就是"人向自身、也就是向社会的即合乎人性的人的复归"⑥。马克思说:"历史的全部运动,既是这种共产主义的现实的产生活动,即它的经验存在的诞生活动,同时,对它的思维着的意识来说,又是它的被理解和被认识到的生成运动。"⑦

由此可以看出,马克思强调分析问题的客观立场,指出了在人的意志和行动背后客观的社会关系的作用,看到了在人民群众活动背后的客观关系的作用,并且进一步提出了决定整个国家制度的是不依个人意志为转移

---

① 《马克思恩格斯文集》第一卷,人民出版社 2009 年版,第 12 页。
② 《马克思恩格斯选集》第一卷,人民出版社 2012 年版,第 10 页。
③ 《马克思恩格斯文集》第八卷,人民出版社 2009 年版,第 5 页。
④ 《马克思恩格斯文集》第一卷,人民出版社 2009 年版,第 196 页。
⑤ 《马克思恩格斯文集》第一卷,人民出版社 2009 年版,第 186 页。
⑥ 《马克思恩格斯文集》第一卷,人民出版社 2009 年版,第 185 页。
⑦ 《马克思恩格斯文集》第一卷,人民出版社 2009 年版,第 186 页。

的客观物质关系,历史唯心主义向一般唯物主义的世界观转变在这里得到了实现。

其二,马克思提出了"无产阶级"概念,并将其看作重塑无阶级、无压迫社会的历史主体,明确了无产阶级的历史地位。在《〈黑格尔法哲学批判〉导言》中,马克思明确提出了"无产阶级"的概念,揭示了"无产阶级"的历史特征和时代特征,赋予了"无产阶级"以主体地位和目的性价值,明确了无产阶级的历史地位,进而分析了无产阶级与自我解放、无产阶级与人类解放的关系。

马克思在《〈黑格尔法哲学批判〉导言》中对人类解放主体进行了抉择,马克思认为人类解放的先决条件需要一种物质力量,马克思排除了资产阶级解放德国的可能性,认为这种力量不可能是别的,只能是"被戴上彻底的锁链的阶级',即无产阶级。无产阶级不仅是旧世界的颠覆者,而且是人类解放的历史新主体,这个主体是"一个并非市民社会阶级的市民社会阶级"①。马克思阐述道:"德国人的解放就是人的解放。这个解放的头脑是哲学,它的心脏是无产阶级。"②马克思对无产阶级寄予了极高的期望,认为无产阶级是能够完成历史批判的主体。当然,这一主体力量马克思在这里指的是德国无产阶级,马克思认为这一阶级不是自然形成的而是人工制造的贫民,是由破产的中间等级群众产生的,而且这个"一无所有"的队伍正在不断壮大。

这个队伍虽然"一无所有",却具有革命性和彻底性。之所以说无产阶级具有革命性,是因为它承受的苦难是普遍的,无产阶级的革命具有彻底性。它不仅是旧世界的破坏者,也是新社会的创造者,也就是说无产阶级要赢得解放,就必须解放全体人类,这一观点成为了马克思主义群众观的价值旨趣。马克思赋予无产阶级以崇高的历史地位和历史使命,他指

---

① 《马克思恩格斯全集》第三卷,人民出版社 2002 年版,第 213 页。
② 《马克思恩格斯全集》第三卷,人民出版社 2002 年版,第 214 页。

出,在德国无产阶级要想真正获得解放,就需要把自己从其他一切社会领域中解放出来,获得解放的无产阶级进而会解放其他一切社会领域。实现这一伟大历史使命的方法就是把革命理论同无产阶级的革命斗争紧密地结合起来,把无产阶级革命觉悟贯彻到全社会之中,"把社会已经提升为无产阶级的原则的东西……提升为社会的原则"①。

　　马克思在《〈黑格尔法哲学批判〉导言》中,第一次揭示了无产阶级是实现人类解放的根本力量,这表明马克思的人类解放问题已不再停留在抽象的概念里,在现实中马克思找到了实现的主体力量,这就大大超过了费尔巴哈的人本学唯物主义。但是必须看到的是,《德法年鉴》时期,马克思主义群众观尚存留着人本主义和民族主义的理论视野,《〈黑格尔法哲学批判〉导言》中通篇都是德国民族的基调和语言,对宗教、政治、哲学的批判也都是从德国民族这一角度进行的。因此,马克思对资产阶级所作的批判是德国范围内的,无产阶级也是德国的无产阶级,人的解放当然也不可能是全世界范围内而是局限于德国人的解放。这样的阐述使马克思在对无产阶级的论述中带有"人是人的最高本质"的费尔巴哈人本学色彩,还十分抽象。不过马克思找到了实现这种人类理想的现实力量,这表明马克思群众观经过孕育提出业已形成。但是这一时期关于群众观的论述还没有充分展开,同时也缺乏科学的论证,纯粹逻辑推理的色彩较重,从现实社会的生产关系和阶级关系方面进行系统分析也显得不够。当然,这是马克思群众观发展的必经阶段,这一阶段奠定了群众观的基础,在马克思群众观的发展过程中具有重要地位。

二、《1844 年经济学哲学手稿》:实践主体意义上阐述的群众观

　　1844 年马克思写成了《1844 年经济学哲学手稿》,从那时开始马克思

---

① 《马克思恩格斯文集》第一卷,人民出版社 2009 年版,第 17 页。

确立了实践意义上的主体,这一主体的确立标志着马克思群众观的初步形成。

《1844 年经济学哲学手稿》的核心是异化理论,从异化理论出发,马克思把认识资本主义社会作为切入点,提出了异化劳动理论,并借助异化劳动的分析,力图阐明物质生产在社会历史中的基础地位并揭示阶级力量的对抗和分化,指出了认识工人阶级变革历史的潜在作用。这些分析指出了人类解放的途径与方式。

在马克思生活的资本主义年代,资本是整个社会生活的中心,社会生活的一切都为资本所主导。一方面,大工业的快速发展大大提高了劳动生产率,促进了社会经济的快速进步;另一方面,社会资本大量掌握在资本家手中,工人一无所有,只能依靠出卖劳动力来赚取维持生存的基本资料。而资本家面对利益的诱惑,对劳动人民进行重重压迫,工人变得越来越贫困,地位也越来越低下。工人生产的一切都只是为了换取生存所需的基本保障,他们创造的社会财富几乎全部被资本家掠夺。"工人生产的财富越多,他的产品的力量和数量越大,他就越贫穷。工人创造的商品越多,他就越变成廉价的商品。"①国民经济学理论认为,财富的创造来源于工人的劳动,但马克思发现,工人的贫困正是源于资本主义私有制条件下的劳动。工人越是辛苦,他们离财富就越远。"工人在劳动中耗费的力量越多,他亲手创造出来反对自身的、异己的对象世界的力量就越强大,他本身、他的内部世界就越贫乏,归他所有的东西就越少。"②劳动完全成为一种不属于劳动者的东西,而工人在劳动中感受到的是痛苦和折磨。马克思把这种以扭曲的方式展现的人的本性的活动称之为异化劳动。异化劳动改变了工人与劳动的本质关系,导致工人在现实中被束缚和压抑。只要工人还处在被资本家剥削的地位,他们就只能依附在资本家身上,任由资本家剥削。

① 《马克思恩格斯全集》第三卷,人民出版社 2002 年版,第 267 页。
② 《马克思恩格斯全集》第三卷,人民出版社 2002 年版,第 268 页。

"即使在对工人最有利的社会状态中,工人的结局也必然是劳动过度和早死,沦为机器,沦为资本的奴隶(资本的积累危害着工人),发生新的竞争以及一部分工人饿死或行乞。"①社会的进步、分工的细化使工人成为精神上和肉体上的怪物。他们日复一日如同机器一般创造出社会价值,推动社会的发展,理应成为这些成果的享有者,现在却反过来处在悲惨境地之中。这些财富不仅被资本家完全占有,工人几乎分不到一杯羹,而且工人为了生存不得不听命于资本家的摆布。

劳动从自主的自由活动异化为谋生的手段,工人在异化劳动中背离了自己的自由本性,把作为奴役象征的工资视为目的。这种巨大的反差堵塞了人作为类的延展空间,扼杀了人的本性。异化劳动也切断了人的关系中自由朝向的可能,为人类认识和争取自由的理想带来层层迷雾。资本主义社会的诸种社会关系就是这种异化的表现,"整个人类奴役制就包含在工人同生产的关系中,而一切奴役关系只不过是这种关系的变形和后果罢了"②。为了解决异化问题,马克思试图实现从"此岸世界"与"彼岸世界"的跨越式处理,努力通过实践实现人的自由和解放。这个过程在马克思看来就是共产主义的实现。只有在共产主义社会中人才能实现解放,获取全部自由。"人的解放和复原的一个现实的、对下一段历史发展来说是必然的环节。共产主义是最近将来的必然的形态和有效的原则,但是,这样的共产主义并不是人类发展的目标。"③

要彻底实现共产主义,不是一个理论问题,而是一个实践问题。在《1844年经济学哲学手稿》中,马克思认为为了消灭现实的、作为人的自我异化的私有财产,单有革命思想是不够的,必须要有现实的革命实践活动。"要扬弃私有财产的思想,有思想上共产主义就完全够了。而要扬弃现实

---

① 《马克思恩格斯文集》第一卷,人民出版社2009年版,第121页。
② 《马克思恩格斯全集》第三卷,人民出版社2002年版,第278页。
③ 《马克思恩格斯文集》第一卷,人民出版社2009年版,第197页。

的私有财产,则必须有现实的共产主义运动。历史将会带来这种共产主义行动,而我们在思想中已经认识到的那正在进行自我扬弃的行动,在现实中将经历一个极其艰难而漫长的过程。"①要想实现共产主义,消除异化劳动,使人类得到彻底解放,只有通过工人的革命实践才能实现。要扬弃人的异化,使人得到全面的发展,一方面需要高度发达的生产力,另一方面需要通过联合起来的个人占有生产力的总和,消除私有制。"随着联合起来的个人对全部生产力的占有,私有制也就终结了。"②这一过程实现的主体就是从事物质生活实践的人民群众。"每个人的自由发展是一切人的自由发展的条件。"③摆脱异化,实现向全面性方向的发展不是人性的复归,也不是人的全面本质的失而复得,而是人民群众通过在生产实践中不断发展生产力,创造高度发达的社会生产力和全面的社会关系全面创造并占有自己的本质,通过社会全体成员合理运用自由时间实现自己的自由个性来实现的。

马克思用资本主义社会的"劳动的异化""人的异化"作为反证去说明人民利益及意志的合理性,他通过对现实社会的生产关系、阶级关系方面对群众观问题作出了历史唯物主义的解释。在这里,马克思向唯物主义的历史观跨出了重要的一步。马克思不仅肯定了人的主体地位,发现了人民群众创造历史的作用,看到历史是人的自我产生的历史,"历史对人来说是被认识到的历史,因而它作为产生活动是一种有意识地扬弃自身的产生活动"④,并且认为人可以控制自己的历史,共产主义就是人们通过对异化的扬弃实现的一个自由理想的社会形态。"共产主义是对私有财产即人的自我异化的积极的扬弃,因而是通过人并且为了人而对人的本质的真正

---

① 《马克思恩格斯文集》第一卷,人民出版社 2009 年版,第 231–232 页。
② 《马克思恩格斯文集》第一卷,人民出版社 2009 年版,第 582 页。
③ 《马克思恩格斯选集》第一卷,人民出版社 2012 年版,第 422 页。
④ 《马克思恩格斯文集》第一卷,人民出版社 2009 年版,第 211 页。

占有;因此,它是人向自身、也就是向社会的即合乎人性的人的复归。"①

列宁指出,马克思在这一时期"已经是一个革命家。他主张对'现存的一切进行无情的批判',尤其是'武器的批判';他诉诸群众,诉诸无产阶级"②。马克思发现了物质利益对国家制度和法的决定作用,已经把群众,首先是无产阶级,看作能够使自身摆脱根深蒂固的生活方式、实现社会形态由低向高转变的主体。当然无产阶级要实现这一转变还需要思想上的觉醒。"批判的武器当然不能代替武器的批判,物质力量只能用物质力量来摧毁","理论一经掌握群众,也会变成物质力量。"③这里所批判的武器和方法是"把任何一种形式的理论意识和实践意识作为出发点,并且从现存的现实特有的形式中引申出作为它的应有和它的最终目的的真正现实"④。无产阶级虽然是社会革命的唯一力量,社会革命对推翻资本主义制度十分重要,但是无产阶级需要在思想上武装自己。无产阶级只有把理论当作自己的精神武器,才能充分发挥能量,真正解放德国人民。

我们必须看到马克思以前的各种理论不是采取把意识看作有生命的个人的"唯心主义"方法,就是用"抽象的经验主义"方法,因此,总是摆脱不了唯心主义方法论的缺陷和不足。尽管马克思力图去克服它,并明确指出人的历史无论是自然还是社会都是人的实践化的过程,但是在《1844 年经济学哲学手稿》中马克思群众观仍残留着黑格尔的思辨方法特别是费尔巴哈的人本主义方法对他的影响,这主要表现在马克思对"异化"概念的理解和用异化来解释现存的社会关系上都还没达到辩证唯物主义的方法高度。因为它还是从理想的、抽象的人这一前提出发,还没有从历史发展中的现实的人及其本质出发。不过,当马克思创立了唯物史观之后,遗

① 《马克思恩格斯文集》第一卷,人民出版社 2009 年版,第 185 页。
② 《列宁专题文集　论马克思主义》,人民出版社 2009 年版,第 4 页。
③ 《马克思恩格斯选集》第一卷,人民出版社 2012 年版,第 9 页。
④ 《马克思恩格斯文集》第十卷,人民出版社 2009 年版,第 8 页。

留在这一时期的局限性便随之得到超越。

三、《神圣家族》：物质生产是历史发展的基础

在《1844年经济学哲学手稿》中，马克思阐述了人是历史的主体，人的劳动创造了历史这样一个核心思想。实践活动使人与自然相结合，不仅维持了人类生存与繁衍的手段，也是自然发展史上出现的一种新型运动形式，即社会的运动形式。这一思想蕴含着一个重要的唯物史观，即从事物质生产实践的人民群众是历史的创造者。这一思想虽然在《1844年经济学哲学手稿》中尚未明确表述，却构成了《神圣家族》最主要的理论内容。

1844年秋，马克思和恩格斯在巴黎进行了历史性的会面，他们携手创造的《神圣家族》向着唯物史观的方向迈进了一大步。在这部著作中，他们批判了青年黑格尔派的唯心史观。青年黑格尔派的核心人物布鲁诺·鲍威尔一伙极其蔑视群众，他们这种思想不仅来源于他们资产阶级的立场，而且根植于唯心主义世界观。受到黑格尔唯心主义的影响，他们认为世界是由精神创造的，精神是世界的主体，只有专门进行精神活动的人才是历史的主人，而从事物质生产的人民群众绝不可能是历史的创造者。他们在《文学总汇报》上大肆宣扬这种自我哲学，把自己看作精神的代表，把群众看作"物质"的代表。他们怎样看待物质，就是怎样看待群众。在他们眼里，芸芸众生是"纯粹的无"。他们把自己同群众对立起来，指出"精神的真正敌人应该到群众中去寻找，而不是像以前的自由主义的代言人所认为的那样到别的地方去寻找"①。布鲁诺等人把自己鼓吹成世界的创造者，把群众完全排除在历史发展过程之外。针对鲍威尔等人蔑视人民群众的错误观点，马克思详细阐述了关于人民群众的概念，在历史实践中的作用，并论证了无产阶级改造旧世界的历史使命等群众史观的主要内容，为群众观的成熟奠定了最终的基础。

---

① 《马克思恩格斯文集》第一卷，人民出版社2009年版，第288页。

第一,阐述了的群众概念。马克思批判了鲍威尔关于群众是精神和历史的敌人这一观点。首先,马克思认为群众概念并不像鲍威尔所说的那样静止不变:法国大革命时期的群众和几个世纪以前的群众就有许多不同之处。马克思说,鲍威尔观点的错误就在于不考虑历史,对历史的发展缺乏了解。其次,马克思反对鲍威尔的观点——群众是自私的,理论对社会生活并不感兴趣。马克思认为,理论的目的是要赢得群众的承认,有群众参加的历史才会创造出有价值的事业。历次革命斗争的失败恰恰是因为漠不关心和脱离了群众。"'思想'一旦离开'利益',就一定会使自己出丑。"①而物质利益要为实现其原则的政治社会制度开辟道路必然要把群众动员起来。比如在法国大革命时期,那种在形式上是普遍的而在实质上是资产阶级的思想同群众的真正的和普遍的解放之间曾有过虚幻的一致性。最后,群众虽然在数量上远远超过知识分子那样的小集团,但群众的经验主义的外观同鲍威尔那样的知识分子形而上学的外观是完全不同的,而这才是重要的。"这样一来,群众也就不同于现实的群众,群众只是为了'批判'才作为'群众'而存在。"②

第二,分析了群众的历史地位。针对鲍威尔等人鼓吹"思想创造一切"的观点,马克思、恩格斯指出,"布鲁诺先生所发现的'精神'和'群众'的关系,事实上不过是黑格尔历史观的批判的漫画式的完成,而黑格尔的历史观又不过是关于精神和物质、上帝和世界相对立的基督教日耳曼教条的思辨表现。在历史范围内,在人类世界本身范围内,这种对立表现为:作为积极的精神的少数杰出个人与作为精神空虚的群众、作为物质的人类其余部分相对立"③。在黑格尔那里,历史的创造者是独立自在的绝对精神,人类的历史就是独立自主的绝对精神发展的过程,而"哲学家仅仅是创造

① 《马克思恩格斯文集》第一卷,人民出版社 2009 年版,第 286 页。
② 《马克思恩格斯文集》第一卷,人民出版社 2009 年版,第 290 页。
③ 《马克思恩格斯文集》第一卷,人民出版社 2009 年版,第 291 页。

历史的绝对精神在运动完成之后用来回顾既往以求意识到自身的一种工具。哲学家参与历史只限于他这种回顾既往的意识,因为显示的运动是由绝对精神无意识地完成的"①。这样绝对精神成为脱离人、脱离自然的实体。鲍威尔更进一步,消除了绝对精神创造历史时的无意识性,宣称取代了绝对精神的批判即他们自己有意识地、自觉地创造了历史,是他们发明了历史。这样就形成了他们主观唯心主义历史观:"一方面是群众,他们是历史上消极的、精神空虚的、非历史的、物质的历史因素;另一方面是精神、批判、布鲁诺先生及其伙伴,他们是积极的因素,一切历史行动都是由这种因素产生的。改造社会的事业被归结为批判的批判的大脑活动。"②这种主观唯心史观表现出自阶级社会产生以来历史学对物质生产劳动以及劳动群众的轻视。历来历史著作都把历史描绘成帝王将相、英雄豪杰的产物,人民群众及其活动在历史进程中没有地位,顶多被看成杰出人物的陪衬或工具。事实上,历史不是绝对精神的体现,单纯的精神活动对社会根本起不到任何影响。鲍威尔等人"把思维和感觉、灵魂和肉体、自身和世界分开","把历史同自然科学和工业分开"③,把思想看出是为所欲为无所不能的神圣之物,却不知道"思想永远不能超出旧世界秩序的范围"④。因此,马克思指出,"思想本身根本不能实现什么东西。思想要得到实现,就要有使用实践力量的人"⑤,这个力量就是无产阶级。无产阶级不仅是由于贫困,也由于大工业的严酷锻炼,因而能够而且必须自己解放自己。"问题不在于某个无产者或者甚至整个无产阶级暂时提出什么样的目标,问题在于无产阶级究竟是什么,无产阶级由于其身为无产阶级而不得不在历史上有什么作为。它的目标和它的历史使命已经在它自己的生活状况

---

① 《马克思恩格斯文集》第一卷,人民出版社 2009 年版,第 292 页。

② 《马克思恩格斯文集》第一卷,人民出版社 2009 年版,第 293 页。

③ 《马克思恩格斯文集》第一卷,人民出版社 2009 年版,第 350 页。

④ 《马克思恩格斯文集》第一卷,人民出版社 2009 年版,第 320 页。

⑤ 《马克思恩格斯文集》第一卷,人民出版社 2009 年版,第 320 页。

和现代资产阶级社会的整个组织中明显地、无可更改地预示出来了。"①马克思认为,无产阶级要实现自我解放,必须消灭一切不合理的生活条件,让人性得到自由发挥。鲍威尔等人所做的思想的批判"什么都没有创造,工人才创造一切⋯⋯工人甚至创造了人"②。

第三,探求了群众创造历史的途径和条件。马克思认为,历史的发展是人类实践活动的产物,首先产生于物质生产劳动的运动。从人进行生产开始,人才有了自己的历史。只有在劳动中,人才能改造自然创造世界;只有通过实践活动,人民群众才能创造历史。除此以外,任何高尚的、先进的思想和观点都不可能改变历史的行程。创造世界,改造世界,不能依靠脱离活动的抽象思维和想象,而要依靠现实的人的改造活动。所以,历史不是人们凭空想象创造出来的,不是存在于世界之外,更不是神的创造物,而是在人们的物质生产实践中。"历史不过是追求着自己目的的人的活动而已。"③人民群众用双手推动了历史的发展,因此历史本身只是一个被推动的过程,任由人们书写和创造。"历史什么事情也没有做,它'不拥有任何惊人的丰富性',它'没有进行任何战斗'! 其实,正是人,现实的、活生生的人在创造这一切,拥有这一切并且进行战斗。"④这里的人不是费尔巴哈式的抽象的个人,而是具体从事物质生产活动的人,是人民群众。既然依赖于生产劳动的人才成为人,既然物质生产是人类社会赖以生存和发展的基础,那么物质生产就是主体改造客体的活动,是人类基本的活动,从事这种活动的劳动群众自然就是社会的主体。

既然历史的存在和基础是建立在人民群众物质生产劳动之上的,那么群众的活动也会影响和改造历史,引导历史的发展。"群众给历史规定了

---

① 《马克思恩格斯文集》第一卷,人民出版社 2009 年版,第 262 页。
② 《马克思恩格斯全集》第二卷,人民出版社 1957 年版,第 22 页。
③ 《马克思恩格斯文集》第一卷,人民出版社 2009 年版,第 295 页。
④ 《马克思恩格斯文集》第一卷,人民出版社 2009 年版,第 295 页。

它的'任务'和它的'活动'。"①随着群众物质生产的深入和扩大,群众必然越来越深入和广泛地投入创造历史的活动中。正因为如此,马克思指出,"历史的活动和思想就是'群众'的思想和活动"②,"历史活动是群众的活动,随着历史活动的深入,必将是群众队伍的扩大"③。

第四,提出了"人民群众是历史的创造者"的命题。人民群众的作用不局限于物质生产领域,也影响着政治生活。针对布鲁诺等人关于革命活动如果引起群众的关怀和热情就会失败的观点,马克思指出,事实恰恰相反,任何革命活动要获得成功,就要使革命的原则符合群众的利益,唤起群众的热情,争取群众的积极性。"如果说这场能够代表一切伟大的历史'活动'的革命是不合时宜的,那么,它之所以不合时宜,是因为它在本质上仍然停留在那样一种群众生活条件的范围内,而那种群众是仅仅由少数人组成的、不是把全体居民包括在内的、有限的群众。如果说这场革命是不合时宜的,那么,并不是因为群众对革命'怀有热情'和表示'关注',而是因为人数众多的、与资产阶级不同的那部分群众认为,在革命的原则中并没有体现他们的现实利益,并没有体现他们自己的革命原则,而仅仅包含一种'思想',也就是仅仅包含一个激起暂时热情和掀起表面风潮的对象罢了。"④群众参与伟大历史事件的热情实际上取决于这一事件所代表的群众实际利益的多少。只有当利益足够吸引人时,才会激发群众参与历史的热情。而一旦唤起了群众的革命性,团结了群众的力量,革命才能成功,历史才能顺应时代的潮流继续发展下去。一切违背群众利益,脱离群众的革命即便取得了成功,也只能是暂时性的,在历史潮流中必将被群众推翻。

---

① 《马克思恩格斯文集》第一卷,人民出版社2009年版,第285页。
② 《马克思恩格斯文集》第一卷,人民出版社2009年版,第286页。
③ 《马克思恩格斯文集》第一卷,人民出版社2009年版,第287页。
④ 《马克思恩格斯文集》第一卷,人民出版社2009年版,第287页。

针对青年黑格尔派坚持唯心史观,蔑视人民群众,并将人民群众看成"精神的敌人"这一思想,马克思在《神圣家族》中冲破传统观念中英雄人物创造历史的观点,摆脱思想创造一切的观念,明确把生产方式作为理解现实历史的基础,认为物质生产是历史的发源地,科学地论证了人民群众是历史的创造者,历史人的物质生产实践活动在时间上的展开。"凡是要把社会组织完全加以改造的地方,群众自己就一定要参加进去,自己就一定要弄明白这为的是什么,他们为争取什么而去流血牺牲。近50年来的历史,已经教会了我们认识这一点。但是,为了使群众明白应该做什么,还必须进行长期的坚持不懈的工作"①,并在社会历史发展中发挥巨大的作用。

在《神圣家族》中,马克思对自己的旧有思想进行了清理和反思,对很多新思想进行了论证和阐发,但同时有不少的理论需要进一步地完善和成熟。为了清算从前的哲学信仰,被恩格斯称为"包含着新世界观的天才萌芽的第一个文件"的《关于费尔巴哈的提纲》便应运而生。在《关于费尔巴哈的提纲》中,马克思对费尔巴哈人本主义的残余进行了清理,马克思群众观走进了成熟的季节。

第三节　走向成熟:从《关于费尔巴哈的提纲》到《共产党宣言》

马克思在《1844年经济学哲学手稿》和《神圣家族》中对实践做出了系统地论述并提出了物质生产是历史的发源地、人民群众是历史的创造者等有关群众观的重要内容。如果说由于那时马克思还没有创立历史唯物

①　《马克思恩格斯选集》第四卷,人民出版社2012年版,第394页。

主义,群众观还不成熟,那么在《关于费尔巴哈的提纲》和《德意志意识形态》中马克思提出了唯物史观,群众观则得以确立并走向了成熟。

一、《关于费尔巴哈的提纲》:群众观的方法论基础

1845—1846 年是马克思思想发展的又一个转折点,也是他的群众观成熟的标志期,群众观的成熟首先在《关于费尔巴哈的提纲》中得以阐述。

1845 年是马克思思想发展的重要时期。这段时期,在实践方面,马克思和恩格斯被深深地卷入政治运动当中,他们在知识分子中间,尤其是在德意志西部的知识分子中间已经有了一批信徒,并且跟有组织的工人建立了相当多的联系。在理论方面,他们通过系统地研究政治经济学和历史,尤其是在研究法国革命史和社会主义运动史的基础上,思想上产生了一个飞跃。1845 年春马克思写下《关于费尔巴哈的提纲》的时候,正处在创立自己新世界观的一个重要转折点上。列宁曾经写道:"马克思在 1844—1847 年离开黑格尔走向费尔巴哈,又超过费尔巴哈走向历史(和辩证)唯物主义。"①这是对马克思世界观形成过程的准确概括,而《关于费尔巴哈的提纲》就是马克思超过费尔巴哈走向历史唯物主义的标志。这部著作通过揭露和批判以前的唯物主义的主要缺点,初步形成了科学的实践观,并以新的实践观为钥匙打开了认识社会历史的大门。科学的实践观是马克思群众观形成和发展的基础,可以说,没有科学的实践观,就没有唯物史观,当然也不可能有群众观。

首先,实践使人从"类"人到"现实的人"。费尔巴哈在《宗教本质讲演录》中说过,"比淹博的引证更加有用到无量数倍的,却是实践,却是生

---

① 《列宁全集》第五十五卷,人民出版社 1990 年版,第 293 页。

活"①,"理论所不能解决的疑难问题,实践将为你解决"②。甚至还说过,
"从理想到实在的过渡,只有在实践哲学中才有它的地位"③等。费尔巴哈
奢谈"实践",但他把实践理解为人们之间的日常生活琐事的交往,或者是
一种经商牟利的利己主义的活动。费尔巴哈认为人的"呼吸"和"吃喝"等
生理活动乃是人的一种基本的实践活动,其次是一种利己主义的活动,是
人为了自我保存所进行的各种活动。他在《基督教的本质》一书中曾说:
"直到今天,犹太人还不变其特性。他们的原则、他们的上帝,乃是最实践
的处世原则,是利己主义。"④费尔巴哈有时还把实践混同于理论。例如,
他曾说:"什么是理论? 什么是实践? 它们的区别在哪儿呢? 仅仅在我的
头脑中的就是理论,而在许多人的头脑中的就是实践。"⑤可见,费尔巴哈
并不懂得实践的科学含义。

　　马克思批判了费尔巴哈对实践的理解并对贯穿《关于费尔巴哈的提
纲》的核心范畴——实践作出了明确的规定。马克思将实践看作区分新
旧唯物主义的标准,"从前的一切唯物主义(包括费尔巴哈的唯物主义)的
主要缺点是:对对象、现实、感性,只是从客体的或者直观的形式去理解,而
不是把它们当做感性的人的活动,当做实践去理解,不是从主体方面去理
解"⑥。在这里,马克思指出尽管费尔巴哈强调人是自然界的一部分,但他
对人的理解只是从"感性对象"而不是"感性活动"来把握。他对客观世界

---

①　[德]路德维希·费尔巴哈:《费尔巴哈哲学著作选集》下卷,荣震华等译,商务印
书馆1962年版,第554-555页。

②　[德]路德维希·费尔巴哈:《费尔巴哈哲学著作选集》上卷,荣震华等译,商务印
书馆1984年版,第248页。

③　[德]路德维希·费尔巴哈:《费尔巴哈哲学著作选集》上卷,荣震华等译,商务印
书馆1984年版,第108页。

④　[德]路德维希·费尔巴哈:《费尔巴哈哲学著作选集》下卷,荣震华译,三联书店
1962年版,第146页。

⑤　[德]路德维希·费尔巴哈:《费尔巴哈书信集》莱比锡版,1963年版,第171页。

⑥　《马克思恩格斯选集》第一卷,人民出版社2012年版,第133页。

"只是从客体的或直观的形式去理解",而"不是从主体方面去理解"。因此,在费尔巴哈那里,人的活动只是一种简单的对象性活动,不具有变革现实的客观的能动性,也没有看到人作为主体可以能动地改变自然界。"没有把人的活动本身理解为对象性的活动。……他不了解'革命的'、'实践批判的'活动的意义。"①人与动物不同,人是在改造世界的活动中反映世界的,人和自然的关系应当当作人的实践活动去理解。自然界和社会都在人的实践活动中受到改造,人的实践活动因此具有能动的意义。费尔巴哈否认人的主观能动性作用,只看到了客观的物质世界是不依赖于人的意志的客观实在,是人的认识客体,没有看到人的认识活动本身也反映了人的主观能动作用,他更加不理解人的"感性活动"即实践活动的意义和价值。而马克思把人的活动本身理解为客观的活动,包含着他对人的实践性和人的历史发展的历史唯物主义的深刻理解。

马克思对人的本质的研究总是以"人民群众"为核心,开辟了从人的实践活动中寻找历史发源地的前进方向。《关于费尔巴哈的提纲》第一次明确指出:"人的本质不是单个人所固有的抽象物,在其现实性上,它是一切社会关系的总和。"②马克思在这里认识到了人类历史是在生产实践中变化发展的,人总是处在一定时代、一定社会中,既然社会是变化的,那么人的本质以及凝结于人的所有社会关系的性质一样,都不是固定不变的,而是随着具体的、历史的条件变化而变化,而且人的本质就是由一定社会关系的性质决定的。正是从社会关系理解人,人才从"类"人进到了"现实的人"。而无论是"类"人还是"现实的人",其首要的和基本的特征都是实践,是实践中的人。至此,马克思抛弃了对人的本质的种种抽象规定,关心的是现实社会中的人,这就彻底与人本主义或自然主义的人的本质论决裂了,这就为正确认识社会历史的发展确立了新的出发点。

---

① 《马克思恩格斯选集》第一卷,人民出版社2012年版,第133页。
② 《马克思恩格斯选集》第一卷,人民出版社2012年版,第135页。

其次,实践使历史成为人的活动的历史。唯物史观面对的不是抽象的、虚幻的人,而是生存着的、实践着的人。人是自然进化的产物。人通过实践改造着周围的环境,建构了现存的感性世界。自然界是人化的自然界,是人的实践活动的产物。"这种活动、这种连续不断的感性劳动和创造、这种生产,正是整个现存的感性世界的基础,它哪怕只中断一年,费尔巴哈就会看到,不仅在自然界将发生巨大的变化,而且整个人类世界以及他自己的直观能力,甚至他本身的存在也会很快就没有了。"①人在担当感性世界主体的同时,也是为自己的实践活动所改造的客体,人的实践活动改变着客观世界,同时也在改变人类自己。所以,认识和改造世界、认识和改造自身要从实践入手。在《关于费尔巴哈的提纲》中,马克思初步表达了自己的实践观,把实践看作"人的感性活动",是"现实的、感性的活动",是"对象性的活动",是"革命的'、'实践批判的'活动"。客观世界,既是人的认识的对象,又是人通过实践改变着的对象。客观世界中包含着作为主体的人的实践活动及其影响:对于人的主体能动性,不能抽象地仅仅理解为意识的能动性,它还表现于实践这种现实的感性活动之中。没有实践也就没有人的一切社会关系,实践的主体就不会存在,那么脱离实践的人与自然界的其他动物是没有本质区别的。所以,马克思认为人类的社会生活是实践,人的本质也是实践。也正是在这个基础上,马克思说,"全部社会生活在本质上是实践的"②。

马克思通过对费尔巴哈哲学的批判,创造了一种与以往旧唯物主义和唯心主义完全不同的哲学。在马克思看来,人的实践活动是人类世界得以存在和发展的基础。"全部社会生活在本质上是实践的"指明了社会不仅是人们实践活动的产物,而且是继续向前发展的基础。一旦人类停止物质生产实践,社会将不复存在,更谈不上发展。社会是在人的实践活动基础

①　《马克思恩格斯文集》第一卷,人民出版社 2009 年版,第 529 页。
②　《马克思恩格斯文集》第一卷,人民出版社 2009 年版,第 501 页。

上生成的不断自我更新的有机体。实践离不开人的参与,它是主体与客体、主观与客观相统一的基础。人民群众在担当感性世界主体的同时,也是被自己的实践活动改造的客体,人民群众在改变客观世界的同时,也在改变着自己。实践是马克思主义群众观的前提条件,离开实践,我们无法认识并且改造自然,人类社会无法进步;离开实践,人民群众的地位和作用就无从谈起。

再次,实践是消灭宗教、实现人类解放的唯一途径。"任何解放都是使人的世界即各种关系回归于人自身。"①马克思试图把人在哲学中失落的本质归还给人,他希望能把人从抽象的人还原为现实的人,把人从天国世界拉回到现实的世俗世界。这个过程在马克思看来就是认识到实践,要从实践去理解人、人类历史、人类社会。人是自然和社会历史中的人,人通过实践把自然界和社会变为人化自然和人化社会。这样实践就成为人与自然、人与社会建构的纽带。

旧唯物主义从直观的角度来理解社会,对宗教世界和神秘主义理论产生的社会根源只能从表面上来理解。费尔巴哈则从唯物主义的角度来揭示宗教产生的根源,指出宗教是对人的精神的麻痹,是人的本质的自我异化。当费尔巴哈把宗教的神秘性揭露出来的时候,费尔巴哈以为他对宗教的批判大功告成了。马克思指出,"他做的工作是把宗教世界归结于它的世俗基础。他没有注意到,在做完这一工作之后,主要的事情还没有做"②。由于费尔巴哈不能正确把握实践的概念,因而他不能把实践看作社会形成和发展的基础,也看不到社会中存在的人与人之间、人与自然之间的矛盾,因而他只是揭露了宗教的神秘性,而没有找到宗教产生的社会根源和宗教消亡的正确途径。他只是从意识中去寻找解决社会问题的办法,没有看到实践的革命性。马克思不满足于对宗教神秘性的揭露,他认

---

① 《马克思恩格斯文集》第一卷,人民出版社 2009 年版,第 46 页。
② 《马克思恩格斯文集》第一卷,人民出版社 2009 年版,第 504 页。

为宗教产生和存在的社会根源以及消灭宗教的途径应该从社会中去找寻。宗教世界是现实世界的矛盾的产物,是人们对其所受的一切不满情绪在思想上的虚幻反映,它蒙蔽了人们的精神思想,遮蔽了人们对现实、对真理的追寻。消灭宗教的正确途径就是实践。既然社会生活在本质上实践的,那么"对于这个世俗基础本身首先应当从它的矛盾中去理解"①。实践出真知,同样,实践也会产生错误的、神秘主义的理论。要揭示神秘主义理论产生和存在的根源,揭穿神秘主义理论体系的秘密,就要从实践出发,在实践中予以强有力的反驳。

从实践出发,马克思找到了消灭宗教的途径和方式,把人从彼岸世界拉回到此岸世界,第一次提出了自己的历史使命——改造世界,"哲学家们只是用不同的方式解释世界,问题在于改变世界"②。并非"哲学家们"只想解释世界而不想改变世界,亦非马克思只要改变世界不需要解释世界。问题在于"哲学家们"找不到改变世界、实现共产主义的现实途径。思辨唯心主义只在意识或精神领域中大谈实践和革命,对现实社会不可能有实际的触动和改变;直观唯物主义想改变世界,可是囿于看不到历史是由"人的活动"构成的,因此只能诉诸"爱的宗教",说一些空洞的爱的呓语。而马克思正是因为找到了社会发展的根本动力和实现共产主义的现实手段——劳动实践,"改变世界"才成为可能,共产主义才不是空想。

马克思从实践出发,揭示了宗教等一切神秘主义理论产生的根源,提出了消灭宗教、实现共产主义的途径,并找到了新旧唯物主义的根本区别,明确指出要消灭宗教、实现人类解放就要依靠人民群众的实践活动,闪烁着历史唯物主义思想的光辉。

最后,人民群众是改变环境、创造历史的力量。一种社会环境的形成,在它成为改变人的原因之前,首先是人们感性活动的结果,是实践的结果。

①　《马克思恩格斯选集》第一卷,人民出版社 2012 年版,第 138 页。
②　《马克思恩格斯选集》第一卷,人民出版社 2012 年版,第 136 页。

教育者的知识和才能也不是天生的,而是从实践中来的。正如马克思所说:"环境的改变和人的活动或自我改变的一致,只能被看做是并合理地理解为革命的实践。"①人们的实践活动在改变了环境的同时也改变了人本身,环境和人的改变都以社会实践为基础。而社会实践的主体是人民群众,因此这个思想本就包含着人民群众是社会历史的创造者这个历史唯物论的基本观点。当然这个观点只是刚刚形成,在《关于费尔巴哈的提纲》中并未得到充分的阐述。

旧唯物主义者由于不了解人的社会实践活动的意义,对实践的理论认识得片面而孤立,他们"至多只能做到对'市民社会'的单个人的直观",因而只能看到孤立的个人在历史发展中的作用,而没有把人当作一个整体来理解,因而也没有发现作为社会实践的主体——人民群众这一"类"的整体创造历史的作用,他们提出环境决定论,强调环境对人的支配作用,认为大多数人环境的产物,人的改变是因为环境的改变,而能够改变环境的人只能是少数人。马克思指出,这种观点有两个要害错误:一是它们忘记了环境正是由大多数人改变的,二是这种学说把人分为两部分,其中少数人高于多数人之上。也就是说,这种学说的实质是少数人创造历史的英雄史观思想。

18 世纪的法国唯物论者提出了"人是环境的产物"这一著名的命题,他们认为"人是环境和教育的产物,因而认为改变了的人是另一种环境和改变了的教育的产物"②。这一思想虽然展示了客观决定主观的思想,但是他们所说的社会环境不是指社会经济关系,而是政治、法律、文化、教育等上层建筑,上层建筑由天才和精英们的主观意志构建,是天才精英思想的产物,于是他们又提出了"环境是人的产物"的相反命题,从而陷入自相矛盾的二律背反之中。环境是客观的先天的存在。如果不能正确了解环

---

① 《马克思恩格斯选集》第一卷,人民出版社 2012 年版,第 134 页。
② 《马克思恩格斯选集》第一卷,人民出版社 2012 年版,第 134 页。

境是如何改变的,教育者的学识又是从何而来的,便不能正确说明人和环境、人和教育之间的辩证关系。旧唯物主义者正是在这个节点上偏离了唯物主义路线,最终得出少数天才人物和英雄创造历史的唯心主义结论。

旧唯物主义者没有正确理解实践的内容,因而不知道实践的作用,就不可能把实践理解为人们获取知识的重要方式,更不可能看到教育者是在人们改造环境的革命实践活动中获得知识同时受到教育的。旧唯物主义者从思想领域出发,必然"会把社会分成两部分,其中一部分凌驾于社会之上"①,少数精英分子是专门教育别人"救世主",而大多数人民群众要接受这些上层人物的教育。马克思用实践的观点去理解世界,认为人在革命实践中改变周围环境并改变人本身,实现自身的革命化。"环境是由人来改变的,而教育者本人一定是受教育的。"②环境的改变同人的改变是统一的,统一的基础就是革命的实践。而实践的主体主要就是直接进行物质生产实践活动的绝大多数的劳动者,他们不仅能够改造自然环境,也能够改造社会环境。人民群众在实践过程中改变社会生活条件,推动历史的前进。因而马克思主张是人民群众改变环境,创造历史。马克思在批判旧唯物主义的英雄史观中,揭示出"人民群众是历史的创造者"这一重要思想。

《关于费尔巴哈的提纲》指明了是人的实践活动建构了整个世界,人在整个历史过程中始终处于一种能动的地位,人不但能认识世界、解释世界,还可以对世界做出改造。在现实性上,个人与社会是相统一的,必须从社会实践的角度去把握个人及其生存发展的条件,这样才能全面地解释人与社会的关系问题,准确把握人民群众的创造力。

二、《德意志意识形态》:群众观的系统阐述

如果说马克思的唯物史观在《关于费尔巴哈的提纲》中表现得尚且不

---

① 《马克思恩格斯选集》第一卷,人民出版社 2012 年版,第 134 页。
② 《马克思恩格斯选集》第一卷,人民出版社 2012 年版,第 134 页。

够清晰的话，在《德意志意识形态》中唯物史观思想发展的趋势则被完整清晰地表达了出来。在《德意志意识形态》中，马克思从"现实的人"出发，围绕人类的实践活动，对《关于费尔巴哈的提纲》中的各种基本观点加以展开和发挥。马克思不仅把这种新世界观叫作"实践的唯物主义"，对社会关系的内容做出详细的阐述，而且积极探索了人类通向自由全面发展的途径。

首先，历史是现实人的历史。1845 年马克思在社会历史观上发生了一个重要的变化，就是从具有浓厚的黑格尔色彩的、受到费尔巴哈的人道主义影响的历史观，向唯物主义的历史观转变。"这种历史观就在于：从直接生活的物质生产出发阐述现实的生产过程，把同这种生产方式相联系的、它所产生的交往形式即各个不同阶段上的市民社会理解为整个历史的基础。"①因此，马克思不是在每个时代中寻找某种范畴，而是始终站在现实历史的基础上来理解历史，"不是从观念出发来解释实践，而是从物质实践出发来解释各种观念形态"②。在从传统唯物主义向实践的唯物主义推进过程中，马克思对从事历史活动的主体的理解发生了深刻的变化，就是从"类"及其异化复归到"现实的个人"及其实践活动中。

马克思在全面阐明自己的唯物史观之前，首先探讨了历史的前提，为唯物史观提供了一个正确的出发点。任何历史观的前提必须是人，历史只能是人的历史。黑格尔从绝对精神出发，鲍威尔从自我意识出发，费尔巴哈从非实践的人出发，施蒂纳从自私自利的唯一者出发来探讨历史，他们离开了人的现实性，离开了人的现实的活动，最终陷入唯心主义历史观。马克思则以进行着物质生产的、现实的人为出发点，站在现实历史的基础上，从人的物质实践出发，将社会和历史真实地展现在人身上，并在实践的基础上阐述了群众史观。

---

① 《马克思恩格斯选集》第一卷，人民出版社 2012 年版，第 171 页。
② 《马克思恩格斯选集》第一卷，人民出版社 2012 年版，第 172 页。

　　在马克思那里,现实的人不是单个的人,也不是与世隔绝、离群索居的人,而是现实的人,是从事实践活动的人民群众,他们既是物质生产的承担者,也是政治生活、精神生活的承担者。现实的人首先必须是感性活动中即实践的人。人是自然界的一部分,必须靠自然界的物质资料来满足自身的需要,维持生命。实践是沟通人与自然界的桥梁,通过实践,人才能创造生活所需,结成社会。其次现实的人还是处在一定社会关系中的人,体现了人与自然、人与社会、人与人之间的关系。最后现实的人是具体的历史的人。人的存在为历史提供了现实的前提,历史是人通过人的劳动而创造出来的。任何人都处在一定的生产力发展及与之相适应的社会中,具体的生产力水平与生产关系水平决定或反映了一定社会的具体形态及发展,呈现出不同的历史阶段。因此,任何现实的人都是处在一定社会历史条件中的人。"个人是什么样的,这取决于他们进行生产的物质条件。"①

　　从现实的人出发,马克思指出历史的"前提是人,但不是处在某种虚幻的离群索居和固定不变状态中的人,而是处在现实的、可以通过经验观察到的、在一定条件下进行的发展过程中的人"②。现实的人的历史不是局限于德国的地域性历史,不是施蒂纳所认为的关于骑士和强盗的历史,而是现实的人的历史。它与人们的日常生活、物质生产紧密相连。这种历史观的第一个前提是人们的物质生产实践,"人们为了能够'创造历史',必须能够生活"③,因而是人们为了生存需要和生命存在所进行的物质生活本身,也是为了延续人们的生产活动。在手稿的第一卷第一章《关于费尔巴哈的提纲》的开头,马克思删去了这样一段话:"我们仅仅知道一门唯一的科学,即历史科学。历史可从两方面来考察,可以把它划分为自然史和人类史。但这两方面是密切联系的;只要有人存在,自然史和人类史就

----

① 《马克思恩格斯选集》第一卷,人民出版社2012年版,第147页。
② 《马克思恩格斯选集》第一卷,人民出版社2012年版,第153页。
③ 《马克思恩格斯选集》第一卷,人民出版社2012年版,第158页。

彼此相互制约。自然史,即所谓自然科学,我们在这里不说;我们所需要研究的是人类史。"①虽然这段话被马克思删除了,但是从马克思把历史分为自然史和人类史的话中,我们可以看出,人与自然都是历史的一部分,相互作用,但只有人的历史即人类史才是马克思研究的重点。当马克思把历史分为自然史和人类史的时候,历史指的是时间上的变化和发展。当马克思排除自然界,指明"我们所需要研究的是人类史",说明在马克思那里,历史指的是人类的发展史。在这里,我们依稀看到人民群众是创造历史的主体这一思想的影子,只不过马克思当时并未对这一原理进行概括,因为在马克思那里,人还只是作为人的一个"类"的概括,还没有上升到群体的高度。

人类历史不是现实的个人之外的抽象物,而是现实的人一代代用自己的劳动创造出来的,是人民群众劳动的结果。对历史的把握,不能从人们的意识出发来解释有血有肉的人,不能用否定之否定的必然性来阐释历史的规律性,只能通过从事生产活动的现实的人来解释。历史是现实的人的历史,是人民群众的历史,深刻地体现出"人民群众是历史的创造者"思想。

其次,人类历史是实践活动的展开。物质资料生产和人自身生产是人类社会赖以存在和发展的基础。人是自然界的一部分,必须靠自然界的物质资料来满足自身的需要,维持生命。因此实践是沟通人与自然界的桥梁,通过实践,人才能创造生活所需,进而形成社会。人的存在为历史提供了现实前提,实践则为历史提供了发展的可能。历史是人通过劳动创造出来的。

在《德意志意识形态》中,马克思从以下几个方面对历史活动进行了论述:第一,历史活动的第一个前提是人们为了满足生活需要的生活资料的生产,即生产物质生活本身。要创造历史,人们首先必须能够生活。

----

① 《马克思恩格斯选集》第一卷,人民出版社 2012 年版,第 146 页。

"第一个历史活动就是生产满足这些需要的资料,即生产物质生活本身,而且,这是人们从几千年前直到今天单是为了维持生活就必须每日每时从事的历史活动,是一切历史的基本条件。"①第二,满足新的需要的再生产。这种不断生产的新需要和满足这种需要的生产和再生产构成了人类历史活动前进的链条,推动人类历史不断向前发展。第三,人口的繁衍。人类每天都在生产着自己,繁衍着后代,并由此产生家庭关系,进而形成社会关系。第四,社会关系的再生产。

以物质生产实践为基础,马克思指明了实践对历史的意义。一是实践的构成要素是在历史中生成的。实践的主体和实践的客体不是先验存在,它形成于人们生产活动的积累。"他周围的感性世界决不是某种开天辟地以来就直接存在的、始终如一的东西,而是工业和社会状况的产物,是历史的产物,是世世代代活动的结果,其中每一代都立足于前代所奠定的基础上,继续发展前一代的工业和交往,并随着需要的改变而改变他们的社会制度。甚至连最简单的'感性确定性'的对象也只是由于社会发展、由于工业和商业交往才提供给他的。"②二是实践是人的活动,具有现实性和创造性。现实的实践活动不仅存在于历史之中,受历史制约,而且实践在历史中生成,历史使实践成为人的现实的历史活动,而不是自我意识活动或者感性直观。实践创造的产物又将作为历史成果制约未来的实践活动,影响现实的人的活动范围和能力。

现实的人是实践的存在物,是具体性和历史性的统一。现实的人和物质生产交融在一起推动了历史的前进。既然历史是人民群众的历史,那么人民群众的实践活动必然推动了历史的发展,历史在人民群众的实践活动中呈现出来。

最后,人民群众是社会革命的主体。随着人类实践活动的发展,社会

① 《马克思恩格斯选集》第一卷,人民出版社 2012 年版,第 158 页。
② 《马克思恩格斯选集》第一卷,人民出版社 2012 年版,第 155 页。

分工的出现,出现了物质劳动和精神劳动的分离,农业与畜牧业、手工业与农业、商业与手工业随之而生,分工的细化导致生产的发展,直到大工业时代,产生无产阶级,人越来越受自己所创造的物的奴役。分工和私有制成为制约人们的桎梏。马克思认为,在大工业时代,分工的普遍展开,自主活动和物质生产的活动相互分离,使得物质生活表现为目的,而劳动则表现为手段。"现在它们竟互相分离到这般地步,以致物质生活一般都表现为目的,而这种物质生活的生产即劳动(劳动现在是自主活动的唯一可能的形式,然而正如我们看到的,也是自主活动的否定形式)则表现为手段。"①在这个时代人们已经丧失了任何自主活动的假象,人的劳动成为摧残生命的东西。"他们同生产力并同他们自身的存在还保持着的唯一联系,即劳动,在他们那里已经失去了任何自主活动的假象,而且只能用摧残生命的方式来维持他们的生命。"②从这里我们可以看出,在论述现代社会的时候,马克思实际上在不知不觉中把目光集中在一个特定的群体的层次,并把这个群体宽泛为全社会人的处境。这个群体,在马克思那里隐含为无产者,因为资本占有者是私有制的受益者。马克思认为,"只有完全失去了整个自主活动的现代无产者,才能够实现自己的充分的、不再受限制的自主活动"③。因而,马克思笔下所谓的普遍意义的个人实际上是指完全丧失了自主活动的无产者、被统治者,即我们所论述的人民群众。马克思先验地认为能够实现人的解放,达到社会上所有人的自主性发挥的只能是无产者的联合。因为"在无产者的占有制下,许多生产工具必定归属于每一个个人,而财产则归属于全体个人"④。

人民群众是历史的主体,那么作为历史主体的人就必须对自身的主体身份有一个明晰的认识,树立起历史主体意识。一是人民群众要意识到自

---

① 《马克思恩格斯选集》第一卷,人民出版社2012年版,第209页。
② 《马克思恩格斯选集》第一卷,人民出版社2012年版,第209页。
③ 《马克思恩格斯选集》第一卷,人民出版社2012年版,第209页。
④ 《马克思恩格斯选集》第一卷,人民出版社2012年版,第210页。

身的历史使命。为了消除在历史发展进程中,人由于分工更加屈从于物的
力量,作为历史主体的人必须明确意识到自身的历史使命,"在真正的共
同体的条件下,各个人在自己的联合中并通过这种联合获得自己的自
由"①。二是人民群众要意识到自身的历史作用。历史的前进不是上帝赋
予的,而是在人的实践活动中,通过促进生产力的发展和生产关系的变革
推动的。"一开始就有一种物质的联系。这种联系是由需要和生产方式
决定的,它和人本身有同样长久的历史。这种联系不断采取新的形式,因
而就表现为'历史',它不需要用任何政治或宗教的呓语特意把人们维系
在一起。"②在此,意识到自身历史地位的丧失并为之而奋斗。作为历史主
体的人民群众,创造并推动着历史,却没有取得历史主体的地位。人被压
抑着,被异化,被排斥在一切发展之外。"一些人靠另一些人来满足自己
的需要,因而一些人(少数)得到了发展的垄断权;而另一些人(多数)经常
地为满足最迫切的需要而进行斗争,因而暂时(即在新的革命的生产力产
生以前)失去了任何发展的可能性。"③也正因为如此,马克思在《德意志意
识形态》中论证了以无产阶级为主体的人民群众而非资产阶级可以通过
解放自己而解放全人类。

　　总之,在《德意志意识形态》中,马克思确立和完善群众观的过程是以
人为线索的,以对人的深刻揭示为内容。马克思以进行着物质生产的人为
出发点,指出历史是的人的历史,历史在人的实践活动中得以展开,将社会
和历史的纬度真实的展现在人身上,体现出群众史观的思想。当马克思把
人的"类"普遍化为人民群众时,他对人所处的历史环境、人所需要的生活
条件、基本要求等方面的关注,实现了人与现实的横切面周围的环境以及
纵切面的人类自身的发展之间的交集,回到了他所说的"地上",把抽象的

---

① 《马克思恩格斯选集》第一卷,人民出版社 2012 年版,第 199 页。
② 《马克思恩格斯选集》第一卷,人民出版社 2012 年版,第 160 页。
③ 《马克思恩格斯全集》第三卷,人民出版社 1974 年版,第 507 页。

人变成现实的人即实践的人。

三、《哲学的贫困》:群众观的公开阐发

在《德意志意识形态》中,马克思虽然谈到了历史的主体是现实的具体的人,也谈到了无产阶级在历史发展中的主体作用。但是历史的主体究竟是如何推动历史向前发展的? 现实具体的人是在历史之外还是在历史之中改变历史的呢? 他们是靠什么机制推动历史向前发展的呢? 这些问题都没有得到深入的探讨。《哲学的贫困》对这些问题做了较好的回答。可以说,马克思在《哲学的贫困》中对群众观的深化发展主要体现在历史主体思想的阐述和分析中。

其一,人是历史的剧中人,又是历史的剧作者。19 世纪中叶,在欧洲主要资本主义国家里社会主义思潮影响比较大的当数皮埃尔－约瑟夫·蒲鲁东。梅林所说:"法国的无产阶级认为自己的最卓越的代表就是蒲鲁东,他的《什么是财产》一书,在一定的意义上是西欧社会主义的最前哨。"①1846 年,蒲鲁东的《贫困的哲学》出版,并迅速在德国、法国的工人运动中产生了广泛的影响。马克思认为,蒲鲁东的唯心主义历史观会对现实工人运动做出错误的引导,严重阻碍工人运动在现实中的开展。在《哲学的贫困》中,马克思对蒲鲁东的唯心主义历史观进行了尖锐批判。蒲鲁东在《贫困的哲学》中对人民群众的力量始终持怀疑和否定的态度,他把实现社会变革所依靠力量的诉诸杰出人物,认为人民群众在这个过程中扮演的是无关紧要的角色,这是典型的唯心主义的英雄史观。他声称:"社会历史无非是一个确定上帝观念的漫长过程,是人类逐渐感知自己命运的过程"②,"历史是由学者,即由有本事从上帝那里窃取隐秘思想的人们创

---

① [德]梅林:《马克思和恩格斯是科学社会主义的创始人》,何清新译,生活·读书·新知三联书店 1962 年版,第 91 页。

② [法]蒲鲁东:《贫困的哲学》,徐公肃等译,商务印书馆 1961 年版,第 5 页。

造的。平凡的人只需应用他们所泄露的天机"①。蒲鲁东认为,人不过是观念或永恒理性为了自身的发展而使用的工具,社会发展的动力都应归结于理性和范畴,而不是现实的生产力和人民的劳动智慧,社会本身是按照"理性中的观念顺序"发展的。

马克思一语中的地指出:"这是黑格尔式的陈词滥调,这不是历史,不是世俗的历史——人类的历史,而是神圣的历史——观念的历史。"②马克思语言锋利地批判蒲鲁东根本不了解人类社会存在的历史。马克思认为,历史绝不是什么永恒普遍理性的自我表现,也不是经济范畴的逻辑推演,历史是人的历史,是物质生产发展的历史,是物质资料生产方式发展的历史。历史发展的动因应到物质生活条件中去寻找。一方面,人是社会的主体,人们创造自己的历史。"人们是在一定的生产关系中制造呢绒、麻布和丝织品的","这些一定的社会关系同麻布、亚麻等一样,也是人们生产出来的"③。历史在人们的实践活动中展开,并需要通过人的自觉活动才能实现。离开了现实的人及其活动,社会历史将荡然无存。从这个意义上来说,人是历史的剧作者。另一方面,人们不能随心所欲地创造历史,必须与特定历史阶段的社会生产力水平相适应。在这里马克思明确地指出了现实具体的人本身就是历史的组成部分,人民对历史的改造的同时也改造着自身。"我们自己创造着我们的历史,但是第一,我们是在十分确定的前提和条件下创造的"④,"后来的每一代人都得到前一代人已经取得的生产力并当作原料来为自己新的生产服务,由于这一简单的事实,就形成人们的历史中的联系,就形成人类的历史"⑤。人是一切社会关系的总和,所以人创造的历史也必然是特定历史时期的社会关系,生产方式、生产关系

---

① 《马克思恩格斯选集》第四卷,人民出版社 2012 年版,第 417 页。
② 《马克思恩格斯文集》第十卷,人民出版社 2009 年版,第 44 页。
③ 《马克思恩格斯选集》第一卷,人民出版社 2012 年版,第 222 页。
④ 《马克思恩格斯选集》第四卷,人民出版社 2012 年版,第 604 页。
⑤ 《马克思恩格斯全集》第四十七卷,人民出版社 2004 年版,第 440 页。

的发展是同人们生活的特定历史阶段的社会水平相适应的。历史是"人们按照自己的物质生产率建立相应的社会关系"①。正因为如此,马克思指出:"手推磨产生的是封建主的社会,蒸汽磨产生的是工业资本家的社会。人们按照自己的物质生产率建立相应的社会关系,正是这些人又按照自己的社会关系创造了相关的原理、观念和范畴。所以,这些观念、范畴也同它们所表现的关系一样,不是永恒的。它们是历史的、暂时的产物。"②无论是封建社会的社会关系形式还是资本主义的社会关系形式都是一定历史时期的产物,历史的发展规律与一定时期人们的生产力水平相适应,因此历史规律不是凌驾于人们活动之上的超然物,而是人们活动的产物。

在这里,马克思不仅表明了群众观的核心内容即人民群众创造历史,而且指出历史是一个有内在联系的系统整体,是人民群众在物质生产中创造的不断由低级社会向高级社会发展的过程。马克思对这一过程的阐述既不同于历史之外悬设抽象的精神实体或者独断地设定历史之外的目的的传统唯心主义的做法,也不同于直观唯物主义的历史的宿命论。马克思对历史发展动力的阐述,既反对了在历史之外寻找历史发展的动力的观点,又反对了完全被动地接受历史的安排的观点。这体现了马克思对历史发展的辩证法,即历史只不过这是现实具体的人的自否定,历史不是一个超越于人的神秘的精神实体的自我否定,马克思对历史过程的阐述实际上已经肯定了阶级斗争对于历史发展的直接推动作用。

其二,"最强大的一种生产力是革命阶级本身"。蒲鲁东是一个小资产阶级的哲学家和经济学家,他既同情人民的苦难,又不想通过政治行动来改变社会现实的基础。他一心想调和矛盾,企图寻求一个新公式,以便把各个社会等级、各种社会对立平衡起来。蒲鲁东用哲学的方法对经济学进行论证,认为不需要消灭私有制,只需将资本主义大工业形式的私有制

---

① 《马克思恩格斯选集》第一卷,人民出版社 2012 年版,第 222 页。
② 《马克思恩格斯选集》第一卷,人民出版社 2012 年版,第 222 页。

改造成为个体小生产者的私有制;不需革命的手段变革社会,只需通过改良的途径来实现人人平等的社会。

马克思指出,社会存在和发展最终决定力量是生产力,生产力是人们的实践能力,不仅包括生产工具,还包括劳动者自身。随着生产力的改变,人们在改变自己的生产方式的同时也在改变自己的生产关系。生产力的状况决定阶级的状况。在资本主义社会,资产阶级生产关系在发展生产力的同时发展出一种压迫的力量,在生产财富的同时也产生了贫困。马克思指出,唯一能解决生产力与生产关系、阶级与阶级、民族与民族中间冲突的,不是按神的隐秘思想创造历史的学者,而是平凡的人——群众。"在一切生产工具中,最强大的一种生产力是革命阶级本身。"①革命阶级本身就是一种强大的生产力。工人阶级、人民群众不仅是受苦受难的阶级,而且是变革资本主义社会,实现自身解放,建设社会主义、共产主义的伟大力量。无产阶级为了解放自己,改变生产关系,就"必须粉碎生产力在其中产生的那些传统形式"②,"要使被压迫阶级能够解放自己,就必须使既得的生产力和现存的社会关系不再能够继续并存……劳动阶级解放的条件就是消灭一切阶级"③。当这一斗争发展到最紧张的地步,社会就会转变为全面的革命。无产阶级反对资产阶级的斗争和革命将促进工人团结,使工人组织成为自为阶级,从而组成强大的政党,由此聚集和发展着未来战斗的一切要素,其结果将是:"工人阶级在发展进程中将创造一个消除阶级和阶级对立的联合体来代替旧的资产阶级社会;从此再不会有任何原来意义的政权了。"④把劳动者人的要素看作是生产力的第一要素,这就强调了革命阶级的伟大作用,也指明无产阶级革命的主体和无产阶级革命取得胜利的方式。

---

① 《马克思恩格斯选集》第一卷,人民出版社 2012 年版,第 274 页。
② 《马克思恩格斯选集》第一卷,人民出版社 2012 年版,第 233 页。
③ 《马克思恩格斯选集》第一卷,人民出版社 2012 年版,第 274-275 页。
④ 《马克思恩格斯全集》第三十六卷,人民出版社 1975 年版,第 94 页。

马克思在《哲学的贫困》中通过批判蒲鲁东的错误认识,揭示了资本主义社会中无产阶级与资产阶级的阶级对立和阶级对抗,也指明无产阶级运动所代表的是与资产阶级相对立的无产阶级的利益。在资本主义社会,生产力与生产关系矛盾运动的表现就是无产阶级和资产阶级的利益对抗,这种对抗的结果是无产阶级逐渐联合起来,成为一个"自为的阶级"。马克思在《哲学的贫困》中描述了无产阶级的成长,描述了无产阶级在资本主义反对资产阶级的斗争中从自发走向自觉的发展过程,这个过程必然以政治革命的方式完成全社会的解放。因为"无产阶级和资产阶级之间的对抗仍然是阶级反对阶级的斗争,这个斗争的最高表现就是全面革命"①,"只有在没有阶级和阶级对抗的情况下,社会进化将不再是政治革命"②。因此,取代资产阶级社会的将是一个"消灭阶级和阶级对立"的联合体。可以看到,《哲学的贫困》在群众观上尤其是关于社会发展的根本动力方面的表述已相当成熟,不过群众观的某些思想在《共产党宣言》中又有了进一步明确的且细致的阐述。

四、《共产党宣言》:群众观主题和思想的浓缩

1847 年 11 月,马克思、恩格斯受在伦敦召开的共产主义同盟第二次代表大会的委托,为该组织撰写一份纲领性文件,这就是发表于 1848 年 2 月的影响全世界的马克思主义的最主要的代表作——《共产党宣言》。《共产党宣言》是革命斗争的产物,是马克思主义第一次与工人运动相结合,它开辟了马克思主义与世界工人运动相结合的新时代。恩格斯在"1890 年德文版序言"中说:"它无疑是全部社会主义文献中传播最广和最具有国际性的著作。"③在《共产党宣言》中,马克思以对现代历史的唯物主

---

① 《马克思恩格斯选集》第一卷,人民出版社 2012 年版,第 275 页。
② 《马克思恩格斯选集》第一卷,人民出版社 2012 年版,第 275 页。
③ 《马克思恩格斯选集》第一卷,人民出版社 2012 年版,第 392 页。

义分析为基础,从社会基本矛盾分析入手,深刻地揭示了生产力的发展与资本主义私有制之间的尖锐对立,指出资本主义生产关系已成为生产力发展的桎梏,由此导致了阶级斗争的空前激化,这样社会革命就成为不可避免的了。通过对资本主义社会各阶级的分析,马克思对无产阶级的历史地位和无产阶级运动的主体和历史作用做了最为经典的论述,它浓缩了马克思以前所阐述的群众观主题和思想成果。《共产党宣言》不仅是群众革命实践的行动纲领,而且是一部具有高度概论性质的理论著作。

（一）无产阶级革命的科学方法

阶级分析是《共产党宣言》中群众观思想的切入点。在《共产党宣言》中马克思、恩格斯阐述了阶级斗争理论,详尽地论述了无产阶级和资产阶级之间阶级斗争的根源、特点和历史趋势,叙述了无产阶级政党和无产阶级专政的思想,阐述了占人口绝大多数的人民群众是无产阶级主体和无产阶级革命运动主体的思想。列宁称它为"关于阶级斗争和共产主义新社会创造者无产阶级肩负的世界历史性的革命使命的理论"①。尽管《共产党宣言》中群众观的切入视角来自对阶级的分析,但是在马克思那里,这一方法并不是一种意识形态的分析方法,而是一种基于生产方式的历史唯物主义分析法。马克思认为人们之间的阶级关系不过是人格化了的生产关系,体现的是人们实际生产和交往中的存在关系。

《共产党宣言》在第一章第一句话就指出,自原始公社解体"至今一切社会的历史都是阶级斗争的历史"②。恩格斯在 1883 年德文版序言中指出,阶级和阶级斗争是贯穿《共产党宣言》的基本思想,"每一历史时代的经济生产以及必然由此产生的社会结构,是该时代政治的和精神的历史的基础;因此(从原始土地公有制解体以来)全部历史都是阶级斗争的历史,

---

① 《列宁专题文集 论马克思主义》,人民出版社 2009 年版,第 5 页。
② 《马克思恩格斯文集》第二卷,人民出版社 2009 年版,第 31 页。

即社会发展各个阶段上被剥削阶级和剥削阶级之间、被统治阶级和统治阶级之间斗争的历史;而这个斗争现在已经达到这样一个阶段,即被剥削被压迫的阶级(无产阶级),如果不同时使整个社会永远摆脱剥削、压迫和阶级斗争,就不再能使自己从剥削它压迫它的那个阶级(资产阶级)下解放出来"①。恩格斯在1888年英文版序言中再次申明了以上三点,即生产力决定生产关系,经济基础决定上层建筑;阶级斗争是阶级社会发展的直接动力;无产阶级只有解放全人类才能最终解放自己,并且说这是"构成《宣言》核心的基本思想"②。

阶级和阶级斗争的历史由来已久,自奴隶社会就已产生,《共产党宣言》第一章指出"自由民和奴隶、贵族和平民、领主和农奴、行会师傅和帮工,一句话,压迫者和被压迫者,始终处于相互对立的地位,进行不断地、有时隐蔽有时公开的斗争,而每一次斗争的结局都是整个社会受到革命改造或者斗争的各阶级同归于尽"③。显然,马克思在这里所说的阶级斗争指的是社会内部基本阶级之间的斗争,它们的存在是由该社会的生产方式产生的,它们之间的相互关系体现出该生产方式的固有矛盾。尽管各个历史时期,阶级和阶级斗争的具体形式不断变化,如自由民和奴隶、行会师傅和帮工,但其本质始终没变,即压迫者和被压迫者始终处于相互对立的地位,进行不断的、有时隐蔽有时公开的斗争。因此,代替封建社会的现代资产阶级并没有消除阶级之间的对立和斗争,阶级斗争的双方只是换了对象而已,现代资产阶级是"生产方式和交换方式的一系列变革的产物"④。马克思认为,经济基础决定上层建筑,社会历史的发展遵循着"生产关系必须适应生产力的发展要求"的规律,这构成了阶级和阶级斗争的哲学依据。当一种新的生产关系取代旧生产关系后,在一段时期内,这种新的生产关

---

① 《马克思恩格斯文集》第二卷,人民出版社2009年版,第9页。
② 《马克思恩格斯文集》第二卷,人民出版社2009年版,第14页。
③ 《马克思恩格斯文集》第二卷,人民出版社2009年版,第31页。
④ 《马克思恩格斯选集》第一卷,人民出版社2012年版,第402页。

系适应了生产力的发展要求,因而对生产力的发展起促进作用,它能把旧生产关系束缚的生产力解放出来。但随着生产力的进一步发展,生产关系就会由原来的适应而变为不适应,甚至逐渐成为生产发展的桎梏。这时社会矛盾就会激化,最终导致社会革命。马克思通过分析阶级社会各个历史阶段的阶级划分和阶级斗争状况,提出了阶级斗争是推动阶级社会发展的直接动力的观点。阶级斗争的根本原因是生产力与生产关系的矛盾,阶级斗争是社会基本矛盾在阶级社会中的直接表现,是阶级社会发展的直接动力。因为生产力是社会存在和发展的基础,生产力发展到一定程度,便同生产关系发生冲突,迟早会引起生产关系的变革。随着生产关系即经济基础的变革,整个上层建筑或快或慢地也要发生变革,社会就将由一种形态或制度发展到另一种形态或制度。当生产力和生产关系、经济基础和上层建筑的矛盾发展到一定程度时,必然通过阶级斗争表现出来。

不过,马克思只是把阶级斗争作为一种手段,一种通过阶级斗争最终实现阶级及人类自身解放的手段,因此,阶级斗争并不代表"革命",但这一斗争的手段又是必不可少的,因为它缩短和减轻了"分娩"共产主义产生的阵痛。当人类推翻资本主义社会并建立起了共产主义社会时,产生阶级和阶级斗争的条件将不复存在,人类将最终走向共和。阶级斗争理论为无产阶级的解放策略提供了理论根据。

(二)无产阶级革命的基本道路

《共产党宣言》中指出了"现实的人"摆脱困境的方法。资本主义制度下的人是如此不独立、不自由,而这一切都是这种社会制度造成的,那么最直接的办法就是推翻这种社会制度,建立科学的社会主义。

第一,发展生产力是推翻资产阶级统治的根本方法。生产力是社会发展的根本动力。生产关系、社会制度的变革都是生产力的变革引起的,同时它们也会反作用于生产力。人一方面是生产力中最活跃的因素,解放和发展生产力的过程就是解放和发展人的过程,另一方面生产力的发展为人的解放和发展提供物质条件。根据这一关系,实现人的独立、自由,首先要发展生产力。马克思、恩格斯指出:"资产阶级在它的不到一百年得的阶级统治中所创造的生产力,比过去一切世代创造的全部生产力还要多,还要大。"①但随着生产力的发展,这种所有制关系不再适应生产力的发展,且成了生产力发展的绊脚石。所以这种所有制关系必须被打破,社会制度必须被新的社会制度代替,否则生产力就不能得到彻底的解放,工人阶级也无法实现自由与独立。在《共产党宣言》中,马克思、恩格斯指出无产阶级革命胜利后的根本任务是:"利用自己的政治统治,一步一步地夺取资产阶级的全部资本,把一切生产工具集中在国家即组织成为统治阶级的无产阶级手里,并且尽可能地增加生产力的总量。"②这里马克思、恩格斯指出了其核心是对生产资料进行改造,消灭生产资料私有制,在生产资料公有制的基础上,不断解放和发展生产力。

第二,社会革命是推翻资产阶级统治的直接方法。在《共产党宣言》中,马克思提出要废除资产阶级的私人所有制,推翻资本主义社会,实现无产阶级解放,只能依靠无产阶级自己。"工人阶级的解放应当是工人自己的事情。"③马克思批判了反动的、保守的或资产阶级的社会主义,批判了空想的社会主义解放人的方式的历史局限性,指出他们的共同点是将改变现状的希望寄托在了落后的、反动的阶级身上,并且他们所做的斗争也是采取一些文字斗争,没有触及问题的根本。而无产阶级才是真正革命的阶级,只有无产阶级才有可能推翻资产阶级,推翻的方法只能是暴力革命。资产阶级作为一个上层阶级,不会心甘情愿地退出历史的舞台;无产阶级作为被压迫的阶级,要改善自己的地位,只能推翻资产阶级的统治。这种

---

① 《马克思恩格斯文集》第二卷,人民出版社 2009 年版,第 36 页。
② 《马克思恩格斯选集》第一卷,人民出版社 2012 年版,第 421 页。
③ 《马克思恩格斯选集》第三卷,人民出版社 2012 年版,第 366 页。

情况下,双方只有通过革命斗争的方式。"如果不同时使整个社会永远摆脱剥削、压迫和阶级斗争,就不再能使自己从剥削它压迫它的那个阶级(资产阶级)下解放出来。"①

(三)无产阶级肩负的历史使命

基于生产力发展而引起是生产方式的变革是马克思历史唯物主义分析方法的客观逻辑,但是马克思认为历史并不是无主体的,它不过是追求自己的目的的人类活动而已。资本主义的生产方式也不是一种外在于人类活动的力量,而是人与人之间的社会关系和社会力量,资本主义生产力对生产关系的否定同代表这种生产力的无产阶级对资产阶级的反抗是同一过程,无产阶级和资产阶级之间的阶级关系不过是人格化了的生产关系,在这里马克思把历史发展的主体和客体逻辑统一起来。人类社会历史的发展是有规律的,共产主义社会代替资本主义社会是历史发展的必然,而实现这一过程所依靠的主体就是无产阶级。无产阶级是同资产阶级同时产生的阶级,但是大机器生产的推广和越来越细致的分工,使工人变成了机器的单纯的附属品,工资水平与生活状况每况愈下,加之商业危机使工人的工资越来越不稳定,整个生活地位越来越没有保障,工人与资产者的冲突越来越具有两个阶级的性质。随着生产力的发展,资本主义所固有的矛盾爆发出来。资产阶级在历史上创造了空前的生产力,资本的扩张推动了世界市场的形成,然而,资本主义社会发展的内在矛盾决定着资产阶级的命运,即当生产的社会力发展同生产资料的私人所有之间的矛盾尖锐到不能促进生产力的发展并阻碍生产力发展的时候,无产阶级作为大工业的产物,作为最广泛、最革命的阶级,代表着一切被压迫阶级的未来,是革命中最坚决和最彻底的阶级。首先,无产阶级代表先进的生产力。"只有

---

① 《马克思恩格斯文集》第二卷,人民出版社 2009 年版,第 9 页。

无产阶级是真正革命的阶级……无产阶级却是大工业本身的产物。"①其次,无产阶级一无所有,可以抛弃一切与资产阶级做斗争。"无产者没有什么自己的东西必须加以保护,他们必须摧毁至今保护和保障私有财产的一切。"②最后,无产阶级代表所有劳动者的利益。"无产阶级的运动是绝大多数人的,为绝大多数人谋利益的独立的运动。无产阶级,现今社会的最下层,如果不炸毁构成官方社会的整个上层,就不能抬起头来,挺起胸来。"③

被剥削、被压迫阶级必须通过自己的自觉独立运动才能获得自身的解放,这实际上是绝大多数劳动阶级的命运之途。在论述无产阶级的产生基础上,马克思分析了无产阶级的历史使命和历史发展趋势。

（四）共产党人的宗旨和使命就是为绝大多数人谋利

马克思基于社会严重不公正的现实及广大工人的艰辛处境,希望发现社会历史的运动规律,从而找出一种更合理的社会秩序。他多次参与工人运动的实践由此提出自己的理论。马克思认为,人们的意识随着人们的生活条件、人们的社会关系和社会存在条件的改变而改变,而"共产主义革命就是同传统的所有制关系实行最彻底的决裂"④。作为无产阶级革命的理论纲领,在《共产党宣言》中马克思以阶级分析的方法批判当时的各种思潮和意识形态并揭示了它们的阶级本质和历史局限。马克思指出,意识形态是占统治地位的思想,是对现存经济关系的反映,"占统治地位的思想不过是占统治地位的物质关系在观念上的表现,不过是以思想的形式表现出来的占统治地位的物质关系"⑤。共产党是无产阶级的一部分,是为

---

① 《马克思恩格斯文集》第二卷,人民出版社 2009 年版,第 41 页。
② 《马克思恩格斯文集》第二卷,人民出版社 2009 年版,第 42 页。
③ 《马克思恩格斯文集》第二卷,人民出版社 2009 年版,第 42 页。
④ 《马克思恩格斯选集》第一卷,人民出版社 2012 年版,第 421 页。
⑤ 《马克思恩格斯选集》第一卷,人民出版社 2012 年版,第 178 页。

无产阶级服务的政党,它代表了无产阶级的立场和无产阶级的利益需求。共产党是世界范围内无产阶级政党,具有国际性和先进性,一方面,它坚持国际主义原则,为全世界无产阶级共同利益而战;另一方面,它坚持以消灭阶级为最终目标的不断革命,无产阶级在反对剥削阶级的斗争中始终代表整个运动的利益。"共产党人同其他无产阶级政党不同的地方只是:一方面,在无产者不同的民族的斗争中,共产党人强调和坚持整个无产阶级共同的不分民族的利益;另一方面,在无产阶级和资产阶级的斗争所经历的各个发展阶段上,共产党人始终代表整个运动的利益。"①马克思把国际主义原则和不断革命的精神作为规定党的性质的根本标志。从革命纲领看出,世界上的无产阶级具有共同的命运和使命,因而共产党领导下的无产阶级运动要联合世界一切受压迫的人民来反对资产阶级的统治和剥削。革命要取得成功的第一步就是无产阶级的联合运动,即"联合的行动,至少是各文明国家的联合的行动,是无产阶级获得解放的首要条件之一"②。并且,支持一切反对资产阶级社会制度和政治制度的革命。如果工人阶级的党要想成功地引导无产阶级走向社会主义,就绝不应使自己陷入宗派主义的小圈子里,而必须密切联系群众,依靠群众学习群众的经验。同样,党还必须同资产阶级意识形态及其工人阶级的影响进行斗争。因此,马克思和恩格斯在《共产党宣言》里,对五花八门的资产阶级意识形态的变种和各种陈腐、反科学的社会主义和共产主义"理论"和"体系",给予了充满机智和辛辣讽刺的批判。

《共产党宣言》公开阐明了无产阶级建立政党的性质和任务,代表了世界无产阶级和广大人民群众的利益,明确提出了共产党人从事消灭人剥削人、人压迫人的不合理社会制度的过程,就是不断地为最大多数人谋利益的过程。

---

① 《马克思恩格斯选集》第一卷,人民出版社 2012 年版,第 413 页。
② 《马克思恩格斯选集》第一卷,人民出版社 2012 年版,第 419 页。

第四节 深化发展:从《雾月十八日》 到《哥达纲领批判》

如果说 1848 年以前马克思主要还潜心钻研于理论中,那么随着 1848 年革命斗争的失败,无产阶级革命运动进入低潮,马克思将目光就转向了社会革命,其理论也更加注重与革命运动的结合。马克思吸取革命失败的教训,总结历史经验,尤其是在具有较大影响的历史事件面前,更是不断反思和修正自己的群众思想,在实践中丰富并发展了群众观的内容。"19 世纪的社会革命不能从过去,而只能从未来汲取自己的诗情。它在破除一切对过去的迷信以前,是不能开始实现自己的任务的。从前的革命需要回忆过去的世界历史事件,为的是向自己隐瞒自己的内容。19 世纪的革命一定要让死人去埋葬他们的死人,为的是自己能弄清自己的内容。从前是辞藻胜于内容,现在是内容胜于辞藻。"①

一、《路易·波拿巴的雾月十八日》:群众观的丰富

从 1848 年革命爆发到 1851 年 12 月,在路易·波拿巴确立帝制的整个过程中,巴黎的无产阶级都表现出伟大的革命激情,却毫无例外地遭到了失败。他们并没有像马克思、恩格斯在《德意志意识形态》和《共产党宣言》中所宣称的那样失掉锁链,使"社会本身获得了新的内容",反而使"国家回到了最古的形态,回到了宝剑和袈裟的极端原始的统治"②。马克思开始意识到现实阶级斗争的复杂性,并对这一事件进行了深入的阐释。

---

① 《马克思恩格斯选集》第一卷,人民出版社 2012 年版,第 671 页。
② 《马克思恩格斯选集》第一卷,人民出版社 2012 年版,第 672 页。

《雾月十八日》便是马克思在反思过程中形成的十分重要的文本。正像恩格斯所认为的,如果说马克思在 1848 年革命之初还残留着对革命的盲目乐观情绪,那么《雾月十八日》"永远抛弃了这种幻想"。

首先,在革命进程中,马克思注意到工农联盟的必要性。当时,无产阶级尚未组成自己的政党,在理论和实践上都没有重视农民的作用,更谈不上把农民争取过来。相反,资产阶级为了使无产阶级陷于孤立,耍弄各种无耻的手段拉拢和欺骗农民,分离农民和工人阶级的关系,并使双方产生仇恨感。法国农民受到资产阶级共和派的挑拨,对无产阶级的斗争进行激烈的反抗。当资产阶级获取政权后,他们又被波拿巴欺骗,选举这个政治骗子当了总统。农民成为资产阶级的政治工具,成为波拿巴政变成功的力量,也是波拿巴政权的社会基础。工人阶级的斗争得不到农民的支持,农民的起义也得不到工人阶级的领导和配合,最终工人阶级被击败,农民阶级也上当吃亏,双双吞了苦果,教训是极为沉痛的。

面对庞大的农民群体,马克思根据历史唯物主义的观点,从经济和政治两个方面对法国农民进行了深刻的阶级分析。马克思指出,农民是保守落后的。小农经济长期以来分散在农村中,他们彼此之间很少联系,具有明显的分散性。农民就好比一袋马铃薯,是由袋中的一个个马铃薯所集成的那样,没有形成一个能够代表自己利益的阶级和政治组织。"他们不能代表自己,一定要别人来代表他们。他们的代表一定要同时是他们的主宰,是高高站在他们上面的权威,是不受限制的政府权力,这种权力保护他们不受其他阶级侵犯,并从上面赐给他们雨水和阳光。"①由于远离社会的进步和发展,他们在思想上比较落后,愚昧和迷信依旧影响着农民,使他们容易受剥削阶级的欺骗和利用,成为政治野心家的爪牙。路易·波拿巴政变成功的原因之一就是利用了农民对拿破仑的迷信。

马克思指出了农民对于夺取政权的重要性,工人阶级要夺取政权就有

---

① 《马克思恩格斯文集》第二卷,人民出版社 2009 年版,第 567 页。

必要团结农民。而农民只是资产阶级利用的对象,他们的利益与资产阶级不可能一致,因而工农联盟的实现具有可能性。马克思强调,农民应当"把负有推翻资产阶级制度使命的城市无产阶级看做自己的天然同盟者和领导者"①,工人阶级也必须把农民从资产阶级的影响下争取过来作为自己的同盟军,使自己在革命中得到农民的"合唱","若没有这种合唱,它在一切农民国度里的独唱是不免要变成孤鸿哀鸣的"②。工农联盟思想表明,虽然人民群众的主体是无产阶级,但作为人民群众重要组成部分的农民阶级,对无产阶级革命胜利起到推波助澜的作用。工人阶级和农民是人民群众的核心,双方处于唇亡齿寒的关系中,失去任何一方,革命斗争都将难以取得胜利。

其次,个人的成功来源于人民群众的支持。马克思指出,波拿巴反动势力能够得逞就在于广大人民群众尤其是农民的支持。农民投了波拿巴的票,才使这样一个骗子和小丑挤上了法国政治的最高舞台;正是由于有了这个舞台,这个小丑才能在其后利用矛盾,纵横捭阖,在各阶级、派别因互相争斗而精疲力竭时,一举发动雾月政变,走上军事独裁的道路。对工人阶级说来,"选举波拿巴就意味着撤换卡芬雅克和使制宪议会倒台",报复他们对六月起义中资产阶级镇压的仇恨;对小资产阶级说来,"选举波拿巴意味着债务人统治债权人",从而发泄对自己不断没落的经济情况和对共和派各项财政政策的不满;对大资产阶级中的多数说来,波拿巴代替卡芬雅克"是君主国代替共和国,是王朝复辟的开端",正好与自己的复辟愿望暗合。

波拿巴政权是违反历史潮流,违背人民意愿的。它的建立只不过是用一种更加反动的统治形式代替原来的资产阶级统治形式。这种统治方式不仅没有缓和资产阶级同无产阶级之间的矛盾,相反激化了矛盾的尖锐

---

① 《马克思恩格斯选集》第一卷,人民出版社2012年版,第766页。
② 《马克思恩格斯全集》第十一卷,人民出版社1995年版,第235页。

性。阶级对立矛盾得不到解决,必然会产生社会革命,波拿巴的政权维持不了多久就会被人民推翻:"如果皇袍终于落在路易·波拿巴身上,那么拿破仑的铜像就将从旺多姆圆柱顶上倒塌下来。"①而这一预言最终得以确证。

最后,革命斗争要取得胜利必须打碎国家机器。1848 年革命斗争的经验表明,资产阶级国家是镇压无产阶级和劳动人民的工具,资产阶级不可能为人民群众的利益作出让步,试图在资产阶级内部调解社会矛盾,改善工人生存境遇只能是一种幻想。马克思深入研究了法国资产阶级国家的产生和发展过程,发现资本主义国家产生于封建制度崩溃时期,它的产生有力地发展了资本主义私有制,也加速了封建制度的灭亡。拿破仑第一帝国时期完备了中央集权制的国家机器,到路易·波拿巴执政初期,这个庞大的资产阶级国家机器就像密网一样覆盖法国社会各个角落。马克思对法国国家机器这样评价:"一切变革都是使这个机器更加完备,而不是把它摧毁。那些相继争夺统治权的政党,都把这个庞大国家建筑物的夺得视为胜利者的主要战利品。"②无产阶级要想推翻资产阶级,就必须集中力量通过革命打碎这个国家机器。马克思在给库格曼的一封信中清楚地阐明了这一重要思想:"如果你查阅一下我的《雾月十八日》的最后一章,你就会看到,我认为法国革命的下一次尝试不应该再像以前那样把官僚军事机器从一些人的手里转到另一些人的手里,而应该把它打碎,这正是大陆上任何一次真正的人民革命的先决条件。"③

在《雾月十八日》中,马克思看到了人民群众对夺取政权所起到的巨大作用。革命能否胜利、政权能否取得在于进行革命斗争的一方能否争得人民群众的拥护和支持。路易·波拿巴利用人民群众对其政权的支持登

①　《马克思恩格斯选集》第一卷,人民出版社 2012 年版,第 774 页。
②　《马克思恩格斯选集》第一卷,人民出版社 2012 年版,第 761 页。
③　《马克思恩格斯选集》第四卷,人民出版社 2012 年版,第 493 页。

上政治舞台就很好地证明了这一点。马克思强调了作为人民群众核心组成部分的工农联盟的重要性,为农民阶级指明了通向解放的道路;阐述了真正的历史代表不是那仿佛代表全体人民利益的少数历史人物,而是自觉或不自觉地把握住了历史前进方向的,并能够逐渐地或多或少地促进绝大多数人利益实现的社会变革者;在现实革命面前找到了实现革命斗争胜利的方式,从而丰富了群众观的思想。

二、《资本论》:历史唯物主义的最高成就

从前面的分析我们可以看出,马克思一生的思想研究都是为了人类的解放。马克思和恩格斯在《德意志意识形态》中立足于人的现实社会生活和历史实践,从物质资料生产出发,为无产阶级的解放提供了现实路径;在《哲学的贫困》《1857—1858 年经济学手稿》《共产党宣言》中,马克思恩格斯用鲜明的价值取向展开了对无产阶级悲惨现实的"理论"批判。如果说这些理论批判仍存在抽象的、普遍的批判痕迹的话,那么在《资本论》中,马克思关于人类解放理论的科学性和革命则建立在对资本主义社会根基的批判上,马克思从经济角度彻底论述了无产阶级如何实现自由,经济解放成为马克思解决人类解放问题的关键。《资本论》凝聚了马克思毕生的研究,它不仅是马克思主义政治经济学的经典文本,也是马克思唯物史观的重要历史文本,马克思对资本主义政治经济学的研究就是其唯物史观在经济政治领域的拓展。在《资本论》中,马克思的唯物史观由假设变成科学,而唯物史观和剩余价值学说又使社会主义从空想成为科学。可以说,《资本论》中马克思对人类现实生活的科学探讨和深刻解剖力度体现了马克思唯物史观的科学性和革命性。对此,恩格斯称这部巨著为工人阶级的"圣经"。

《资本论》中马克思基于对私有制的批判,对资本主义社会的内在矛盾进行了详尽的分析。虽然马克思把消灭私有财产、消灭资本主义制度、

消灭剥削作为自己的毕生奋斗目标,但马克思早期对私有财产的批判还停留在形式上。如在《1844 年经济学哲学手稿》中,马克思只是对私有财产和异化劳动现象进行了批判,意识到"私有财产是外化劳动即工人对自然界和对自身的外在关系的产物、结果和必然后果"①,并没有对二者之间的关系进行充分阐述,也没能对资本家如何占有这种外化劳动并将其变为私有财产等问题做出相应的回答。随着资本主义经济危机的爆发,马克思将目光投向资本主义制度,并开始对"私有财产神圣不可侵犯"这一资本主义制度的最根本信念产生了质疑。带着疑问,马克思在《1857 年的政治经济学批判》中重点研究了生产方式下的生产、消费、分配、交换的一般过程,以及剩余价值产生的过程,找到了资本主义条件下的抽象劳动,并形成了对私有财产批判的丰富成果。这些成果成为《资本论》写作的研究材料。

为了让无产阶级弄懂资本主义生产的秘密,看清资产阶级各种意识形态的虚假特征,指导无产阶级自觉地进行革命的实践,马克思在《资本论》中对资本主义社会的基本结构和人类历史发展的基本规律进行了分析。

第一,分析了资本主义的基本矛盾,揭示了人类历史发展的基本规律。在《资本论》中,马克思从商品分析开始,通过对商品交换过程的分析,揭示了商品内部包含着使用价值与交换价值的矛盾。商品的这种两重性根源于生产商品的劳动的两重性,即具体劳动与抽象劳动的矛盾。所谓抽象劳动,是指在劳动中,人作为一种自然力与自然物质相对立;所谓具体劳动,是人的力量在某种由特殊目的决定的生产形式上的耗费,是抽象的自然力的表现形式。在劳动产品向商品的转化过程中,生产商品的劳动开始分裂为具体劳动和抽象劳动,"劳动产品分裂为使用对象和价值对象,实际上在交换已经相当广泛和重要的时候开始扩大"②。生产商品的劳动,

---

① 《马克思恩格斯选集》第一卷,人民出版社 2012 年版,第 60 页。
② 《马克思恩格斯全集》第四十九卷,人民出版社 1982 年版,第 188 页。

一方面必须是能够创造价值的有用劳动,另一方面,每一种有用的私人劳动被看作与其他一切种类的有用劳动相等,从而"它们的实际差别已被抽去,它们已被化成它们作为人类劳动力的耗费、作为抽象的人类劳动所具有的共同性质"①。抽象劳动和具体劳动是同一劳动过程的二重表现,而不是两个劳动过程的简单相加。

把生产商品的各种劳动进行抽象,商品也分裂为使用价值和价值的二重性。"一切劳动,从一方面看,是人类劳动力在生理学意义上的耗费;作为相同的或抽象的人类劳动,它形成商品价值。一切劳动,从另一方面看,是人类劳动力在特殊的有一定目的的形式上的耗费;作为具体的有用劳动,它生产使用价值。"②商品作为使用价值,它是"靠自己的属性来满足人的某种需要的物";商品作为交换价值,"只是无差别的人类劳动的单纯凝结,即不管以哪种形式进行的人类劳动力耗费的单纯凝结"③,表示"在它们的生产上耗费了人类劳动力,积累了人类劳动"④。从商品的交换价值上看,把劳动产品表现为只是无差别人类劳动的凝结物的一般价值形式通过自身的结构表明,它是商品世界的社会表现。"作为使用价值,商品首先有质的差别;作为交换价值,商品只能有量的差别,因而不包含任何一个使用价值的原子。"⑤一方面,使用价值是交换价值和价值的物质承担者,是价值存在的不可或缺的前提和载体;另一方面,商品是用来交换的劳动产品,没有劳动,就没有产品,没有产品的使用价值。商品的使用价值是劳动的目的和结果、始点和终点,它不能脱离劳动而形成,也就是劳动产品的使用价值不能脱离劳动、脱离价值而形成。"可见,每个商品的使用价值

① 《马克思恩格斯选集》第二卷,人民出版社 2012 年版,第 124 页。
② 《马克思恩格斯全集》第二十三卷,人民出版社 1972 年版,第 60 页。
③ 《马克思恩格斯选集》第二卷,人民出版社 2012 年版,第 98–99 页。
④ 《马克思恩格斯选集》第二卷,人民出版社 2012 年版,第 99 页。
⑤ 《马克思恩格斯选集》第二卷,人民出版社 2012 年版,第 98 页。

都包含着一定的有目的的生产活动,或有用劳动。"①

马克思把资本主义社会的经济细胞商品从它的物质形态即使用价值中分解出价值,也就是凝结在商品中无差别的劳动,又从劳动这一基本的人的实践活动出发,指出无产阶级向资产阶级出卖的是劳动力,而不是劳动。工人在必要劳动时间创造了等于自身劳动力的价值,而剩余劳动时间创造了被资本家无偿占有的价值,当工人的劳动时间超过必要劳动时间时,价值形成便转化为价值增殖,剩余价值也就生产出来了。资本家为了高额利润疯狂剥削工人的剩余价值,工人为了获取工资进行非人的劳动。"在资本主义制度内部,一切提高社会劳动生产力的方法都是靠牺牲工人个人来实现的;一切发展生产的手段都变为统治和剥削生产者的手段,都使工人畸形发展,成为局部的人,把工人贬低为机器的附属品,使工人受劳动的折磨,从而使劳动失去内容,并且随着科学作为独立的力量被并入劳动过程而使劳动过程的智力与工人相异化。"②资本家和工人由此纷纷成为物的附属物:前者是为了剩余价值,把自己当目的;后者是为了生存,把自己当手段。随着剩余价值无止境地追求和膨胀,生产的社会化和生产资料私人占有这个资本主义社会的基本矛盾也日益激化,在这一基本矛盾的作用下,无产阶级和资产阶级的阶级矛盾日趋尖锐,社会主义公有制代替资本主义私有制将是时代的要求和历史的必然。不仅如此,剩余价值学说还阐明了无产阶级的历史使命及其根本利益实现的途径,说明在资本主义制度下,无产阶级是社会物质财富和精神财富的创造者。资本家占有了全部生产资料,无产阶级却一无所有,他们不得不为自己的生存而拼命工作。他们虽然有不受雇于个别资本家的自由,最终还是要把自己作为劳动力出卖给整个资产阶级。因此,无产阶级和资产阶级的矛盾是对抗性的、不可调和的。两大阶级在经济上的根本对立,必然使他们之间产生激烈的阶级

---

① 《马克思恩格斯选集》第二卷,人民出版社 2012 年版,第 102 页。
② 《马克思恩格斯选集》第二卷,人民出版社 2012 年版,第 289 页。

斗争。既然资产阶级作为一个整体共同剥削和压迫无产阶级,无产阶级必须联合起来,彻底推翻资产阶级的统治,消灭整个雇佣劳动制度,才能获得彻底解放。

第二,分析了社会历史发展的基本过程,提出了"以每个人的全面而自由的发展"的基本原则。马克思把人的历史发展表述为三大阶段:"人的依赖关系"的阶段,即最初的自然经济的社会形态;"以物的依赖性为基础的人的独立性"的阶段,即商品经济及市场经济的时代;"建立在个人全面发展和他们共同的社会生产能力成为他们的社会财富这一基础上的自由个性"阶段,即自由人的联合体。这三大阶段构成人类解放的历史过程,同时也是社会发展的基本过程。马克思指出,资本主义市场经济所形成的"以物的依赖性为基础的人的独立性"尖锐地暴露出人的"异化"状态,也为人类走出这种"异化"状态提供了前提条件。无产阶级要真正实现人类解放,就必须让人们从"对物的依赖性"中解放出来,使人们彻底摆脱异化,摆脱物对人的束缚,使物的独立性成为人的独立性,人的劳动成为自由的选择。从这个意义上说,"劳动的解放就是人类的解放"。马克思的"劳动解放"与马克思关于人的本质及其实现的理论是相统一的。马克思认为,人的解放就是人的本质的解放,而人的本质是在一定社会关系中的现实劳动。马克思、恩格斯还通过对人的"劳动解放"的研究,对资本主义的生产关系、资本主义工场手工业、机器大工业中的旧分工以及与旧的分工相适应的片面教育等都进行了无情的批判,进而提出了个人自由而全面发展的伟大理想。

第三,《资本论》对资本主义政治经济学研究进行了深刻的揭露和分析,为人类解放路径的探讨提供了科学的方法。科学的方法是马克思全部思想遗产中活的灵魂。正如恩格斯所指出的:"马克思对于政治经济学的批判就是以这个方法做基础的,这个方法的制定,在我们看来是一个其意

义不亚于唯物主义基本观点的成果。"①在《资本论》中马克思的科学方法
得到了完整的体现。

马克思批判地吸收了古典政治经济学和庸俗政治经济这两个资本主
义经济学的研究方法,在对资本主义基本矛盾分析的基础上形成了自己的
辩证研究方法。在《资本论》第二版跋中马克思指出了这一方法的实质:
"辩证法在对现存事物的肯定的理解中同时包含对现存事物的否定的理
解,即对现存事物的必然灭亡的理解;辩证法对每一种既成的形式都是从
不断的运动中,因而也是从它的暂时性的方面去理解;辩证法不崇拜任何
东西,按其本质来说,它是批判的和革命的。"遵循这样的辩证研究方法,
马克思在《资本论》中对资本主义现实的复杂矛盾进行了剖析,用历史生
成的视野对资本主义时期无产阶级贫困的内在根源进行了无情的揭露并
通过对资本主义现实这一"人体"的深刻解剖,发现了人类社会发展规律
的钥匙,从而找到了人类解放的科学路径。

一是对"抽象性"统治人的批判是《资本论》及其经济学手稿的理论主
题。在马克思看来,虽然古典政治经济学家对资本主义生产方式的揭示和
商品二重性的研究等领域上具有一定的合理性,但他们都未能真正揭露资
本主义生产的实质。亚当·斯密首次把价值区分为使用价值和交换价值,
这一研究思路具有开创性意义。在亚当·斯密看来,价值分为交换价值和
使用价值,交换价值不是由货物的效用即使用价值决定。一般而言,具有
很大使用价值的东西往往具有极小甚至没有交换价值,具有很大交换价值
的东西却具有极小甚至没有使用价值。这一思想具有一定的科学性,斯密
对价值问题的提出,反映了经济学的研究在其从具体到抽象的过程中跨出
了决定性的一步。李嘉图则把价值形式看成一种完全无关紧要的东西或
在商品本性之外天然存在的东西,他从来没有提出或说明价值为什么要表
现为交换价值,更加无法理解价值形式是如何发展为货币形式、资本形式

---

① 《马克思恩格斯文集》第二卷,人民出版社 2009 年版,第 603 页。

的。在他那里,各种经济范畴没有任何的历史变动性,资本主义的各种范畴从人类社会一开始就存在。例如,在他的劳动价值学说中谈到"资本"条件下的价值决定时,将资本解说为间接的物化劳动了,并非资本的全部都是来自劳动的,所以这实际上离开了他当初的劳动价值原理,因而李嘉图的经济学理论只是空洞的议论和抽象的规定。

马克思在《〈政治经济学批判〉导言》中总结了古典经济学从具体到抽象和从抽象到具体的历史上两种发展历程。马克思指出:"比较简单的范畴可以表现一个比较不发展的整体的处于支配地位的关系或者一个比较发展的整体的从属关系,这些关系在整体向着以一个比较具体的范畴表现出来的方面发展之前,在历史上已经存在。在这个限度内,从最简单上升到复杂这个抽象思维的进程符合现实的历史过程。"①从简单的抽象范畴上升到具体的范畴,用前面已经阐明的抽象的规定性去解释后面尚待阐明的比较具体的规定性,再用这个已经阐明的比较具体的规定性去解释后面尚待阐明的更为具体的规定性,依此循序渐进,直到说明所应考察的具体总体,这便是马克思在《资本论》中遵循的辩证研究方法。

二是马克思批判了庸俗政治经济家只浮于资本主义生产方式的表面的研究方式,指出这些理论家的本质目的就是极力维护资产阶级利益,把资本主义制度永恒化。"庸俗经济学家——应该把他们同我们所批判的经济学研究者严格区分开来——实际上只是[用政治经济学的语言]翻译了受资本主义生产束缚的资本主义生产承担者的观念、动机等等,在这些观念和动机中,资本主义生产仅仅在其外观上反映出来。他们把这些观念、动机翻译成学理主义的语言,但是他们是从[社会的]统治部分即资本家的立场出发的,因此他们的论述不是朴素的和客观的,而是辩护论的。"②

① 《马克思恩格斯选集》第二卷,人民出版社 2012 年版,第 702 页。
② 《马克思恩格斯全集》第二十六卷第三册,人民出版社 1974 年版,第 499 页。

马克思指出,庸俗经济学家们最大的特点就是只注重研究资本主义生产关系的外表,什么对他们有利,他们就说什么是真理,这就丢掉了社会关系的历史形式,把本来是资本主义特定历史形式的经济现象当作一切人类社会都相同的历史形态。例如,在"三位一体"公式中,萨伊抽掉了生产关系,没有看到资本、大土地所有权、雇佣劳动是生产资料、土地所有权、劳动的资本主义历史形式。庸俗经济学家们的另一个普遍特点,就是从古典经济学家那里抛弃了合理成分,只将其错误观点加以继承发展。被庸俗资产阶级学者尊称为亚当·斯密"伟大继承者"的萨伊,不仅把使用价值和价值混为一谈,而且认为使用价值决定价值。马尔萨斯沿袭了斯密的混淆劳动的价值和劳动量的错误,否认劳动创造价值,在商品二因素理论上陷入混乱;极力否认劳动二重性原理,混淆了价值形式,歪曲了价值规律。马克思指出,这些浮于表面的研究只是一些对立原则和对立观点的大杂烩,是一些浅薄的简单化的现象的再生产,是为垄断资本主义效劳的修正主义和改良主义。"庸俗经济学无非是对实际的生产当事人的日常观念进行教学式的、或多或少教义式的翻译,把这些观念安排在某种有条理的秩序中。"[①]

如果说唯物史观是人类思想史的一场革命,那么《资本论》则是这场革命的延续和完成。《资本论》方向上的变革使马克思的理论研究不再关心近代哲学所非常注重的形而上学问题,而是站在劳动人民的立场,坚持唯物史观,客观、辩证地看待古典经济学和庸俗经济学,深刻剖析了资本主义经济的生产、流通过程,创立了科学的劳动价值论,并以此为基础建立了马克思主义政治经济学的科学大厦。《资本论》方法上的变革就是马克思创造性地将哲学研究与经济学研究结合起来,使哲学走出了思辨的和玄学的魔障,使经济学走出了非历史、无批判的实证的形而上学基础。正是运用这样的辩证方法,马克思在《资本论》中对资本主义现实的复杂矛盾进

---

① 《马克思恩格斯文集》第七卷,人民出版社2009年版,第941页。

行了分析,用历史生成的视野对资本主义时期无产阶级贫困的内在根源进行了无情地揭露并通过对资本主义现实这一"人体"的深刻解剖,发现了人类社会发展规律的钥匙,找到了人类解放的科学路径。正如阿尔都塞所说:"毫无疑问,我们都读过《资本论》,而且仍在继续阅读这部著作。近一个世纪以来,我们每天都可以透过人类历史的灾难和理想,论战和冲突,透过我们唯一的希望和命运所系的工人运动的失败和胜利,十分清楚地阅读它。可以说,自从我们'来到这个世纪',我们从未停止透过那些为我们阅读《资本论》的人的著作和演说来阅读《资本论》。"①

三、《法兰西内战》:在实践中肯定人民群众的作用

1871 年的法国巴黎无产阶级起义,推翻了资产阶级的统治,建立了人类历史上第一个无产阶级政权——巴黎公社。然而巴黎公社仅存在 62 天就被法国资产阶级残酷镇压,马克思却对这场起义给予高度的关注和赞扬。1872 年马克思在《巴黎公社一周年纪念大会决议》中指出,巴黎公社"是把人类从解决社会中永远解放出来的伟大的社会革命的曙光"②。马克思认为,巴黎公社的中央委员会全体成员们代表工人阶级掌握政权,他们为了工人阶级的利益而工作,是广大无产阶级利益的代表。中央委员的委员们是经过普选产生的代表,他们不是与无产阶级相对立的阶级,而是"为了服务于组织在公社里的人民"。公社存在的意义就在于实现了人民当家作主,保证了人民在社会中的主人公地位,人们可以为了自己的利益牢牢掌握自己的社会生活。

首先,经济上要实现人民群众的利益。马克思认为,真正的无产阶级领导下的人民民主应当时刻维护最广大人民群众的利益。公社在经济上

---

① [法]路易·阿尔都塞、艾蒂安·巴里巴尔:《读〈资本论〉》,李其庆、冯文光译,中央编译出版社 2001 年版,第 1 页。

② 《马克思恩格斯全集》第十八卷,人民出版社 1964 年版,第 61 页。

出台了一些具体措施,例如,杜绝浪费以减轻农民负担,没收逃亡资本家的工厂交给工人生产合作社管理,禁止面包工人做夜工,禁止利用各种借口征收工人的罚金、克扣工人的工资,对铁路和军需生产进行监督等,不仅改变了资本主义性质,而且有效维护了人民群众的利益。马克思对这些限制资本主义剥削的具体措施给予了高度评价,并欣喜地指出,公社是建立在农民的切身利益和实际需要的基础上,"是唯一在目前经济条件下能立即给农民带来莫大好处的政权"①,也是"能够一方面拯救他们免于地主的剥夺,另一方面使他们不至于为了所有权的名义而遭受压榨、苦役和贫困的煎熬"②,因此是获得劳动果实和实际所有权的唯一政权形式。马克思认为,公社懂得利用专政的手段来实现自身的利益,这使劳动摆脱资本的束缚和剥削,实现真正人类解放的萌芽,向解除奴役的锁链和剥削阶级性质的方向迈出了一大步。

其次,政治上要尊重人民群众的权利。马克思认为,权力要体现出人民的意愿,保障人民的权利,必须由人民群众自己掌握和使用。为此,马克思在《法兰西内战》中提出社会公仆应该产生于人民之中,由人民自己进行选举、监督和罢免,充分尊重人民群众在无产阶级政权建设过程中的伟大作用,这是马克思主义群众观在现实中的深刻反映和实际运用。

第一,社会公仆必须由人民选举产生。无产阶级政权的建立需要依靠人民群众来完成。资产阶级掌握着资产阶级的国家政权,而巴黎公社中社会公仆的职务是由工人来担当的,这些人民的公仆为公社里的所有人服务。社会公仆由人民选举产生,这些公仆扎根在群众中,依靠群众,倾听群众的声音,为人民群众负责。"公社是由巴黎各区通过普选选出的市政委员组成的……其中大多数自然都是工人或公认的工人阶级代表。"③第二,

① 《马克思恩格斯选集》第三卷,人民出版社2012年版,第147页。
② 《马克思恩格斯选集》第三卷,人民出版社2012年版,第147页。
③ 《马克思恩格斯选集》第三卷,人民出版社2012年版,第98页。

选举产生的社会公仆必须接受人民监督。人民群众的监督是确保无产阶级政权性质的根本。巴黎公社不仅强调人民群众的选举权,而且提出人民群众对社会公仆具有监督权。马克思在总结巴黎公社经验时指出,巴黎公社"彻底清除了国家等级制,以随时可以罢免的勤务员来代替骑在人民头上作威作福的老爷们,以真正的负责制来代替虚伪的责任制,因为这些勤务员总是在公众监督之下进行工作的"①。第三,对于不合格的公仆人民群众有权进行罢免。"公社是由巴黎各区通过普选选出的市政委员组成。这些委员对选民负责,随时可以罢免。"②第四,人民群众对政权实行自治。"公社的伟大社会措施就是它本身的存在和工作。它所采取的各项具体措施,只能显示出走向属于人民、由人民掌权的政府的趋势。"③

最后,文化上要提高人民群众的素质。马克思主义群众观确认了人的主体地位,而要真正实现人的主体地位,需要提高人的素质,使人的本性能够得到充分自由的发展。巴黎公社实行教育向全民开放,实施免费教育,并宣布教会与国家分离,从一切公立学校中取消宗教教育。这一举措马克思十分赞赏,教育不受教会和国家的干涉,使人民群众精神上的压迫力量被彻底摧毁,教育真正成为人民群众生活的一部分,这也是对人民群众权利的充分尊重。"科学不仅成为人人有份的东西,而且也摆脱掉政府压制和阶级偏见的桎梏。"④

马克思认为,巴黎公社把资产阶级国家这个"统治社会、压制社会的力量变成社会本身的充满生气德力量"⑤,把资产阶级国家这个"集权化的、组织起来的、窃据社会主人地位而不是为社会做公仆的政府权力打

---

① 《马克思恩格斯选集》第三卷,人民出版社 2012 年版,第 141 页。
② 《马克思恩格斯选集》第三卷,人民出版社 2012 年版,第 98 页。
③ 《马克思恩格斯选集》第三卷,人民出版社 2012 年版,第 107 页。
④ 《马克思恩格斯选集》第三卷,人民出版社 2012 年版,第 168 页。
⑤ 《马克思恩格斯选集》第三卷,人民出版社 2012 年版,第 140 页。

碎"①，"把靠社会供养而又阻碍社会自由发展的国家这个寄生赘瘤迄今所夺去的一切力量，归还给社会机体"②。巴黎公社就是"人民群众把国家政权重新收回，他们组成自己的力量去代替压迫他们的有组织的力量；这是人民群众获得社会解放的政治形式，这种政治形式代替了被人民群众的敌人用来压迫他们的假托的社会力量（即被人民群众德压迫者所篡夺德力量）。"③恩格斯也指出，巴黎公社所采取的这些措施，能可靠地"防止国家和国家机关由社会公仆变为社会主人"④，"也能可靠地防止人们去追求升官发财"⑤。

马克思对待巴黎公社革命群众的态度，正如列宁所说："一旦群众举行了起义，马克思就愿意同他们一起前进，同他们一起在斗争过程中学习，而不是打官腔，教训他们。他懂得，谁想事先绝对确切地估计成功的机会，谁就是有意欺骗，或者是不可救药的书呆子。他最重视的是工人阶级英勇地奋不顾身地积极地创造世界历史。"⑥资产阶级国家虽然在历史上起过进步作用，也曾属于人民群众，但随着社会的发展，它变得越来越不合理、越来越非人性化。"国家政权在性质上也越来越变成了资本借以压迫劳动的全国政权，变成了为进行社会奴役而组织起来的社会力量，变成了阶级专制的机器。"⑦资产阶级在发展过程中已经从争取摆脱封建制度的阶级走向资本奴役的阶级，脱离了人民群众的队伍，并最终会被历史唾弃。正因为如此，马克思强调无产阶级要获得经济、劳动、精神上的解放就"必须先建立无产阶级专政，其首要条件就是无产阶级的大军。工人阶级必须

① 《马克思恩格斯选集》第三卷，人民出版社 2012 年版，第 139 页。
② 《马克思恩格斯选集》第三卷，人民出版社 2012 年版，第 101 页。
③ 《马克思恩格斯选集》第三卷，人民出版社 2012 年版，第 140 页。
④ 《马克思恩格斯选集》第三卷，人民出版社 2012 年版，第 55 页。
⑤ 《马克思恩格斯选集》第三卷，人民出版社 2012 年版，第 55 页。
⑥ 《列宁专题文集　论马克思主义》，人民出版社 2009 年版，第 111 页。
⑦ 《马克思恩格斯选集》第三卷，人民出版社 2012 年版，第 96 页。

在战场上赢得自身解放的权利。国际的任务就是为迎接即将到来的斗争，把工人阶级的力量组织并联合起来"①。这表明，只有依靠人民群众自己，实现国家政权人民化，无产阶级才能最终赢得解放。

巴黎公社起义运动是富有历史首创精神的无产阶级自我解放的实践，体现了广大劳动群众的革命实践性，是马克思群众观的实际运用，也为马克思群众观理论的深化提供了新鲜经验。

四、《哥达纲领批判》：对未来共产主义的设定

《哥达纲领批判》是马克思于 1875 年 4 月至 5 月对《德国工人党纲领》所做的批注。在《哥达纲领批判》中，马克思站在共产主义的高度，深刻批判了资产阶级的虚伪人权，彻底揭露了无产阶级受苦受难的根源，对未来共产主义提出了设想。

首先，马克思在对拉萨尔所谓的基于劳动的公平分配的"平等的权利"进行了批判。马克思认为，"按劳分配"所通行的原则仍然是等价交换的原则，人们通过自己的劳动获取相应的报酬，是一定量的劳动和另一种形式的同量劳动的商品所作的交换。这种平等权利是资产阶级法权，因为它默认不同等的工作能力是天然特权。"生产者的权利是同他们提供的劳动成比例的；平等就在于以同一尺度——劳动——来计量。"②然而这种以所谓的平等的权利标准去衡量不同的劳动个体存在着不合理的地方。人与人之间存在着体力、脑力等先天性方面的差别，这些差别决定人的能力各不相同。当一个人在体力或者智力上优越于其他人时，他会在相同的单位时间比其他人完成更多的工作任务。当我们用"劳动"去度量一个人的能力时，就会发现这种平等的权利产生出一个不平等的结果。因此，单

---

① 《马克思恩格斯选集》第三卷，人民出版社 2012 年版，第 1006 页。
② 《马克思恩格斯选集》第三卷，人民出版社 2012 年版，第 364 页。

单以劳动来评价平等,只能是"像一切权利一样是一种不平等的权利"①。这种形式上的平等掩盖事实上的不平等,正好是资产阶级法权的特征。

马克思认为,现行的经济运行过程是由生产、交换、分配、消费等诸多环节构成的统一整体,各个环节之间相互联系、互相制约,其中生产是具有决定性的因素。不但分配关系由生产关系决定,分配结构也由生产结构决定,"分配的结构完全决定于生产的结构。分配本身是生产的产物,不仅就对象说是如此,而且就形式说也是如此。就对象说,能分配的只是生产的成果,就形式说,参与生产的一定方式决定分配的特殊形式,决定参与分配的形式。把土地放在生产上来谈,把地租放在分配上来谈,等等,这完全是幻觉"②。在《哥达纲领批判》中,马克思提出了关于个人收入分配的著名论断:"消费资料的任何一种分配,都不过是生产条件本身分配的结果;而生产条件的分配,则表现生产方式本身的性质。"③如果说分配由生产决定,那么研究"平等"和"正义"就绝不能局限于分配的范围内,必须在更为根本和基础的层次上展开——探究生产关系和生产方式。这一研究方式同样适用于权利,"权利决不能超出社会的经济结构以及由经济结构制约的社会的文化发展"④。

其次,马克思通过对经济结构运行的分析,指出生产资料所有制是一切生产关系的基础。社会的性质和社会各阶级的经济状况和政治地位归根结底取决于生产资料归谁所有。拉萨尔认为资本主义社会的问题主要是生活资料分配不公平的问题,如果人们按照"公平分配"的方式来获取相应的报酬,就可以解决资本主义的矛盾,步入社会主义这一历史阶段。

马克思批判地揭露:"一个除自己的劳动力以外没有任何其他财产的

① 《马克思恩格斯文集》第三卷,人民出版社2012年版,第364页。
② 《马克思恩格斯选集》第二卷,人民出版社2012年版,第695页。
③ 《马克思恩格斯选集》第三卷,人民出版社2012年版,第365页。
④ 《马克思恩格斯选集》第三卷,人民出版社2012年版,第364页。

人,在任何社会的和文化的状态中,都不得不为另一些已经成了劳动的物质条件的所有者的人做奴隶。"①在资本主义社会里,资本家占有一切生产资料,通过剥削工人的剩余劳动获取社会财富,并且把剥削来的资本积累起来,奴役和剥削更多的工人。由于工人不占有任何生产资料,他们通过辛苦劳动创造的社会财富绝大部分被资本家强占去,自己只能得到少量维持生计的劳动报酬。可见,生产资料资本主义私有制是造成无产阶级受剥削、受压迫的根源。无产阶级要获得解放,就必须铲除资本主义私有制,获取生产资料,获得经济上的主动。"在现今的资本主义社会中怎样最终创造了物质的和其他的条件,使工人能够并且不得不铲除这个历史祸害。"②

最后,马克思、恩格斯根据欧美资本主义的发展和工人运动的经验,指出从资本主义社会转变为共产主义社会需要经历一个过渡时期即无产阶级专政。拉萨尔认为,工人一旦在资本主义社会里取得普选权,就可以使用这个权利把代表自己利益的工人代表们选进议会,从而凭借人数上的优势争取到国家预算拨款,帮助工人建立生产合作社,实现社会主义。对于这一设想,马克思嘲笑道,"靠国家贷款能够建设一个新社会,就像能够建设一条新铁路一样"③这一想法过于简单。为了维护地主资产阶级的统治,拉萨尔设想了"国家社会主义"这一幼稚的说辞用以麻痹无产阶级和劳动人民,使无产阶级放弃暴力革命。资产阶级革命只是用一种私有制代替另一种私有制,用一种剥削阶级专政代替另一种剥削阶级专政。他们之所以不断提起古代的英雄,制造英雄精神和神圣气氛,其目的是动员广大人民群众为他们狭隘的阶级利益服务。一旦资产阶级统治建立起来,资产阶级的政治家和思想家就会立马抛开所谓的英雄神灵,建立起属于自己的资产阶级思想和精神。凭借思想上的麻醉,资产阶级对无产阶级的统治和

---

① 《马克思恩格斯全集》第二十五卷,人民出版社 2001 年版,第 8—11 页。
② 《马克思恩格斯选集》第三卷,人民出版社 2012 年版,第 359 页。
③ 《马克思恩格斯全集》第二十五卷,人民出版社 2001 年版,第 26 页。

剥削便可以继续下去,资产阶级和无产阶级之间的矛盾冲突也便无间断的持续下去。

　　资本主义私有制的存在决定了资产阶级和无产阶级的对立,只要私有制一天不消除,资产阶级和无产阶级的斗争就一天不会消停,资本家对工人的剥削就一刻不会停止。资本主义社会的国家就是资产阶级对无产阶级的专政。要消灭剥削、消灭阶级,建立共产主义,无产阶级就要建立自己的政权,实现无产阶级专政。只有在无产阶级专政的国家里,劳动才能成为一种自由的选择,而不再仅作为谋生的手段成为人生存的第一需要,人的自由全面的发展才能得以实现。资产阶级的"平等的权利"最终被超越,真正实现人的平等。

　　马克思群众观在理论与实践的结合中不断发展和完善,不仅形成了系统的理论,指导着无产阶级革命运动,而且在革命过程中吸取经验和教训,丰富着群众观的内容。从人民群众的现实角度出发,论证了其毕生的理论指向——未来共产主义实现的可能。

第四章 | 马克思群众观的基本内容

第一节　马克思群众观的理论框架

一、人民群众的实践活动是马克思群众观的出发点

人民群众的实践活动是理解马克思主义群众观的根本前提,无论是群众现实面临的生存困境还是人民群众最终摆脱现实的异化的生存境遇,本质上都是人民群众主体实践的自我生成和自我扬弃的过程。马克思群众观是在批判了只是抽象的发展主体性的近代唯心主义尤其是黑格尔的唯心主义哲学和不从主体方面去理解对象的费尔巴哈等形而上学唯物主义的基础上,阐述了主体是实践着的主体,实践是人民群众主体的实践辩证关系。正是以实践的主体和主体的实践为理论的出发点,马克思将唯物主义与辩证法有机结合起来,创立了能动的革命的唯物史观,从而建构了马克思群众观的理论框架。

实践作为一种社会现象,早就引起了哲学家的注意。古希腊哲学家苏格拉底曾说:"只要一息尚存,我永不停止哲学的实践。"亚里士多德也认

为实践是包括了完成目的在内的活动。康德则正式把实践概念引入哲学中,提出"实践理性"和"理论理性"的概念。然而,在马克思唯物史观产生以前,无论是唯物主义哲学还是唯心主义哲学,都不能理解实践批判活动的意义,不理解人类实践活动的本质,其原因就在于不能全面而深刻地把握实践的内在矛盾。马克思从现实的人出发,从"从事活动的,进行物质生产的,因而是在一定的物质的、不受他们任意支配的界限、前提和条件下活动着的"①人出发,指出实践是人所特有的对象化活动。

有人的存在,就有生产,进行生产就必然产生人之间的物质联系即社会关系,形成人民群众这样一个历史范畴。"任何历史观的第一件事情就是必须注意上述基本事实的全部意义和全部范围,并给予应有的重视。"②实践是人与外部自然之间的一种客观的关系,也是一种物质性的否定性关系。首先,这种否定性关系生发的主客体关系是在人的实践活动中生成的。实践活动的主体与主体之外的客体都是在实践中生成的。自然界作为先于人类的存在,其直接的存在形态是不完全合乎人的生存需要的,而是一个由人类的实践活动改造过的,并随着人的实践活动的发展而发展的感性世界。在实践中人总是以自己的需要作为目的确立自己能动活动的起点、归宿和尺度,并力图使对象按照人的目的同他发生"为我"的关系,从而形成实践中的主客体关系。因此,人们对自己周围这个感性世界不仅要从客体方面去理解,而且要"从主体方面去理解",当作实践去理解。也就是说,人并不是天生地或自然地直接就是主体,主体是相对于实践中的客体而言的。人类要以人的方式生存,就必须以自己的物质性活动在一定程度上否定外部自然的直接存在形态,使之成为合乎人的目的的存在,成为人类存在的一种要素。这种表现人对于外部自然的物质性的否定性关系的实践,成为人类存在的本质,构成人类的基本的存在方式。一方面,实

---

① 《马克思恩格斯选集》第一卷,人民出版社 2012 年版,第 151 页。
② 《马克思恩格斯选集》第一卷,人民出版社 2012 年版,第 159 页。

践是人的有意识有目的的活动,实践活动受人的理性和意志的支配,体现出人对理性世界的追求;另一方面,实践是作为物质实体的人通过工具等物质手段同物质世界进行物质交换的客观过程。实践具有自主性和创造性,其自主性体现在人通过实践不仅能够认识自然规律,而且能够利用自然规律达到物为人用的目的;其创造性体现为人类可以通过实践创造出按照自然规律本身无法产生的事物。实践的自主性和创造性体现了人的主体性。当然,马克思并不认为外部对象世界的被改造就是一个实践的全程,在马克思看来,它只是实践过程的中途,在一个实践过程后将以此为中介又回到主体本身,产生出新的需要并以此作为下一次实践过程的新起点。也就是说,马克思把实践看作一个双向的过程,人在改造环境的同时也改变着自己的活动。"生产不仅为主体生产对象,而且也为对象生产主体","不仅在客体方面,而且在主体方面,都是生产所生产的"①。其次,对象、关系和环境也都是在人的实践活动中生成的。客观世界是人的实践活动的前提,然而外部世界并不会自动地成为人的认识对象。外部世界能否成为人的认识对象、生存关系和环境,取决于它能否进入人的实践视域。正是实践活动使自然界具有了对人来说的对象性关系。主体的实践活动不但形成了人与自然的对象性关系,主体的实践活动也证明了人与自然界都是感性的客观存在,确证了对象的属人性质,对象的客观存在不是天然的客观存在,而是属人关系的客观存在。就是说实践活动建立起人与自然的联系,不但使人在与自然的关系中成为主体,而且使人在物质生产实践中形成社会交往实践的主体,从而又为自己创造了一个社会系统。实践由人的活动引起,是人们在活动中与自然之间进行物质变换,对自然界进行改造的过程。在这个过程中,人之间必须进行活动交换,并结成一定的社会关系。而物质实践又是生产物质生活本身,制约着政治生活、精神生活、社会生活。实践不仅调整着人与自然的关系,也调整着主体的社会性结

---

① 《马克思恩格斯选集》第二卷,人民出版社 2012 年版,第 692 页。

构,使实践主体不断地超出自己的自然存在,把人与物之间的关系变成"为我而存在"的关系,从而确立了人对自然界的主体地位。在实践过程中,人把"物"的内容映射到自身中,同时又把自身的需要以目的的形式贯注到"物"的内容中,使观念的东西转化为物质的东西,使自在之物变成为我之物,使"物"成为从属于人的需要的存在,从而在人与物之间建立起一种新的、更高的、统一的关系,即"为我而存在"的关系。在这种关系中马克思始终把实践和主体联系在一起,马克思认为人既是历史的剧中人,也是历史的剧作者。具体来说,人不仅生活和活动于一定社会关系中,而且不断变革和创造自己的社会关系,也创造了自己的社会存在。实践是主体自身不断重建的活动,是环境的改变与人的自我改变相统一的活动。在《关于费尔巴哈的提纲》中,马克思指出:"环境的改变和人的活动或自我改变的一致,只能被看作是并合理地理解为革命的实践。"①这表明,出现在历史中的人不仅是一个被决定的存在,而且是一个创造性的存在。人是历史的主体,人的实践活动是历史的本体。人只能通过实践才能维持自己的存在。实践是一切社会关系产生的源泉,是全部社会生活的本质,是人的存在方式。

实践把人与物质世界联系起来,成为社会存在的基础。马克思在《1844年经济学哲学手稿》中指出,"全部社会生活在本质上是实践的"②。社会不仅是人们实践活动的产物,而且是继续向前发展的基础。社会通过人的实践活动进行有效的自我更新和发展,是一个人与人、人与自然的有机综合体。社会历史就是人的社会实践活动的展开,基础性的实践活动解决了人与自然的矛盾的物质生产实践活动,因此,人类历史在本质上也就是物质生活资料的生产方式的历史。在此意义上,马克思把历史理解为追求着自己目的的人的活动,是人的实践活动在时间上的展开,"整个所谓

---

① 《马克思恩格斯选集》第一卷,人民出版社2012年版,第134页。
② 《马克思恩格斯选集》第一卷,人民出版社2012年版,第135页。

世界历史不外是人通过人的劳动而诞生的过程,是自然界对人说来的生成
过程"①。实践活动是一个历史的过程,其基本的形式是劳动。可以说,作
为主体的人的劳动实践发展史不仅正确地说明了人和世界历史的生成,也
说明了人的现实生存际遇的真实前提。因此,实践概念是理解马克思唯物
史观的中心,也是马克思群众观的基础和出发点。

马克思群众观强调群众的实践活动,并以此为理论的出发点。在马克
思看来,只有通过群众的实践才能正确理解人类历史。"只要描绘出这个
能动的生活过程,历史就不再像那些本身还是抽象的经验主义者所认为的
那样,是一些僵死的事实的汇集,也不再像唯心主义者所认为的那样,是想
象的主体的想象活动。"②人民群众是社会发展的决定力量,是社会历史的
主体和创作者,他们在实践活动中创造着社会的财富,推动着社会历史的
发展。历史的规律就是人们活动的规律。马克思把现实的人和人的实践
活动并论,强调了人和自身活动的统一。

马克思群众观是把人们的生产活动即实践作为研究人类历史的前提
和基础,并在这个基础上去研究人民群众、人类历史、社会结构以及历史发
展的规律。以实践概念为基础去解决哲学的基本问题,去理解人与自然相
互作用的现实的历史过程,揭示了人的实践的本质和人类社会生活的实践
的本质,将唯物主义原则贯彻到社会历史领域。把实践理解为人类存在的
基本形式,历史过程的客观性质就被清楚地揭示出来。

二、扬弃异化是马克思群众观的中心线索

在马克思的整个思想体系中,异化理论处于一个重要的地位。马克思
一生的理论思考都贯穿着对异化问题的关注。马克思反对资本主义理论
的最重要的概念就是"异化",马克思以异化劳动为中心,分析了资本主义

---

① 《马克思恩格斯文集》第一卷,人民出版社 2009 年版,第 196 页。
② 《马克思恩格斯选集》第一卷,人民出版社 2012 年版,第 153 页。

条件下工人阶级日益贫困的生活状况,揭露了资本主义社会存在的各种异化现象,从异化劳动理论提出了人的本质异化思想。值得注意的是,马克思在对异化现象阐述时,并没有把异化看成是偶然的、反历史的,而是把它看成人的主体性实践的历史实在,或者说看成人作为社会历史性生存的必经阶段,正如马克思在《德意志意识形态》中所说,"共产主义对我们来说不是应当确立的状况,不是现实应当与之相适应的理想。我们所称为共产主义的是那种消灭现存状况的现实的运动。这个运动的条件是由现有的前提产生的"①。马克思把人的存在形式和生存方式看成是一个否定之否定的曲折发展的过程。在马克思看来,人的生存本来就是人在自己的对象性活动中自我生成和自我扬弃的过程。这就是说,人的异化的现实生存自身具有着自我批判和自我更新的革命本性和能力。马克思对异化问题的阐述透析出了资本主义生产方式的高度"异化性文明",同时在其高度发展的这一文明过程中锻造出克服其异化性的社会力量,即无产阶级这一实践主体。正是循着这样的思路,马克思得出了与唯心史观完全不同的唯物史观和群众观。

当跟随黑格尔并运用黑格尔的理性主义观点来审视现实和历史的时候,马克思无疑吸收了黑格尔的异化概念。黑格尔认为,异化包含有两层含义:其一是向对立面的转化。精神领域的辩证运动过程在黑格尔那里,就是把"自己变成他物、变成它自己的对象和扬弃这个他物的运动",即"先将自己予以异化,然后从这个异化中返回自身"②。这样,异化与对象化不是两个概念而是一个内在的关系,异化包含了对象化。其二是"绝对观念"外化为压迫性主体的力量,这种压迫力量使异化取得了这样的内容:主体通过实践活动创造出来的东西不能为自己所控制,相反成为压制自己的力量。费尔巴哈对黑格尔的异化思想进行了改造。他用异化来批

---

① 《马克思恩格斯选集》第一卷,人民出版社 2012 年版,第 166 页。
② [德]黑格尔:《精神现象学》,贺麟、王玖兴译,商务印书馆 1979 年版,第 23 页。

判宗教和上帝,指出上帝是由人的主观思想臆构出来的,是人的本质的异化。在他看来,人对上帝的构建来源于人自身的本质的认识,人用上帝创造了宗教,宗教反过来又控制和支配着人自身,对人的精神思想进行麻痹,成为控制自己的异己力量。

不过,马克思虽然使用了黑格尔的异化概念,但马克思对通过启蒙运动、宗教改革和青年黑格尔派对黑格尔哲学和宗教的进一步反抗和批判,已经揭穿了人在"神圣形象"中的自我异化并对黑格尔的异化理论进行了进一步的改造和提升。马克思把人的主体形象从宗教中剥离出来,使黑格尔的辩证法中那些虚幻的但是合理的因素获得了社会历史的现实性。异化在黑格尔那里只是精神"使自己变成他物"的辩证法,在马克思这里则成为资本主义社会现实"颠倒一切本质"的辩证法。马克思的历史辩证法所面临的主要任务,就是揭露和消解人使一切东西都变得不再是它本身。马克思的异化概念脱去了神秘的外衣,变成了人类活动中的具有辩证特性的社会现象,异化存在的本身就暗示着某种历史意义。历史运动的真实过程是人在社会中创造性的自我实现的辩证过程。人在实现自己的对象性本质的过程中发生了对象性本质的异化,然后通过扬弃这种异化来现实地占有自己的对象性本质。在《德意志意识形态》中,马克思指出"社会活动的这种固定化,我们本身的产物聚合为一种统治我们、不受我们控制、使我们的愿望不能实现并使我们的打算落空的物质力量……因为共同活动本身不是自愿的而是自然形成的,所以这种社会力量在这些个人看来就不是他们自身的联合力量,而是某种异己的、在他们之外的强制力量"①。在这里马克思所说的强制力量主要指的是个人共同活动所形成的社会力量与个人力量相敌对,与个人愿望相违背的现实状况。马克思在这时所使用的异化克服了"按照自己关于神、关于标准人等等观念来建立自己的关

---

① 《马克思恩格斯选集》第一卷,人民出版社 2012 年版,第 165 页。

系"①,因此它有着深刻的现实根基,即分工,而且它的产生及其存在也只能在分工或私有制的现实基础上来加以说明。这就与传统的异化概念划清了界限,然而,划清界限并不意味着对旧哲学的全盘否定,从根本上来说,划清指的是一种解释问题的思维范式的转换。马克思并没有抛弃异化概念,在批判继承黑格尔和费尔巴哈异化学说的基础上,马克思运用异化的辩证法所具有的批判性精神来分析资本主义制度。马克思以异化劳动为中心,提出了扬弃异化、实现共产主义和还原人的本质的必要性。马克思认为,生产力发展到一定阶段就会产生社会分工和剩余产品。社会分工导致人的异化,使人失去独立性,劳动者仅仅被看作劳动的自然条件。在《1844年经济学哲学手稿》中,马克思指出,在资本主义私有制条件下劳动发生了异化,主要体现为劳动与劳动产品的对立、劳动活动同劳动者的异化、劳动者同自身类本质的异化以及人与人自身的异化。马克思对劳动者所面临的四个方面的异化情况,深入到一个因资本的介入而致人于悲惨境地的现状。当异化渗透到全社会全人类,人的发展也出现了普遍的片面化,人与人的关系被物掩盖,人的活动目的片面化为对金钱的无限追求。"金钱是一切事物的普遍的、独立自在的价值。因此它剥夺了整个世界——人的世界和自然界——固有的价值。金钱是人的劳动和人的存在的同人相异化的本质;这种异己的本质统治了人,而人则向它顶礼膜拜。"②人的需求变成了单纯占有物的欲望,每个人都成为片面的人。在这种历史形态中,人和人的关系异化为物与物的关系,在这种社会形态中,"资本具有独立性和个性,而活动着的个人却没有独立性和个性。"③资本被赋予人性,同时也剥夺了人性。在《德意志意识形态》中,马克思力图从生产力和生产关系的关系冲突中寻找社会矛盾根源。马克思通过分析指

① 《马克思恩格斯文集》第一卷,人民出版社2009年版,第509页。
② 《马克思恩格斯文集》第一卷,人民出版社2009年版,第52页。
③ 《马克思恩格斯选集》第一卷,人民出版社2012年版,第415页。

出,分工和私有制是异化的根源。马克思认为,私有制条件下的私有财产不是真正的人的劳动创造的,而是异化劳动的产物,是工人们非自愿劳动的结果。"私有财产是外化劳动即工人对自然界和对自身的外在关系的产物、结果和必然后果。"①私有财产产生于劳动和资本的对立中。私有制是造成现代社会人的异化的直接根源。马克思指出,"私有制使我们变得如此愚蠢而片面,以致一个对象,只有当它为我们拥有的时候,也就是说,当它对我们说来作为资本而存在,或者它被我们直接占有,被我们吃、喝、穿、住等等的时候,简言之,在它被我们使用的时候,才是我们的"②。私有制的存在导致特殊利益与共同利益持续处于分裂状态;只要人们不是自愿进行社会分工,劳动就是一种异己的强制力量压迫着人,"那么人本身的活动对人来说就成为一种异己的、同他对立的力量,这种力量压迫着人,而不是人驾驭着这种力量"③。马克思从"人的自由自觉的活动"这一崇高视角和经济事实出发,从工人的现实劳动出发,发现了人的理性的自由自觉的劳动和工人的现实劳动之间有着巨大的反差。

既然资本主义私有制造成的异化现象是违反人的本性的,是人性的丧失,那么就必须彻底地加以扬弃。对劳动群众悲惨境遇的关心和关怀使马克思意识到,要扬弃异化,只能依靠广大的人民群众。马克思认为,尽管异化致人于悲惨境地,但异化同时也是一种人性丰富的力量,人性的丰富正是在这种异化的社会过程中被创造的同时,也在人的实践劳动中消灭着产生异化力量的本身。要扬弃私有财产的思想,有思想上的共产主义就完全够了。要扬弃现实的私有财产,则必须有现实的共产主义运动。这个过程一方面需要高度发达的生产力,另一方面需要通过联合起来的个人占有生产力的总和,消除私有制。"随着联合起来的个人对全部生产力的占有,

---

① 《马克思恩格斯选集》第一卷,人民出版社 2012 年版,第 60 页。
② 《马克思恩格斯全集》第三卷,人民出版社 2002 年版,第 303 页。
③ 《马克思恩格斯选集》第一卷,人民出版社 2012 年版,第 165 页。

私有制也就终结了。"①而这一过程实现的主体就是人民群众。人向全面性方向的发展不是人性的复归,也不是人的全面本质的失而复得,而是人民群众通过在生产实践中不断发展生产力,创造高度发达的社会生产力和全面的社会关系全面创造并占有自己的本质,通过社会全体成员合理运用自由时间实现自己的自由个性来实现的。扬弃异化成为马克思群众观的中心线索。

马克思关注群众的目的就是要让人民群众摆脱贫穷的生活境地,从异化状态中解放出来,实现人的自由。私有财产的扬弃与人的复归的过程最终体现在共产主义的现实运动中,实现的力量和途径就是人民群众,是人民群众联合起来占有和支配自由时间。"一方面,任何个人都不能把自己在生产劳动这个人类生存的必要条件中所应承担的部分推给别人;另一方面,生产劳动给每一个人提供全面发展和表现自己的全部能力即体能和智能的机会,这样,生产劳动就不再是奴役人的手段,而成了解放人的手段。"②联合起来的人民群众对自由时间的占有和支配,最终使劳动由人的谋生手段变为生活的目的,从而实现劳动意义上的革命性变化。这一革命性变化不仅能消除异化劳动,扬弃人的异化,而且使人民群众复归到自由发展的状态,摆脱贫穷落后、脱离被统治的地位和境遇。

三、实现全人类解放是马克思群众观的最终归宿

当马克思言说异化时,在理论逻辑上必然指向某种非异化状态,马克思相信历史运动的力量最终会把我们推到非异化的状态——共产主义的到来,共产主义意味着人的解放。马克思终生的理想,就是通过其批判的辩证法,在揭示资本逻辑的内在矛盾和发展的基础上,最终实现每个人的自由解放和全面发展。人的解放是马克思终生奋斗的目标,这个目标经历

---

① 《马克思恩格斯选集》第一卷,人民出版社 2012 年版,第 210 页。
② 《马克思恩格斯选集》第三卷,人民出版社 2012 年版,第 681 页。

了从信念到科学、从抽象到具体的深化过程,从为人类谋福祉的道德信念到对人的命运的客观探讨,再到人与世界的关系的总体把握,最后通过人民群众自身的发展,把人的解放归结为每个人在自由全面创造世界的活动中的自由全面发展。人的解放既不是人的单纯的主观愿望,也不是人与生俱来的自然命定。"'解放'是一种历史活动,不是思想活动,'解放'是由历史的关系,是由工业状况、商业状况、农业状况、交往状况促成的"①,并且是需要人加以认识、努力,为自己所认识并给予实现的可能性。

在马克思还是一个中学生的时候,他就选择了"最能为人类福利而劳动的职业"。在《论犹太人问题》中马克思就主张摆脱宗教的人类解放并开始关注和研究人类解放的实现方式。马克思指出:"只有当现实的个人把抽象的公民复归于自身,并且作为个人,在自己的经验生活、自己的个体劳动、自己的个体关系中间,成为类存在物的时候,只有当人认识到自身'固有的力量'是社会力量,并把这种力量组织起来因而不再把社会力量以政治力量的形式同自身分离的时候,只有到了那个时候,人的解放才能完成。"②人类解放就是要排斥异己力量,使人的本质力量得到自由发挥。虽然马克思相信人类的解放,但他并没有把希望寄托在上帝身上,而是寄托在人身上,特别是寄托在一个特定群体——无产阶级身上。在《〈黑格尔法哲学批判〉导言》中,马克思赋予了无产阶级以极高的历史使命,认为他们是克服市民社会、实现人类解放的唯一力量。无产阶级不是上帝所指派的,而是通过历史的现实运动形成的。在资本主义社会中,无产阶级畸形的生命状况是由整个社会制度促成的,他们在解放自己的同时也是在解放社会,而只有在彻底解放了整个社会的时候他们才能获取自由。因此,无产阶级自身的拯救与社会的拯救是一致的。在《黑格尔法哲学批判》和《〈黑格尔法哲学批判〉导言》中,马克思批判了黑格尔把国家与市民社会

---

① 《马克思恩格斯选集》第一卷,人民出版社 2012 年版,第 154 页。
② 《马克思恩格斯文集》第一卷,人民出版社 2009 年版,第 46 页。

颠倒和对立的关系,并进一步阐述了政治解放并没有克服市民社会,因为它对人的政治解放只是在市民社会领域中完成的。通过对黑格尔的这一颠倒关系的批判,马克思继续推进了从宗教解放到政治解放,再到人类解放的主题。马克思完整地论述了无产阶级为何需要解放、怎样获得解放以及如何走向全面自由发展的重大问题。

在《1844年经济学哲学手稿》中马克思以异化劳动理论展开了对市民社会的分析。通过对"经济事实"的分析,马克思得出了异化劳动是私有财产的本质的结论,"社会从私有财产等等解放出来、从奴役制解放出来,是通过工人解放这种政治形式来表现的,这并不是因为这里涉及的仅仅是工人的解放,而是因为工人的解放还包含普遍的人的解放"①。这就是说,整个人类奴役制包含在劳动者同生产的异化关系中,一切奴役制不过是异化关系的变形而已。共产主义人类摆脱异化,实现人性的复归的社会形态,是"人的解放和复原的一个现实的、对下一段历史发展来说是必然的环节。共产主义是最近将来的必然的形态和有效的原则"②。共产主义是人的解放和复归的一个现实的环节。

在《〈黑格尔法哲学批判〉导言》《神圣家族》中,马克思已经发现历史是人通过人的劳动而形成的过程,并指出历史的发源地是物质生产,是人类追求自己目的的活动。但是,生产方式本身如果运动,生产方式如何发展,则尚未解决。在《德意志意识形态》中,马克思深入到生产方式的内部结构,意识到生产方式包含着两个方面,即生产力和物质交往的形式;生产力决定生产关系,生产关系必须适应生产力发展的水平。马克思发现,生产力与交往形式的关系就是交往形式与个人活动的关系。人类历史上存在过的任何一种交往形式"起初是自主活动的条件,后来却变成了自主活动的桎梏,这些条件在整个历史发展过程中构成各种交往形式的相互联系

---

① 《马克思恩格斯选集》第一卷,人民出版社2012年版,第61页。
② 《马克思恩格斯文集》第一卷,人民出版社2009年版,第197页。

的序列,各种交往形式的联系就在于:已成为桎梏的旧交往形式被适应于比较发达的生产力,因而也适应于进步的个人自主活动方式的新交往形式所代替;新的交往形式又会成为桎梏,然后又为另一种交往形式所代替。由于这些条件在历史发展的每一阶段都是与同一时期的生产力的发展相适应的,所以它们的历史同时也是发展着的、由每一个新的一代承受下来的生产力的历史,从而也是个人本身力量发展的历史"①。因此,"一切历史冲突都根源于生产力和交往形式之间的矛盾"②。这个矛盾不断循环下去,不断采取新的形式,构成一个有联系的所有制序列:部落所有制、古代公社所有制和国家所有制,封建的或等价的所有制、资本主义所有制以及未来的共产主义所有制,因而呈现出历史连续性。生产力与交往形式、生产力与所有制形式矛盾运动的发现,使马克思基本上把握了人类社会历史发展的规律。只有从社会内部矛盾运动中消灭现存状况的现实运动,才能实现人对生产力的自由占有和支配。既然历史是个人本身力量发展的历史,要推翻一切旧的生产关系和交往关系的基础,就要实现联合起来的个人对全部生产力的占有,使人民群众作为有"个性的个人"确立下来。这样,马克思从科学的基础上奠定了共产主义理论,也表达了实现共产主义的力量和途径。

在《共产党宣言》中,马克思在分析和揭示了资产阶级的自我矛盾和发展趋势后,旗帜鲜明地号召全世界无产者联合起来,建立一个真正实现人的自由全面发展的社会制度:"代替那存在着阶级和阶级对立的资产阶级旧社会的,将是这样一个联合体,在那里,每个人的自由发展是一切人的自由发展的条件。"③

促进人的全面发展是社会主义社会的本质要求,共产主义社会则是

① 《马克思恩格斯选集》第一卷,人民出版社 2012 年版,第 204 页。
② 《马克思恩格斯选集》第一卷,人民出版社 2012 年版,第 196 页。
③ 《马克思恩格斯选集》第四卷,人民出版社 2012 年版,第 647 页。

"一个更高级的、以每一个个人的全面而自由的发展为基本原则的社会形式"①。如果说社会主义代替资本主义的必然性体现的是唯物史观的科学尺度,那么扬弃人的异化,实现人的全面而自由的发展则是唯物史观的价值尺度。马克思群众观旨在唤起人们自觉地投身于历史创造活动的行列,作为一种社会动员组织方法,旨在指明"人民群众"是一个整体力量。人民群众只有结合成为一个整体,进行共产主义革命,消灭私有制,才能推翻资产阶级的统治。只有成为自己的社会的主人,才能成为自然界的主人,成为自己本身的主人,最终完成创造历史的使命。

马克思毕生都在为无产阶级的解放事业奋斗,正如恩格斯所说:现代无产阶级的"解放事业",是马克思"毕生的使命",他"可能有过许多敌人,但未必有一个私敌"②。因此,他的理论着眼点、核心始终是围绕无产阶级的处境、使命和解放条件而展开的。在参与人民群众的劳动实践中,在加入无产阶级革命斗争过程中,马克思主义群众观实现了理论与实践的统一。因而,马克思主义群众观不是脱离群众的抽象历史哲学,不是脱离群众的狭隘实践哲学,不是脱离群众的书斋哲学,也不是"什么都行"的实用哲学,而是通过"群众的实践"来改变"群众的世界"从而实现"群众的解放"和人的解放的哲学。通过根本变革"群众的世界"来实现人的解放就必然成为马克思主义群众观的基本诉求,也必然成为马克思哲学的基本理论旨趣。无产阶级专政肩负着消灭私有制、消灭阶级、消灭国家等迄今为止一直主导了人类历史叙事的各种制度,推动人类社会进入完全解放的"自由人联合体"的任务。在这种联合体中,不仅"个人奴隶般地服从分工的情形已经消失"③,"集体财富的一切源泉都充分涌流"④,而且"任何人

---

① 《马克思恩格斯选集》第二卷,人民出版社 2012 年版,第 267 页。
② 《马克思恩格斯选集》第三卷,人民出版社 2012 年版,第 1004 页。
③ 《马克思恩格斯选集》第三卷,人民出版社 2012 年版,第 364-365 页。
④ 《马克思恩格斯选集》第三卷,人民出版社 2012 年版,第 365 页。

都没有特殊的活动范围……都可以在任何部门内发展",可以"随自己的兴趣今天干这事,明天干那事,上午打猎,下午捕鱼,傍晚从事畜牧,晚饭后从事批判",而不是"老是一个猎人、渔夫、牧人或批判者"①。这种对未来社会的蓝图构建代表了人们创造历史的理想归宿。

正是有了马克思对人民群众的关注,对劳动者境遇的研究,在无产阶级的革命实践中做的大量工作,才使得无产阶级人民群众逐渐意识到自身的"现在""自己的社会地位"和自身发展的"必然性",也使他们明白,自己才是创造历史的主体,人民群众的生产劳动和无产阶级的革命运动才是创造历史的过程,而实现共产主义社会则是人民群众创造历史的归宿。共产主义的实现最终将是人民群众创造历史的终极价值。

第二节 马克思对群众历史定位的论证

一、群众的阶级划分

人民群众并非铁板一块,而是按阶级划分的。由于利益、生活状况的不一致以及人民群众自身素质的差别,在人民群众这个大集体内部存在着矛盾的差别和斗争,这些矛盾和斗争决定了人民群众的步调并不总是一致。一方面,在阶级社会中,人民群众在不同的国家和不同的历史时期,有着不同的构成。例如,1848 年 6 月起义时,法国农民心目中的共和国就是四十五生丁税,而巴黎无产者在他们看来不过是"专靠他们出钱来逍遥享乐的浪费者",他们不仅没有站在革命的立场上,反而"构成了反革命方面的主力军"。另一方面,在同一个国家的同一个历史时期,也划分为不同

---

① 《马克思恩格斯选集》第一卷,人民出版社 2012 年版,第 165 页。

的阶级,例如在资本主义制度下,就有工人阶级、农民阶级和小资产阶级的区分,在农民中又分为贫民、中农和富农。这种区分是由人们的经济地位决定的,而不是任何人主观捏造的。因而,考察群众的阶级划分有助于更好的把握群众的内涵,正确掌握并运用马克思主义群众观。

(一)阶级是按照人们与生产资料占有关系来划分的

什么是阶级? 阶级划分的标准是什么? 这是分析阶级与群众的关系首先需要考察的一个问题。马克思认为,阶级的存在与生产的发展密切相关,阶级在实质上是一个经济范畴,是经济关系的人格化,是特定生产关系的承担者。只要"社会分裂为剥削阶级和被剥削阶级、统治阶级和被压迫阶级,是以前生产不大发展的必然结果。只要社会总劳动所提供的产品除了满足社会全体成员最起码的生活需要以外只有少量剩余,就是说,只要劳动还占去社会大多数成员的全部或几乎全部时间,这个社会就必然划分为阶级"①。对生产资料的占有情况是阶级划分的最基本标志,是阶级的最根本特征。

在《莱茵报》工作期间,马克思通过对劳动群众生活状况的分析,觉察到对物质生活资料的占有使社会分为贫富两个对立阶级。但是,此时他并没有把无产阶级看作一个崭新的社会阶级、看作推翻旧制度旧社会的力量,而仅看作不良经济组织的无辜受害者。在摆脱黑格尔理性决定国家的观念后,马克思意识到国家不是观念的产物,国家是从人们的生产生活中产生的。是市民社会决定国家,而不是相反。有什么样的市民社会就有什么样的国家。在《黑格尔法哲学批判》中,马克思提出了与黑格尔所蔑视的、处于由政治国家决定的从属地位的抽象范畴完全不同的市民社会:"法的关系正像国家的形式一样,既不能从它们本身来理解,也不能从所谓人类精神的一般发展来理解,相反,它们根源于物质的生活关系,这种物

---

① 《马克思恩格斯选集》第三卷,人民出版社2012年版,第669页。

质的生活关系的总和,黑格尔按照18世纪的英国人和法国人的先例,概括为'市民社会',而对市民社会的解剖应该到政治经济学中去寻求。"①马克思用人类社会的社会形式否定了资产阶级的市民社会,指出私有制的存在使得处于社会底层的广大劳动群众不具有经济基础。在这里,马克思已经看到了私有制与阶级划分的关系,认为只有实现公有制,"生产者只有在占有生产资料之后才能获得自由"②。在《1844年经济学哲学手稿》中,马克思通过对异化劳动的分析,指出工人的劳动已经从自由劳动变成异化劳动,劳动所生产的产品作为异己的存在物同劳动相对立。最大限度占有劳动产品把工人不断推向贫穷落魄的境地,"工人生产的财富越多,他的产品的力量和数量越大,他就越贫穷。工人创造的商品越多,他就越变成廉价的商品"③。私有制由此把人分为两个阶级:占有资本的资本家和不占有资本的工人阶级。在《共产党宣言》中,马克思明确指出阶级是经济关系的产物,"阶级对立是建立在经济基础上的,是建立在迄今存在的物质生产方式和由这种方式所决定的交换关系上的"④。对生产资料的占有是区分阶级的根本标志。恩格斯在《共产党宣言》1888年英文版加注时也清楚地用是否占有社会生产资料来给资产阶级和无产阶级下定义:"资产阶级是指占有社会生产资料并使用雇佣劳动的现代资本家阶级。无产阶级是指没有自己的生产资料,因而不得不靠出卖劳动力来维持生活的现代雇佣工人阶级。"⑤

因而,人们对生产资料占有关系的不同是形成阶级区别的基础,也是阶级划分的根本标准。社会的个人拥有对生产资料的相同关系,即相同的经济关系,就联结为一个阶级;对生产资料的不同关系,就分属于不同的阶

① 《马克思恩格斯选集》第二卷,人民出版社2012年版,第2页。
② 《马克思恩格斯文集》第三卷,人民出版社2009年版,第568页。
③ 《马克思恩格斯全集》第三卷,人民出版社2002年版,第267页。
④ 《马克思恩格斯全集》第五卷,人民出版社1958年版,第533页。
⑤ 《马克思恩格斯选集》第一卷,人民出版社2012年版,第400页。

级。奴隶主阶级和奴隶阶级、地主阶级和农民阶级、资产阶级和无产阶级这些历史上存在过的基本阶级,就是按照这个标准来确定的。

但是马克思、恩格斯在强调经济条件对阶级划分的决定作用时,并没有否定其他因素在阶级形成中的重要作用。马克思在《路易·波拿巴的雾月十八日》中谈到 19 世纪的法国农民的阶级属性时曾说:"数百万家庭的经济生活条件使他们的生活方式、利益和教育程度与其他阶级的生活方式、利益和教育程度各不相同并互相敌对,就这一点而言,他们是一个阶级。而各个小农彼此间只存在地域的联系,他们利益的同一性并不使他们彼此间形成共同关系,形成全国性的联系,形成政治组织,就这一点而言,他们又不是一个阶级。"①在这里,马克思认为,阶级的形成除了生产资料所有制这个决定性因素外,"生活方式""教育程度"和基于利益同一性上的普遍的而又紧密的"共同关系"等要素也对阶级的形成发挥着重要的影响。虽然这些因素不是决定性的、根本性的因素,在划分阶级时仍旧需要考虑到这些因素的综合作用。

(二)按照对生产资料占有的不同,群众内部也划分为不同阶级

既然阶级的存在要有经济上的基础,那么阶级对于经济上占统治地位的人来说具有重要的作用。马克思指出,"每一个新阶级赖以实现自己统治的基础,总比它以前的统治阶级所依赖的基础要宽广一些"②。也就是说,任何一个新的统治阶级总要扩大自己的阶级基础和群众基础,这是它之所以能够取代以前的统治阶级掌握政权的一个重要前提。如果不是这样,它的基础就不是更宽广反而会更狭窄,它不仅不能取代以前的统治阶级执政,而且即便执了政也必然是短命的。在历史上,新兴地主阶级之所以能够取代奴隶主阶级成为新的统治阶级,其重要原因就在于它的基础比

① 《马克思恩格斯选集》第一卷,人民出版社 2012 年版,第 762 页。
② 《马克思恩格斯选集》第一卷,人民出版社 2012 年版,第 181 页。

奴隶主更为广泛,不仅代表了自身的利益,也代表着农民的利益、奴隶的利益。新兴资产阶级之所以能够取代地主阶级成为统治阶级,也在于它的基础更宽广,不仅代表自身的利益,也代表城市平民的利益、工人的利益、农民的利益。工人阶级作为人类历史上最革命的阶级,要取得和保持自己的统治地位,群众基础就必须更为广泛。

首先,工人阶级是群众最核心的部分。工人阶级是最彻底的革命阶级,他们不拥有生产资料和生产工具,完全靠出卖劳动力而生存。马克思所处的年代是机器大工业与资本主义快速发展的年代,也是资本家为了资本积累疯狂剥削劳动者的年代。在机器大工业的发展下,大量工人涌入工厂工作,曾经拥有少量资本的小资本家、用手艺维生的手工业者以及行会师傅等也被同行业的大资本家吞并,纷纷破产而被降到无产阶级队伍里,成为工人阶级一部分,与城市工人一起靠出卖劳动力维生。因而工人阶级在人民群众中的比重最大,是人民群众最核心的组成部分,"在人民群众中至少占有重要地位"①。在与资产阶级的斗争中,无产阶级发挥着革命主力军的作用。

其次,中间阶层是无产阶级需要团结的力量。"中间阶层"在马克思那里是对介于无产阶级和资产阶级之间的诸多社会群体的笼统的称谓。马克思在著述中使用过"中等阶级""小资产阶级""中间阶级""中等阶层""过渡阶级""中间等级""中间阶层"等概念表述这一社会群体。在马克思看来,他们是被抛到无产阶级队伍的人,带有过渡性质,谈不上稳定的阶级属性。资本主义社会的中间阶层,特别是中间阶层的下层,将不断落到无产阶级队伍,也就是说,资本主义社会的中间阶层将不断缩小,而伴随着的是无产阶级队伍的扩大。

中间阶层最重要的部分是农民。农民是人民群众的重要组成部分,是无产阶级的同盟军。马克思认为,随着现代大农业的发展,农民一部分成

---

① 《马克思恩格斯选集》第三卷,人民出版社2012年版,第338页。

为富有的农民阶层,由大土地占有者、大租佃农、大农和中农组成;另一部分则是小农阶层和依附农民阶层的农业工人。在现代大农业的发展中,农民的经济条件不断恶化,他们日益破产,社会地位日益低落,小块土地所有制逐渐消失。"高利贷和税收制度必然到处使这种所有制陷入贫困境地。资本在土地价格上的支出,势必夺去用于耕种的资本。生产资料无止境地分散,生产者本身无止境地互相分离。"①小农的贫困化和地位的低落使他们日益革命化,从保守的农民转为革命的农民,成为未来的无产者,与无产阶级的利益具有一致性。农民阶级由于自身劳动的孤立性、土地的分散性而难以成为一个独立的阶级,他们需要通过追随其他阶级来实现自己的利益。因而农民对于工人阶级革命与政权具有重大作用。"在革命进程把站在无产阶级与资产阶级之间的国民大众即农民和小资产者发动起来反对资产阶级制度,反对资本统治以前,在革命进程迫使他们承认无产阶级是自己的先锋队而靠拢它以前,法国的工人们是不能前进一步,不能丝毫触动资产阶级制度的。"②在法国和德国的二月革命失败以后,马克思写信给恩格斯并通过恩格斯转告德国共产党说:"德国的全部问题将取决于是否有可能由某种再版的农民战争来支持无产阶级革命。"③

工人阶级与劳动农民的坚实联盟,是无产阶级革命胜利的重要条件,没有劳动农民的支持,工人阶级就无法取得最终胜利。在巴黎公社运动失败后,马克思指出,"在无产阶级暂时被挤出舞台而资产阶级专政已被正式承认之后,资产阶级社会内的中等阶层,即小资产阶级和农民阶级,就必定要随着他们境况的恶化以及他们与资产阶级对抗的尖锐化而越来越紧密地靠拢无产阶级"④。马克思告诫工人阶级要以"政府的身份采取措施,直接改善农民的状况,从而把他们吸引到革命中来……让农民自己通过经

① 《马克思恩格斯文集》第七卷,人民出版社2009年版,第912页。
② 《马克思恩格斯选集》第一卷,人民出版社2012年版,第455页。
③ 《马克思恩格斯选集》第四卷,人民出版社2012年版,第427页。
④ 《马克思恩格斯全集》第十卷,人民出版社1998年版,第156页。

济的道路来实现这种过渡;但是不能采取得罪农民的措施"①。

中间阶级也包括大量社会知识分子。马克思作为无产阶级思想领袖,不仅看到了农民群众的历史作用,也关注知识分子在工人阶级革命中的意义。

当人类走出野蛮蒙昧的原始社会,进入奴隶社会之时,随着社会生产力水平的提高,逐渐出现了"从事单纯体力劳动的群众同管理劳动、经营商业和掌管国事以及后来从事艺术和科学的少数特权分子之间的大分工"②。他们不再直接参加社会物质生产劳动,而专门从事自然、社会、宗教等问题的思考和文学艺术的创作。这些人就是知识分子,他们没有自己独立的经济基础,在数千年的历史发展进程中,始终没有取得自己的独立地位,未能成为社会中一个独立的阶级。在相当长的历史时期里,知识分子主要是依附当时社会的统治阶级。马克思认为,资本主义社会使这些知识分子也成为资本家的雇佣劳动者,资产阶级"把医生、律师、教士、诗人和学者变成了它出钱招雇的雇佣劳动者"③。他们在资产阶级的链条中变成了被剥削者,因而是广大人民群众的一部分。

知识分子在理论上比劳动群众更具优势,他们往往可以很快地把握住先进的科学技术、接受新思想。所以,对于工人阶级来说,要充分利用知识分子的这一优势,以吸引、接纳的积极态度实现知识分子阶级立场的转变,进而建立起工人阶级的稳固的知识界联盟。只有把科学从阶级统治的工具变为人民的力量,把知识分子从追逐名利的国家寄生虫变成自由的思想家,科学才能起到它真正地推动人类向前进的巨大历史作用。

没落的贵族、地痞流氓等也属于中间阶层。这些人在社会经济发展过程中被迫失去了原来的优越条件,丧失了生产资料,成为与无产阶级一样

① 《马克思恩格斯选集》第三卷,人民出版社 2012 年版,第 338 页。
② 《马克思恩格斯选集》第三卷,人民出版社 2012 年版,第 561 页。
③ 《马克思恩格斯选集》第一卷,人民出版社 2012 年版,第 403 页。

的无产者。马克思认为对于这些人,也应该积极使他们投入到人民群众队伍中,因为他们会为了自身的利益而同资产阶级作战。"为了维护他们这种中间等级的生存,以免于灭亡。所以,他们不是革命的,而是保守的。不仅如此,他们甚至是反动的,因为他们力图使历史的车轮倒转。如果说他们是革命的,那是鉴于他们行将转入无产阶级的队伍,这样,他们就不是维护他们目前的利益,而是维护他们将来的利益,他们就离开自己原来的立场,而站到无产阶级的立场上来。"①

最后,英雄产生于人民群众中,是人民群众的领导者。历史是由人民群众创造的,但马克思从来没有否认杰出的个人在历史上所起的作用。他只是反对把历史人物的作用无限夸大。英雄人物是一定历史时期的产物,英雄人物虽然对历史的发展起着巨大的影响,但其作用的发挥要以一定社会历史条件为转移。恩格斯就曾对所谓的伟大人物进行过评论,"恰巧某个伟大人物在一定时间出现于某一国家,这当然纯粹是一种偶然现象。但是,如果我们把这个人去掉,那时就会需要有另外一个人来代替他,并且这个代替者是会出现的,不论好一些或差一些,但是最终总是会出现的。恰巧拿破仑这个科西嘉人做了被本身的战争弄得精疲力竭的法兰西共和国所需要的军事独裁者,这是个偶然现象。但是,假如没有拿破仑这个人,他的角色就会由另一个人来扮演"②。英雄是时代的产物,产生于人民群众之中,不在阶级、群众之外。不可以把英雄人物与阶级、群众对立起来,就像不可以把人的头脑与整个躯体对立起来一样。

一个杰出的英雄人物对于他所代表的那个政党和阶级有着巨大的作用。一个政党对一个阶级来说虽然是最积极、最活跃、最能代表其阶级利益的一部分,但由于人数众多,其成员的思想情况仍然有很大的差异。为了使其能有效地组织起来和有效地进行斗争,政党便必须由最有威信、最

---

① 《马克思恩格斯选集》第一卷,人民出版社 2012 年版,第 410 页。
② 《马克思恩格斯选集》第四卷,人民出版社 2012 年版,第 649-650 页。

有影响、最有经验、被选出担任最重要职务而称为领袖的人组成的集团来主持。领袖人物作用的大小,客观上取决于其政党的成熟程度及其所处的时代和环境,主观上则取决于他们对历史发展趋势、人民群众要求的认识程度及个人的品质和意志等。领袖如果能深刻认识群众的要求和愿望,便能顺应历史的潮流,带领广大人民群众前进。如果他违背人民群众的要求和愿望,必然不能顺应历史的潮流,无法发挥进步作用。

有阶级就有阶级斗争的存在,这就决定了坚持无产阶级专政的必要。"阶级斗争必然导致无产阶级专政。"①社会主义取代资本主义、社会主义公有制取代资产阶级私有制,必然遭到资产阶级殊死的反抗。只有用铁的手腕,打碎维护资产阶级利益的国家机器,建立无产阶级专政,才能实现由资本主义向社会主义的过渡。无产阶级政党应该尽可能地扩大阶级基础,在斗争年代团结一切可以团结的力量进行无产阶级革命,在执政时期要注意处在不同阶级地位的人民群众的阶级性,防止少数不良投机分子对党的事业进行破坏。

二、群众是政党的生命根基

正是阶级斗争的存在,决定了共产党组织的存在并发挥领导作用的必要。在阶级社会里,各阶级由于经济地位不同,利益和要求也不同,相互之间存在着阶级矛盾并不断进行斗争。随着阶级斗争的发展,走上政治舞台的各阶级,为了更好地组织自己的阶级队伍,领导本阶级进行斗争获取胜利,需要有组织本阶级的政党。因此,政党是以一定阶级为基础,代表一定阶级利益和意志的领导集团,是阶级斗争的工具。"在通常情况下,至少在现代的文明国家内,阶级是由政党来领导的;政党通常是由最有威信、最有影响、最有经验、被选出担任最重要职务而称为领袖的人们所组成的比

---

① 《马克思恩格斯选集》第四卷,人民出版社 2012 年版,第 426 页。

较稳定的集团来主持的。"①19 世纪的欧洲,虽然工人运动频发,但由于缺少科学的革命纲领和组织者,工人阶级在反抗资产阶级的斗争中并没有找到自己的出路,比如英国"宪章运动"作为英国工人运动的领导者已经经历了 10 年,却没能彻底改变英国工人的状况。正是在这样的背景下,用先进理论武装起来的无产阶级政党应运而生。无产阶级组织政党就是为了"保证社会革命获得胜利和实现革命的最高目标——消灭阶级"②。1848年 2 月,《共产党宣言》发表,马克思明确指出:"在实践方面,共产党人是各国工人政党中最坚决的、始终起推动作用的部分;在理论方面,他们胜过其余无产阶级群众的地方在于他们了解无产阶级运动的条件、过程和一般结果。"③这就表明了无产阶级政党与其他政党的区别,同时也指出无产阶级政党的任务就是要把工人阶级组织起来,为无产阶级革命确定方向。

第一,无产阶级政党与群众是相互依存的关系。马克思、恩格斯在创立世界上第一个无产阶级政党的时候,就指明无产阶级政党是无产阶级解放事业的推动力量和领导者。无产阶级政党必须以工人群众为依托,因为无产阶级是无产阶级政党实现领导功能的阶级基础。

首先,无产阶级的历史使命要求无产阶级党对无产阶级的领导。资本主义在其发展过程中明显暴露出体制弊端,马克思认为,社会主义代替资本主义不过是历史发展的必然规律,但是这个过程需要无产阶级依靠主观的力量,从外部推翻旧的政权。无产阶级政党是掌握了斗争条件的、预先知道工人阶级解放运动前途的先进组织,因此是能够正确领导革命运动的政党。"工人阶级的政治运动自然是以为自身夺取政权作为最终目的,为此当然需要一种发展到一定程度的、在经济斗争中成长起来的工人阶级的

---

① 列宁:《共产主义运动中的"左派"幼稚病》,人民出版社 2016 年版,第 23 页。
② 《马克思恩格斯选集》第三卷,人民出版社 2012 年版,第 173–174 页。
③ 《马克思恩格斯选集》第一卷,人民出版社 2012 年版,第 413 页。

预先的组织。"①

其次,无产阶级政党是无产阶级的一部分,来源于工人群众。马克思指出,"工人阶级的解放应当是工人自己的事情"②。无产阶级因为一无所有而成为最革命的阶级,他们要改善自己的地位,只能团结起来推翻资产阶级的统治,这就需要一个革命的领导组织。"无产阶级要想完成与资产阶级的斗争,上升为统治阶级,关键是组织成为独立的真正的工人政党。这样,才能在自己的政党里独立讨论阶级利益而不受资产阶级的影响。"③作为无产阶级先锋队的无产阶级政党,从产生之日起就担负着领导人民群众的重任,是推翻资本主义社会最重要的力量。

最后,无产阶级政党必须依托无产阶级才能实现自己的领导作用。在马克思生活的机器大工业时代,无产阶级代表了先进生产力的方向,这个物质基础也决定了无产阶级在政治上的先进要求。在《共产党宣言》中,马克思说道:"在当前同资产阶级对立的一切阶级中,只有无产阶级是真正革命的阶级。其余的阶级都随着大工业的发展而日趋没落和灭亡,无产阶级却是大工业本身的产物。"④这说明,无产阶级政党只有依靠无产阶级,才能表达自己的政治方向。马克思驳斥那些看不起工人的论调,指出无产阶级是"现代一切民主运动的核心",是"唯一坚决革命的阶级"。这样优秀的阶级,正是无产阶级政党实现领导地位的阶级基础。

第二,无产阶级政党与人民群众的利益具有一致性。历史上的一切剥削和统治阶级的活动都是为少数统治阶级服务的。有的是赤裸裸的,也有的是在表面上鼓吹"为整个人类""为所有的人",而实际上仍然是为剥削阶级自身和少数人的利益。资产阶级革命运动只可能代表资产阶级的利

① 《马克思恩格斯选集》第四卷,人民出版社 2012 年版,第 498 页。
② 《马克思恩格斯选集》第三卷,人民出版社 2012 年版,第 366 页。
③ 《马克思恩格斯选集》第一卷,人民出版社 2012 年版,第 413 页。
④ 《马克思恩格斯选集》第一卷,人民出版社 2012 年版,第 410–411 页。

益,人民群众只是被资产阶级利用和鼓动用以推翻封建制度的工具。尽管在革命时期他们会宣称自己代表了全人类的利益,一旦革命结束,人民群众立马就被排挤到政治之外,马克思说,一定的政治思想总是代表着一定阶级的利益的,它是不同阶级自身利益在思想观念方面的反映。不同阶级的人们所进行的活动在追求的利益范围和性质上是不同的。

共产党之所以代表工人群众的利益,根本的原因就在于无产阶级政党来源于人民群众,他们"若不从其他一切社会领域解放出来从而解放其他一切社会领域就不能解放自己的领域"①。无产阶级只有解放全人类,才能解放无产阶级自己。因而,无产阶级的利益就是广大人民群众的利益,无产阶级政党代表无产阶级的利益,就是代表全体人民群众的根本利益。"过去的一切运动都是少数人的,或者为少数人谋利益的运动。无产阶级的运动是绝大多数人的,为绝大多数人谋利益的独立的运动。"②无产阶级政党的主张和行动体现出全体人民群众的利益。

但是无产阶级不会被动地接受政党对阶级利益的代表。政党领导核心作用的发挥,主要在于工人乃至人民群众的认可。1847 年,恩格斯在批评德国小资产阶级不了解德国情况,脱离实际的起义时指出,革命性的措施之所以能够实行,"是因为整个奋起反抗的无产阶级赞同这些措施并用武力支持这些措施"③。如果无产阶级政党不代表广大工人群众的利益,就不能获得无产阶级的支持,党的领导地位也就没有实现的可能。马克思在 1881 年谈到重建国际工人协会的条件时指出:"我认为,任何工人代表大会或社会党人代表大会,只要它不和这个或那个国家当前的直接的条件联系起来,那就不仅是无用的,而且是有害的。它们只能在没完没了的翻来覆去的陈词滥调之中化为乌有。"④这表明,每个国家的政党本身能否长

① 《马克思恩格斯选集》第一卷,人民出版社 2012 年版,第 15 页。
② 《马克思恩格斯选集》第一卷,人民出版社 2012 年版,第 411 页。
③ 《马克思恩格斯选集》第一卷,人民出版社 2012 年版,第 281 页。
④ 《马克思恩格斯选集》第四卷,人民出版社 2012 年版,第 542 页。

存,取决于它们能否反映响应群众的呼声,代表人民群众的利益。

第三,群众需要政党来组织。巴黎公社革命后,马克思注意到群众自身的"不定型"的存在事实以及由此可能会给无产阶级革命带来麻烦。马克思提出:"工人阶级不能简单地掌握现成的国家机器,并运用它来达到自己的目的。"①无产阶级只有在物质上和精神上充分地武装起来并同资产阶级进行坚持不懈的斗争才能实现自己的目的,才能由此充分地体现出自身的主体地位。因此,"在工人阶级在组织上还没有发展到足以对统治阶级的集体权力即政治权力进行决定性攻击的地方,工人阶级无论如何必须不断地进行反对统治阶级政策的鼓动……从而使自己在这方面受到训练。否则,工人阶级仍将是统治阶级手中的玩物"②。

一方面,无产阶级政党需要帮助工人群众在思想认识到自己的根本利益。恩格斯曾经指示德国党要通过自己的报刊向群众进行宣传,帮助人民群众认识自己在社会中受压迫的处境,讲明人民群众在革命中的目标和利益。马克思在帮助英国工人运动时也说过:"加速英国的社会革命就是国际工人协会的最重要的目标。而加速这一革命的唯一办法就是使爱尔兰独立。因此,'国际'的任务就是到处把英国和爱尔兰的冲突提到首要地位,到处都公开站在爱尔兰方。伦敦中央委员会的特殊任务就是唤醒英国工人阶级,使他们意识到:爱尔兰的民族解放对他们来说并不是一个抽象的正义或博爱的问题,而是他们自己的社会解放的首要条件。"③党的任务就是启发工人觉悟,唤醒沉睡的阶级意识。

另一方面,为了保持无产阶级的革命性和战斗力,马克思、恩格斯还强调,在无产阶级和资产阶级的斗争所经历的各个发展阶段,"共产党人"始终是"斗争"的领导者。在无产阶级的解放过程之中,无产阶级始终是实

① 《马克思恩格斯文集》第三卷,人民出版社2009年版,第151页。
② 《马克思恩格斯文集》第十卷,人民出版社2009年版,第369页。
③ 《马克思恩格斯选集》第四卷,人民出版社2012年版,第485页。

现自身解放的主客体的统一,同时也是实现"人的解放"的主客体的统一。只有坚持共产党的领导,无产阶级才能从"不定型"阶级中走向"定型"阶级、从没有意识的群体变成为有意识的群体、从一群"乌合之众"变成为众志成城的集体、从缺乏统一思想观念的一群人变成为具有马克思主义理论水准的战斗队。

无产阶级政党是把科学从阶级统治的工具变为人民群众的武器的唯一力量。对于掌握了国家政权的工人阶级政党来说,要时刻建立起工人阶级的最广大的稳固的联盟,时刻与人民群众紧密联系在一起。

三、群众是权力的所有者

人民群众是社会公共权力的主人,社会公共权力理应归人民群众所有。在资本主义社会,资产阶级宣扬"主权在民"的政治理念,但资本主义的生产关系决定了只有资产阶级才是国家的主人。本应属于广大人民群众的公共权力,反过来成为少数人压迫人民群众的工具,这是私有制社会难以克服的权力异化现象。马克思指出,国家的权力来源于人民,也属于人民。"人民的主权不是从国王的主权中派生出来的,相反地,国王的主权倒是以人民的主权为基础的。"①在无产阶级政党领导的社会里,人民是国家的主人,是国家权力的所有者,其基本政治制度保证了国家权力以人民为本位,一切权力属于人民,这就从根本上消除了权力异化的制度根源。无产阶级政党不仅要在理论上而且要在实际行动中始终坚持以人民为权力本位的政治原则,始终做到立党为公、执政为民。

第一,权力是社会公共意志的体现。权力是随着社会阶级关系的时代性演变而演变的。权力是反映统治阶级意志并作为社会整体代表来实现政治目的的根本手段。人们为了生存,就必须相互依存和合作,这种合作性使人们结成一个联盟。人们之间又因能力的不同而处于不同的地位和

① 《马克思恩格斯全集》第一卷,人民出版社 1965 年版,第 279 页。

等级,斗争和对立也由此产生。为了维持社会的秩序和稳定,就必须在个人与个人、个人与群体、群体与群体之间进行一定协调,合理分配有限资源,约束和调整人们之间因物质需求引发的对抗和冲突。在调解过程中,一种具有强制性的、在形式上高于"私权"的社会权力即公共权力应运而生。公共权力在客观上维护了个体在追求个人利益的同时不能破坏共同利益,稳定了社会关系和社会秩序。公共权力作为维护人类生存和发展这个共同利益的力量,反映出共同利益的社会意识即公共意志。同样的,反映个体利益的个体意识就体现为个体意志。公共意志是个体意志所代表的个体利益的取得与满足的前提,个体意志受公共意志制约。这种制约性体现为一个共同的行为准则,明确规范个体意志在追求个体利益时不可侵犯公共利益,违背公共意志。因此,这个共同的行为准则必然是人们共同利益的反映,每一个社会成员都要受到公共意志的制约,这也是共同利益基础上形成的公共意志的必然要求,权力正是这一必然要求的社会表现形式。

在《黑格尔法哲学批判》《论犹太人问题》《〈黑格尔法哲学批判〉导言》等文章中,马克思一方面确定了"市民社会决定国家和法"的基本观点,另一方面,马克思提出了人类解放的目标,即"只有当现实的个人把抽象的公民复归于自身,并且作为个人,在自己的经验生活、自己的个体劳动、自己的个体关系中间,成为类存在物的时候,只有当人认识到自身'固有的力量'是社会力量,并把这种力量组织起来因而不再把社会力量以政治力量的形式同自身分离的时候,只有到了那个时候,人的解放才能完成"[1]。在这里,马克思已经指出与政治力量相对立的社会力量的存在,并认为社会力量是由个人力量组织而成。但是在阶级社会中,公共意志一直被占统治地位的阶级的意志取代,从而使权力成为维护统治阶级利益的工具,成为统治阶级意志的一种体现。马克思认为,国家权力是阶级社会中

---

① 《马克思恩格斯文集》第一卷,人民出版社 2009 年版,第 46 页。

的公共权力,是从社会中产生出来的。国家权力实质上是占统治地位的阶级为实现其阶级利益而以全社会的名义行使的公共权力。统治阶级为了取得行使权力的合法性,"就不得不把自己的利益说成是社会全体成员的共同利益"①,"把自己与整个社会等同起来"②,用"一种具有普遍的社会强制力量的形式来实现本阶级利益"③。公共权力成为阶级压迫的工具,集中反映了统治与被统治、压迫与被压迫的社会关系,因而,权力的占有和行使在形式和实质上都是统治阶级的特权。

第二,人民群众是国家权力所有者。在西方历史上,从古希腊到当代,民主一直被理解为穷人的统治,"被智者和有教养的人们看做是政府和社会可以想象到的最坏形式"④。封建社会的统治者们宣扬"君权神授"来达到稳定和巩固统治的目的。他们强调最高权力来源于上帝,上帝赋予君主统治人类社会的权力,君主只是按照上帝的要求来行使最高统治的权力,因此人们必须绝对服从君主的意志。在资本主义社会中,资产阶级统治者宣扬"主权在民"。卢梭在《社会契约论》中提出"天赋人权、自由平等、主权在民"的主张,为资产阶级推翻封建专制统治树起了一面政治大旗。这种自由、平等的权利只是资本主义团结人民群众获取群众基础的口号。卢梭的人民主权思想虽有为"人民"争取权利的反封建专制主义的进步性,但这种思想仍旧是为资产阶级服务的,是资产阶级愚弄人民群众的手段。对广大受剥削、受压迫的人民来说,民主只是一种形式上的承诺,所谓全体人民享有主权只是一种口号,一种空虚的幻想。

马克思认为,在前资本主义和资本主义社会,国家主权总是某一阶级的统治权,而不是什么"公意"的运用。资产阶级思想家的人民主权实际

---

① 《马克思恩格斯选集》第一卷,人民出版社 2012 年版,第 180 页。
② 《马克思恩格斯选集》第四卷,人民出版社 2012 年版,第 194 页。
③ 《马克思恩格斯选集》第四卷,人民出版社 2012 年版,第 498 页。
④ [英]安东尼·阿伯拉斯特:《民主》,孙荣飞等译,吉林出版社 2005 年版,第 11 页。

上是资产阶级的统治权,即便是启蒙思想家倡导人民主权,那也只是站在资产阶级的立场上而不是人民群众的立场上。"卢梭的社会契约论在实践中表现为而且也只能表现为资产阶级的民主共和国。"①早在 1843 年,马克思就提出"人民是否有权来为自己建立新的国家制度"这一问题。马克思认为,人民创造了国家,人民是国家权力的所有者。国家如果不能体现人民的意志,民主就只是一种虚假的口号。"因为国家制度一旦不再是人民意志的现实表现,它就变成了事实上的幻想。"②随后马克思在《黑格尔法哲学批判》中指出,君主主权在君主身上实现,而人民主权则只能在人民身上实现。君主主权是一种幻想,因为国家是抽象的,只有人民才是具体的,是现实的人民构成了现实的国家。"在民主制中,国家制度本身就是一个规定,即人民的自我规定……民主制独有的特点,就是国家制度无论如何只是人民存在的环节。"③既然国家是由人民构成的,那么国家的权力就应该归人民所有。19 世纪 50 年代,英国工人在曼彻斯特成立了自己的工人议会。马克思作为工人议会的荣誉代表,虽然没有能够参加会议,但亲自写信表示热烈祝贺,并在《给工人议会的信》中指出:"这样一个议会的召开本身就标志着世界历史上的一个新时代。"1871 年的巴黎公社运动很好地实现了将权力给予人民,"公社的伟大社会措施就是它本身的存在和工作。它所采取的各项具体措施,只能显示出走向属于人民、由人民掌权的政府的趋势"④。巴黎公社"共和国的真正'社会'性质仅仅在于工人管理着巴黎公社这一点"⑤,"它是由人民自己当自己的家"。马克思认为,巴黎公社的中央委员会全体成员们代表工人阶级掌握着政权,勤勤恳恳地忘我工作,是广大无产阶级和一切积极利益的代表。公社领导者是

---

① 《马克思恩格斯全集》第二十卷,人民出版社 1971 年版,第 20 页。
② 《马克思恩格斯全集》第三卷,人民出版社 2002 年版,第 73 页。
③ 《马克思恩格斯全集》第一卷,人民出版社 1965 年版,第 281 页。
④ 《马克思恩格斯选集》第三卷,人民出版社 2012 年版,第 107 页。
⑤ 《马克思恩格斯选集》第三卷,人民出版社 2012 年版,第 153 页。

经过普选产生的代表,这些人不是议会里的代表,不是压迫人民的阶级,而是"为了服务于组织在公社里的人民"①,因而公社是"帝国本身的真正对立物"②,展现了无产阶级领导的新型国家的雏形,是实现人民自我管理的发展方向。在《哥达纲领批判》中,马克思进一步指出,人民应该是国家权力的主体,真正的民主应该是人民主权、人民意志的实现,是人民自己创造、自己建立、自己规定的国家制度,以及运用这种国家制度决定自己的事情。

第三,执政党必须掌权为公,执政为民。国家权力来源于人民,是人民通过某种方式授权给政府的。权力的使用必须以是否有利于无产阶级和广大人民群众的利益,是否体现其意志为准则。既然权力是人民群众给予的,那么行使权力的目的也只有一个,那就是全心全意为人民服务,真心实意为人民谋利益。领导者只是人民权力的委托行使者,是公共权力的具体实施者,而不是权力的所有者。权力是领导者履行为人民服务职责的手段,不能用以谋私;权力的委托也必须依法进行,不能私下授予,更不能买卖交换。马克思把人民自己当家作主规定为民主的本质,这就在形式上承认人民是国家的主人和权力的主体,官员只是受人民的委托,为人民服务的公仆。

---

① 《马克思恩格斯选集》第三卷,人民出版社 2012 年版,第 100 页。
② 《马克思恩格斯选集》第三卷,人民出版社 2012 年版,第 138 页。

第三节　马克思群众观的基本主张

一、人民群众是历史的主体

历史有无主体？如果有,是什么样的主体？这样的主体在历史发展中究竟处于什么地位？如何发挥人民群众的主题地位？马克思对这些问题以及与此相关的问题的回答形成了人民群众主体论。人民群众历史主体论是马克思群众观的基本内涵,它批判并扬弃了把"绝对精神""自然人""自我意识"和"唯一者"当成主体的近代哲学,指明"历史活动是群众的事业,随着历史活动的深入,必将是群众队伍的扩大"[①]。马克思人民群众历史主体论坚持了人民群众在社会中处于决定性的主体地位,强调了人民群众在社会发展及其历史进程中的决定作用。在马克思看来,人民群众是历史的真正创造者,是社会历史发展的主要动力。然而,国内不少学者对传统教科书中关于人民群众主体论的表述"人民群众是历史的创造者"提出了质疑。该思想受到苏联哲学家在《苏联共产党(布)简明教程》一书中某些观点的影响,其首创者是尤金博士。1938 年,《苏联共产党(布)简明教程》出版,同年联共(布)中央决议要求以该书作为马克思列宁主义宣传的依据。1939 年,哲学家普·尤金和巴·伯纳丁在联共(布)中央的理论刊物《马克思主义旗帜下》发表论文,提出"人民群众是历史的创造者"这一命题。20 世纪 50 年代,这一观点被编入哲学教科书,成为官方首肯的历史唯物主义基本原理。虽然马克思没有直接作出"人民群众是历史的创造者"这个命题的直接论断,但在其的著作中,关于人民群众是历史的创

[①]《马克思恩格斯文集》第一卷,人民出版社 2009 年版,第 287 页。

造者的思想比比皆是。有学者指出,按照马克思的说法,关于历史创造者问题,准确的表述应为"人们自己创造自己的历史"。在马克思那里,衣食住行是人类生存的第一个前提,也是一切历史的第一个前提。因此,人类的第一个历史活动是生产满足这些需要的资料即生产物质生活本身,但它不能代替在第一个历史活动基础上发生的一切领域的历史。人民群众改变的只是自己的历史,而非一切历史。这种理解把人与历史割裂开来,把人的实践活动与社会相分离,严重歪曲了马克思的意思。马克思所说的历史,指的是人类社会发展史而非自然史。马克思明确地说过,"人类史同自然史的区别在于,人类史是我们自己创造的,而自然史不是我们自己创造的"①。人民群众创造历史的行动蕴含在日常生产劳动中,没有任何一种不以生产劳动为基础、专门为创造历史而进行的活动。马克思把人民群众看作一切活动和一切社会关系的主体承担者及基础,看作社会历史的前提及创造主体,这就意味着必须把人民群众放在社会历史中去研究和把握,不存在脱离历史而谈论人民群众,也不可能在自然史中去探讨人民群众。

(一)马克思对近代理性主体的"现实人"的超越

与历史中长期存在的"英雄史观"相对,马克思鲜明地提出了"群众史观",并从社会历史的角度阐述了人民群众是历史主体的思想。

从前面对马克思群众观的历史考察中可以发现,马克思对人民群众主体论的具体内容有着丰富的论述。我们知道,学生时期的马克思是黑格尔的信徒,其思想本质是自我意识哲学,其博士论文中展示的就是黑格尔式的"自我意识"学说,后来马克思在对费尔巴哈的批判中走出了自我意识阶段,"主体"概念也相应的成为马克思群众观的一个核心概念。可以说,马克思的人民群众主体思想几乎贯穿从博士论文到《共产党宣言》的所有

---

① 《资本论》第一卷,人民出版社 1975 年版,第 409-410 页。

文本。对这一思想的论述,马克思是在对以康德、黑格尔为代表的德国古典哲学传统的思考中形成的,在一定意义上可以这样说,马克思是借助主体这一概念来区分自己与以前的一切旧唯物主义的差别的。在《关于费尔巴哈的提纲》中他写道:"从前的一切唯物主义(包括费尔巴哈的唯物主义)的主要缺点是:对对象、现实、感性,只是从客体的或者直观的形式去理解,而不是把它们当作感性的人的活动,当作实践去理解,不是从主体方面去理解。"①

其实,对于主体这一概念,早在《1844 年经济学哲学手稿》中马克思就曾多次使用过。不过,马克思虽然使用了主体概念,却扬弃了近代哲学中黑格尔的"绝对精神"、费尔巴哈的"自然人"、鲍威尔的"自我意识"、施蒂纳的"唯一者",提出了"现实的人"这一历史唯物主义主体的命题。对于这一命题马克思在《1844 年经济学哲学手稿》《神圣家族》《关于费尔巴哈的提纲》《德意志意识形态》《哲学的贫困》中都有所论述。"现实的人"这一命题的提出是在反思与研究人的生存实践过程中,深入到人类生存的具体境况而着眼于人民群众的生存与命运,从原始的、基本的生活事实来揭示出来的。因此,无论从深度还是广度上来看都是马克思以前的哲学所无法比拟的,它充分显示了马克思对黑格尔、费尔巴哈和其他青年黑格尔派成员的超越,并有着崭新的内容,同时对推动历史前进的人民群众主体概念给予了科学的回答。正如列宁所说,旧的历史观有两个主要缺陷,一个是只考查人们历史活动的思想动机,而没有探索社会关系体系的客观规律性,没有把物质生产看作这种关系的根源;其二就是"没有说明人民群众的活动"。"只有历史唯物主义才第一次使我们能以自然科学的精确性去研究群众生活的社会条件以及这些条件的变更。"②

马克思人民群众主体思想的确立首先颠覆了黑格尔的"绝对精神主

① 《马克思恩格斯选集》第一卷,人民出版社 2012 年版,第 133 页。
② 《列宁专题文集　论马克思主义》,人民出版社 2009 年版,第 14 页。

体论"。"绝对精神主体"是黑格尔唯心主义体系的最高范畴。19 世纪 30 年代是黑格尔思想占统治地位的年代,黑格尔认为,绝对精神是推动历史前进的唯一能动的主体,整个历史就是绝对精神自我运动、自我外化、自我复归的历史。马克思指出,黑格尔的唯心主义发展了能动的方面,把人的本质理解为"活动",但"不知道现实的、感性的活动本身"①。

　　1842 年马克思担任《莱茵报》主编期间所碰到的物质利益冲突,是马克思世界观发生转变的重要契机,也使他开始告别黑格尔的理性国家观,逐步走向历史唯物主义。在黑格尔那里,主体具有能动性,然而,在黑格尔的框架中,主体的能动性只是一种抽象的能动性,即主体是"绝对精神",而国家是"绝对精神"的表现和体现,是决定社会形成和发展的创造性因素,家庭和市民社会则是从属于国家的领域。但严酷的事实告诉马克思,如果按照国家决定市民社会的观点,市民社会和国家的对立不具有历史的意义和现实的必然性,其实质是把国家视为历史发展的轴心,由此在历史领域陷入唯心主义,在历史上只能看到元首和国家的丰功伟绩,看到宗教的、一般理论的斗争,在纯粹精神的领域中兜圈子,把宗教幻想推崇为历史的动力,反映出资产阶级的软弱性。通过批判黑格尔的国家观,马克思指出,"家庭和市民社会使自身成为国家。它们是动力"②,因此,不是国家决定市民社会,而是市民社会决定国家。在《黑格尔法哲学批判》中,马克思指出:"理念变成了独立的主体,而家庭和市民社会对国家的现实关系变成了理念所具有的想象的内部活动。实际上,家庭和市民社会是国家的前提,它们才是真正的活动者;而思辨的思维却把这一切头足倒置。如果理念变为独立的主体,那末现实的主体(市民社会、家庭、'情势、任性等等')在这里就会变成和它们自身不同的、非现实的、理念的客观要素。"③可见

---

① 《马克思恩格斯选集》第一卷,人民出版社 2012 年版,第 133 页。
② 《马克思恩格斯全集》第三卷,人民出版社 2002 年版,第 11 页。
③ 《马克思恩格斯全集》第一卷,人民出版社 1956 年版,第 251 页。

只有市民社会的人才是历史的真正主体,"政治国家没有家庭的自然基础和市民社会的人为基础就不可能存在。它们对国家来说是必要条件"①。"家庭和市民社会都是国家的前提,它们才是真正活动着的;而在思辨的思维中这一切却是颠倒的。"②可以说,市民社会决定国家的观点是理解马克思人民群众主体论的一把金钥匙,是马克思人民群众主体论的哲学基础。

马克思人民群众主体思想的确立还突破了费尔巴哈立足于自然基础的人的主体观。在德国古典哲学的发展中,最先从唯物主义立场对黑格尔进行批判的是费尔巴哈,19 世纪 30 年代末至 40 年代初,费尔巴哈首先对黑格尔学说提出非难,他认为关于主体的规定,关键问题是如何规定人的现实性。费尔巴哈在批判黑格尔时强调了主体的自然基础,认为作为主体的人是有血有肉的活生生的自然存在物,是从属于物质自然界的具有客观实在性的物质实体,是"实在的和完整的人"。马克思称赞说:"德国人对国民经济学的实证的批判,全靠费尔巴哈的发现给它打下真正的基础","只是从费尔巴哈才开始了实证的人道主义的和自然主义的批判"③。虽然费尔巴哈也研究人,但他所谓的人只是生物学意义上的人,只是被动地适应自然的生物体,没有能动性,他只把人的"肉体""生命""感觉"当作"人的存在"。马克思指出,费尔巴哈把事物、现实、感性当作主词,却"只是从客体的或直观的形式去理解",忽略了主体的社会规定,最终将主体人置于抽象的存在上去了。劳动者"只有作为工人才能维持自己作为肉体的主体,并且只有作为肉体的主体才能是工人"④。在这里马克思把主体视为"肉体的主体"。确切地说,这种用法受费尔巴哈的影响还十分明显,但马克思所使用的"主体"概念与费尔巴哈不同,马克思将劳动者的身

---

① 《马克思恩格斯全集》第三卷,人民出版社 2002 年版,第 12 页。
② 《马克思恩格斯全集》第三卷,人民出版社 2002 年版,第 10 页。
③ 《马克思恩格斯全集》第四十二卷,人民出版社 1979 年版,第 46 页。
④ 《马克思恩格斯选集》第一卷,人民出版社 2012 年版,第 52 页。

份与作为肉体的主体的生存本质地联系在一起,说明这个作为肉体的主体不是一个单纯一般的自然存在者,而是处于一定生产关系或社会关系中的社会存在者。马克思在《1844 年经济学哲学手稿》中还没有脱离费尔巴哈的影响,但在《关于费尔巴哈的提纲》中,马克思明确地批判了费尔巴哈的"类"概念,指出费尔巴哈"撇开历史的进程,把宗教感情固定为独立的东西,并假定有一种抽象的——孤立的——人的个体;因此,他只能把人的本质理解为'类',理解为一种内在的、无声的、把许多个人纯粹自然地联系起来的普遍性"①。费尔巴哈曾说,"类是人的自然本质","人的本质只包含在共同性中,包含在人和人的统一中"②。马克思指出费尔巴哈这里所说的"主体"没有表现为能动性,他把人与自然表述成史前的人与自然,而人与自然的关系则被表述成"类本质的人"。马克思用"社会"的概念替代了费尔巴哈"类"的概念,"人的本质是人的真正的社会联系,所以人在积极实现自己本质的过程中创造、生产人的社会联系、社会本质,而社会本质不是一种同单个人相对立的抽象的一般的力量,而是每一个单个人的本质,是他自己的活动,他自己的生活,他自己的享受,他自己的财富。因此,上面提到的真正的社会联系并不是由反思产生的,它是由于有了个人的需要和利己主义才出现的,也就是个人在积极实现其存在时的直接产物。有没有这种社会联系,是不以人为转移的……因为这种社会联系的主体,即人,是同自身相异化的存在物。人——不是抽象概念,而是作为现实的、活生生的、特殊的个人——就是这种存在物。这些个人是怎样的,这种社会联系本身就是怎样的"③。马克思指出:"他(指费尔巴哈——作者注)周围的感性世界决不是某种开天辟地以来就直接存在的、始终如一的东西,而是工业和社会状况的产物,是历史的产物,是世世代代活动的结果。"④历

---

① 《马克思恩格斯选集》第一卷,人民出版社 2012 年版,第 139 页。
② 《马克思恩格斯全集》第四十二卷,人民出版社 1979 年版,第 360 页。
③ 《马克思恩格斯全集》第四十二卷,人民出版社 1979 年版,第 24 页。
④ 《马克思恩格斯选集》第一卷,人民出版社 2012 年版,第 155 页。

史主体的人是从事物质生产活动的现实的人,是与自然、社会和人发生关系的一切社会关系总和。不和周围世界发生对象性关系的东西是一个绝对自我封闭的东西,如果没有相互之间双向主客体关系的存在,个体的指向性就不明确,无法证明个体的具体现实存在。因此,个体不能被归结为纯粹的自我意识,个体必须是现实的存在,必须与他人、社会、环境相联系。"各个人的出发点总是他们自己,不过当然是处于既有的历史条件和关系范围之内的自己,而不是意识形态家们所理解的'纯粹的'个人。"①现实的个人是主体存在的前提,没有单个个体,就不可能形成群体,没有群体,就不会形成社会,也就无所谓历史主体。

马克思在对费尔巴哈的批判中扬弃了他的"类"学说并走出了自我意识阶段,同时在现实性维度上将人的本质表述为"一切社会关系的总和"。在《关于费尔巴哈的提纲》中马克思拉开了"主体"概念的序幕。《关于费尔巴哈的提纲》之后的著作中,马克思详细论述了作为总体的社会存在论维度的主体,"社会既是这一巨大的总过程的主体,也是这一总过程的结果"②。围绕着究竟什么力量才是推动历史前进的能动主体这一中心问题,青年黑格尔派内部对费尔巴哈的从"自然人"出发来论述推动历史前进的真正主体很不满意并展开了激烈的论战。鲍威尔攻击费尔巴哈"所造成的人,不是真正的现实的有人称的人,而是不成人的人,是奴隶"③,他认为自我意识是推动历史前进中的主体。在《德意志意识形态》中,马克思又批判了施蒂纳的"唯一者",认为"这种观点仍然可以用思辨的、观念的方式,也就是用幻想的方式解释为'类的自我产生'('作为主体的社会'),从而把所有前后相继、彼此相联的个人想象为从事自我产生这种神秘活动的唯一的个人"④。依据思想产生的真实的社会关系基础,马克思

---

① 《马克思恩格斯选集》第一卷,人民出版社 2012 年版,第 199 页。
② 《马克思恩格斯全集》第三十一卷,人民出版社 1998 年版,第 112-113 页。
③ 《马克思恩格斯全集》第三卷,人民出版社 1960 年版,第 96 页。
④ 《马克思恩格斯选集》第一卷,人民出版社 2012 年版,第 169-170 页。

反思并批判了施蒂纳的自足的精神主体,揭示了真实的社会主体。马克思把"现实的人"作为唯物史观得以建立的前提和基础加以阐发出来,并阐述了"人类社会或社会化的人类"就是现实的人。在马克思看来,我们不能用抽象的人来代替历史中存在的个人;历史的主体不是抽象理解的人,不是类,而是从事现实的历史活动的个人。对"现实的人"命题的阐述科学而能动地说明人类历史的基本出发点和方法论,充分显示了马克思对人类历史的深刻洞见和对人民群众主体论的深思熟虑,也标志着马克思关于人民群众历史主体思想的最终完成。

总之,马克思所阐述的主体,不是抽象的、先验的主体,而是"现实的个人",而"现实的个人"是具有"自然性"特征的自在主体,这样的主体具有"社会性"的内在本质规定性,是建立在社会生产关系和历史发展之上的规定,最终马克思将这种主体指向一种总体性主体的承担者,这就是无产阶级。马克思认识到了"其余的阶级都随着大工业的发展而日趋没落和灭亡,无产阶级却是大工业本身的产物"①。可以看出,通过对唯心主义和旧唯物主义的双重批判,马克思抛弃了以自我意识或自我来确立主体的思想,将历史性原则渗透在对主体的理解过程中,其客观上表现为一定的社会关系和社会形态,主观上表现为人的社会历史存在,最终确立了在社会历史过程中所形成的人民群众这一主体。

在确立了人民群众这一历史主体基础上,马克思进一步论述关于人民群众这一历史主体的存在方式。

(二)人民群众历史主体性的发挥要以历史必然性为基础

马克思在阐述人民群众这一历史主体的过程中对"现实的人"这一历史主体做了基本的规定。

第一,现实的人是从事物质生产的人。马克思对"现实的人"的考察

---

① 《马克思恩格斯选集》第一卷,人民出版社 2012 年版,第 411 页。

是在生产劳动的实践基础上发展起来的。马克思是在与工人、农民的交往中，在经济学与法国革命史的研究中，在对前人哲学思想的批判继承中，实现了历史主体的突破的。全部现实生活使马克思意识到不是国家决定市民社会，而是市民社会决定国家，只有那些生活在社会最底层的从事物质生产实践的劳动群众才是历史的真正主体。在马克思早期的理论成果中，"现实的人"是与人的劳动和物质利益密切相关的。在《莱茵报》工作时期，马克思就对劳动群众的物质利益和劳动群众的生活现状进行了分析。马克思认为，贫困群众的劳动付出并没有得到相应的回报，他们从事着最苦最累的工作，却拿着微薄的薪水，生活在社会底层。这引发了马克思对黑格尔理论的怀疑。现实社会中存在的违反理性、违背人民利益的状况使马克思意识到单从理性角度是无法解决问题的。马克思开始脱离黑格尔，由纯思辨走向现实物质利益，从现实中去考察人。"个人力量（关系）由于分工而转化为物的力量这一现象，不能靠人们从头脑里抛开关于这一现象的一般观念的办法来消灭，而只能靠个人重新驾驭这些物的力量，靠消灭分工的办法来消灭。"①虽然马克思意识到对人的理解要从理想的天国走向世俗的世界，不过这一时期马克思并没有把人与物质生产联系起来，对人的认识主要还是体现在理论上。

在《1844年经济学哲学手稿》中，马克思开始把劳动与"个人"联系起来加以考察。受到黑格尔把"劳动理解为人的自我产生的行动"思想的影响，马克思认为人是在物质的生产活动中自我产生和自我发展的。"黑格尔的《现象学》及其最后成果——辩证法，作为推动原则和创造原则的否定性——的伟大之处首先在于，黑格尔把人的自我产生看作一个过程，把对象化看作非对象化，看作外化和这种外化的扬弃；可见，他抓住了劳动的本质，把对象性的人、现实的因而是真正的人理解为人自己的劳动的结

---

① 《马克思恩格斯选集》第一卷，人民出版社2012年版，第199页。

果。"①马克思认为,自然界是人的劳动的对象和产物,通过劳动,人能够将自身的主体性质对象化在自然界上,自然界由此被打上人的烙印。人对自然界的改造最为突出的地方在于劳动结果上,即工业和科学的发展。"我们看到,工业的历史和工业的已经产生的对象性的存在,是一本打开了的关于人的本质力量的书,是感性地摆在我们面前的人的心理学。"②一方面,工业的产生和发展是人创造的,是人的本质力量的发挥和外部确证;另一方面,工业也成为人赖以存在和发展的现实基础。因而"整个所谓世界史不外是人通过人的劳动而诞生的过程,是自然界对人说来的生成过程"③。但是,资本主义社会的劳动是异己性的,这种异己性主要表现在四个方面:第一,劳动与劳动产品的对立。"劳动所生产的对象,即劳动的产品,作为一种异己的存在物,作为不依赖于生产者的力量,同劳动相对立"④。第二,劳动活动同劳动者的异化。"异化不仅表现在结果上,而且表现在生产行为中,表现在生产活动本身中。如果工人不是在生产行为本身中使自身异化,那么工人活动的产品怎么会作为相异的东西同工人对立呢? 产品不过是活动、生产的总结"⑤。第三,劳动者同自身类本质的异化。异化劳动由于"(1)使自然界同人相异化,(2)使人本身,使他自己的活动机能,使他的生命活动同人相异化,因此,异化劳动也就使类同人相异化"⑥。第四,人同人的异化。"在异化劳动的条件下,每个人都按照他自己作为工人所具有的那种尺度和关系来观察他人"⑦。这种异己力量致人于悲惨境地,人的理性的自由自觉的劳动和工人的现实劳动之间存在着巨

---

① 《马克思恩格斯文集》第一卷,人民出版社 2009 年版,第 205 页。
② 《马克思恩格斯全集》第四十二卷,人民出版社 1979 年版,第 127 页。
③ 《马克思恩格斯文集》第一卷,人民出版社 2009 年版,第 196 页。
④ 《马克思恩格斯选集》第一卷,人民出版社 2012 年版,第 51 页。
⑤ 《马克思恩格斯选集》第一卷,人民出版社 2012 年版,第 53 页。
⑥ 《马克思恩格斯选集》第一卷,人民出版社 2012 年版,第 56 页。
⑦ 《马克思恩格斯选集》第一卷,人民出版社 2012 年版,第 58 页。

大的反差。工人的劳动不是自愿的劳动,而是被逼迫的强制劳动,是一种自我牺牲、自我折磨的劳动,一旦肉体强制停止,人们会像逃避瘟疫那样逃避劳动。因此,人只有在运用自己的吃、喝、生殖和居住等动物机能时,才觉得自己在自由活动,而在运用人的机能时,觉得自己只不过是动物。马克思通过对劳动与异化劳动的考察,指出人通过自己的劳动产生这种异化劳动,又会通过扬弃这种异化来使自己获得人的本质,人由此而成为一个类存在物。在《1844 年经济学哲学手稿》中,马克思已经产生了从人的现实活动来看待人的自我产生过程的思想,指出要从社会生产来考察人。生产活动"是他们表现自己生命的一定方式、他们的一定的生活方式。个人怎样表现自己的生命,他们自己就是怎样。因此,他们是什么样的,这同他们的生产是一致的——既和他们生产什么一致,又和他们怎样生产一致。因而,个人是什么样的,这取决于他们进行生产的物质条件"①。也正是有了这样的思想基础,马克思才能最终提出现实的人是从事物质生产实践活动的人。

在《关于费尔巴哈的提纲》中,马克思把人的感性活动与人的本质联系在一起,揭示了人的本质是实践的。马克思认为,人与动物不同,人是在改造世界的活动中反映世界的,人和自然的关系应当当作人的实践活动去理解,自然界和社会都在人的实践活动中受到革命的改造。费尔巴哈理解的人不是现实存在的人,"费尔巴哈设定的是'人',而不是'现实的历史的人'"②;费尔巴哈虽然重视人,却不懂得人的实践本质;费尔巴哈在人与自然的关系上只是把自然作为人的反映对象去理解,而不是把它作为人的改造对象去理解。"费尔巴哈想要研究跟思想客体确实不同的感性客体,但是他没有把人的活动本身理解为对象性的活动"③,因而费尔巴哈不能理

---

① 《马克思恩格斯文集》第一卷,人民出版社 2009 年版,第 520 页。
② 《马克思恩格斯文集》第一卷,人民出版社 2009 年版,第 528 页。
③ 《马克思恩格斯文集》第一卷,人民出版社 2009 年版,第 503 页。

解人的"感性活动"即实践活动的意义和价值。马克思指出,实践是"人的感性活动",是"现实的、感性的活动",是"对象性的活动",是"革命的'、'实践批判的'活动"①,实践是人与自然发生联系的桥梁。人的实践活动存在两大维度:实践相对于自然界的维度,即人化自然;实践相对于历史的维度,即人化社会。不论是人改造自然还是人创造社会、推动历史发展,都离不开实践。没有实践也就没有人的一切社会关系,实践的主体就不会存在,那么脱离实践的人与自然界的其他动物是没有本质区别的。所以,马克思认为人类的社会生活是实践,人的本质也是实践。一旦人类停止物质生产实践,社会将不复存在。"这种活动、这种连续不断的感性劳动和创造、这种生产,正是整个现存的感性世界的基础,它哪怕只中断一年,费尔巴哈就会看到,不仅在自然界将发生巨大的变化,而且整个人类世界以及他自己的直观能力,甚至他本身的存在也会很快就没有了。"②通过对费尔巴哈的"人"及"实践"的批判,马克思把现实的人与实践的人联系在一起,指出了实践对于人和社会的重要价值。

在《德意志意识形态》中,马克思明确强调了现实的人是从事物质生产实践的人。"它的前提是人,但不是处在某种虚幻的离群索居和固定不变状态中的人,而是处在现实的、可以通过经验观察到的、在一定条件下进行的发展过程中的人。"③这种人是可以被感知、被确认的人,是历史存在的第一个前提。现实的个人"是从事活动的,进行物质生产的,因而是在一定的物质的、不受他们任意支配的界限、前提和条件下活动着的"④。现实的人的存在为历史提供了现实的前提,而人的实践活动为历史提供了发展的可能。物质生产实践活动是现实的人基本的存在方式和活动方式,是人和社会存在、发展的基础,也是人类的第一个历史活动。现实的人通过

①　《马克思恩格斯文集》第一卷,人民出版社 2009 年版,第 503 页。
②　《马克思恩格斯选集》第一卷,人民出版社 2012 年版,第 157 页。
③　《马克思恩格斯选集》第一卷,人民出版社 2012 年版,第 153 页。
④　《马克思恩格斯文集》第一卷,人民出版社 2009 年版,第 519 页。

不断发展和创新的劳动实践和技术进步,推进着人类文明的进步和社会制度的演变。人类历史不是现实的个人之外的抽象物,在历史本质上是一部劳动史。

因此,"现实的个人"不是生物学意义上的"自然人",他的生存条件连同他的本性都是其实践的结果,因而他是历史的;"现实的个人"又不等同于"现存的个人","现存的个人"总是被历史超越的,而"现实的个人"是一切历史活动的前提,是不可能被历史超越的;"现实的个人"也不是"孤立的个人",而是必然与他人形成各种联系、属于一定社会形态的个人;"现实的个人"更不是没有个体性的共性人,而总是以有着非常具体个性的自主活动类型为其表现形式的人。可以说,"现实的个人"是真正科学抽象意义上的人,是人和自然、人和类之间最基本、最本质关系的规定。"现实的个人"是自然进化和历史创造、个性化和社会化的综合体,从事物质生产活动的人。从对人的劳动性的考察到把劳动实践看作人的本质,马克思一步步接近了对现实的人的理解,最终确认了"现实中的个人"是进行物质生产的人,是"从事实物质生产活动的人"。

第二,现实的人是处于一定社会关系中的人。马克思坚持把现实的个人、他们的物质生产活动以及生产的物质条件相统一起来进行研究,就不可避免地会进入社会历史的范围考察现实的人在进行活动时所形成的关系,最终得出人的本质是一种社会关系。

任何人都是处在一定社会关系中的人,体现在人与自然、人与社会、人与人之间的关系。首先,从人与自然的关系看,人与自然是相互塑造的结果。人要生存发展下去,就要在自然界中进行物质实践活动,生产满足自己需要的物质资料。"人靠自然界生活",自然界是人的实践的对象和产物,通过实践活动,人能够将自身的主体性质对象化在自然界上,自然界由此被打上人的烙印。"第一个历史活动就是生产满足这些需要的资料,即生产物质生活本身,而且,这是人们从几千年前直到今天单是为了维持生活就必须每日每时从事的历史活动,是一切历史的基本条件。"①人的实践活动改造着自然界,创造适合人类生产发展的环境,同时自然界也对人的劳动实践起着一定的制约作用。人们的实践活动不是为所欲为的,而是在有限的自然条件下发挥能动性,进行生产活动。因而,人与自然是相互制约互相改造的关系。

其次,从人与人的关系看,"现实的人"处在自然和历史的交汇点上,是自然进化的终结和历史创造的开端,是一切历史过程和社会关系的前提。人是自然和社会历史中的人,不是纯粹的自我意识,人必须与他人、社会、环境相联系,通过实践把自然界和社会变为人化自然和人化社会。"为了进行生产,人们相互之间便发生一定的联系和关系;只有在这些社会联系和社会关系的范围内,才会有他们对自然界的影响,才会有生产。"②而要进行生产,改造自然界,创造物质生活资料,单靠个体的力量是不行的,人们之间必须结成一定关系。这种结成一定关系去创造物质生活资料的活动,就是劳动。只有结成一定的社会关系,才能进行劳动。在满足基本生存资料的基础上,人的生产和发展需要满足新的需要的再生产。这种不断生产的新需要和满足这种需要的生产和再生产构成了人类历史活动连续不断发展的链条。同时,人们不仅要进行物质资料的生产,而且需要繁衍后代,并由此产生血缘、家庭关系,进而形成社会关系并建立起多种多样的联系,在这些联系所构建的范围内,人不再只是一个生物学意义上个体的存在,而上升为一种社会的存在。人与人之间由此产生社会关系。

最后,从人与社会的关系看,人最本质的关系是社会关系,这是其他一切关系的基础。社会是从个人开始展开的,历史是从个人开始记载的,人是社会生活的主体,这些都是不以哲学家们的意志为转移的客观实际。人

---

① 《马克思恩格斯选集》第一卷,人民出版社 2012 年版,第 158 页。
② 《马克思恩格斯选集》第一卷,人民出版社 2012 年版,第 340 页。

对自然的改造,人之间的结合,都是处在一定社会关系中的人来完成的。社会关系是人的实践的即以活动为基础的关系,它既是实践活动的结果,又是实践活动的前提。任何一个历史时代的社会关系都是在过去的人们实践活动基础上形成的,是过去实践活动的结果,同时又是后继实践活动的前提与后继实践活动所借以实现的必然形式。只有在社会实践中,人才能成为人,才能在改造自然中实现自身。也正是在改造对象世界中的社会活动中人才能证明自己是类的存在物,劳动的对象是人的类生活的对象化。同时,人也正是作为类的存在物在改造着对象世界,使对象世界成为人的作品和人的现实。现实的人不管他"在主观上怎样超脱各种关系,他在社会意义上总是这些关系的产物"①,他们只能在这种社会关系中活动。可见,社会关系作为实践活动的社会形式,是历史主体形成的社会基础,它不仅规定了历史主体的社会存在形式,而且决定了历史主体现实能力的运用和发展。透过人的社会关系层次,我们才可以清晰地看到人作为历史主体的社会存在形式及其现实境遇。

马克思从人的劳动实践活动出发,从人之所以成为类的存在物的社会现实性和基础出发揭示了人的本质——一切社会关系的总和。马克思不仅把人看作"自然存在物,而且是人的自然存在物"②,"个人是社会存在物"③。人把人类作为自己的对象生产出了人的社会,社会则是在实践活动中产生的人与人之间的关系,"是人同自然界的完成了的本质的统一"④。所以,人的本质不仅表现在人化自然中,不仅体现在与动物区别的类的存在物上,更表现于人类社会,体现出人以人本身为对象所创造的社会关系。"人的本质是人的真正的社会联系,所以人在积极实现自己本质的过程中创造、生产人的社会联系、社会本质,而社会本质不是一种同单个

---

① 《马克思恩格斯选集》第二卷,人民出版社 2012 年版,第 84 页。
② 《马克思恩格斯全集》第三卷,人民出版社 2002 年版,第 326 页。
③ 《马克思恩格斯全集》第四十二卷,人民出版社 1979 年版,第 122 页。
④ 《马克思恩格斯全集》第四十二卷,人民出版社 1979 年版,第 122 页。

人相对立的抽象的一般的力量,而是每一个单个人的本质,是他自己的活动,他自己的生活,他自己的享受,他自己的财富。因此,上面提到的真正的社会联系并不是由反思产生的,它是由于有了个人的需要和利己主义才出现的,也就是个人在积极实现其存在时的直接产物。有没有这种社会联系,是不以人为转移的;但是……因为这种社会联系的主体,即人,是自身异化的存在物。人们——不是抽象概念,而是作为现实的、活生生的、特殊的个人——就是这种存在物。这些个人是怎样的,这种社会联系本身就是怎样的。"①也就是说,社会关系是在人之间的交往活动中产生的,而所有人都处在这样一个社会关系中。离开了个人也就没有生产关系、社会关系和交往关系,个人是生产关系进而人类历史活动的主体。也正因为如此,马克思指出,"人的本质不是单个人所固有的抽象物,在其现实性上,它是一切社会关系的总和"②。

第三,人民群众主体论是把握历史发展规律的关键。唯物史观理论的创立首先是从科学的实践观的提出开始的。马克思在《关于费尔巴哈的提纲》中指出,旧唯物主义的主要缺陷是对事物、现实只是从客体的或直观的方面去理解,而没有从实践的、主体的方面去理解,因而不能把握人们的实践活动在人类社会生活中的巨大意义。人类社会是一个由物质生产实践因素决定的有客观规律的历史发展过程。在这个过程中,存在着生产力与生产关系、经济基础与上层建筑的关系。其中生产力是社会发展的根本动力。生产关系、社会制度的变革都是由于生产力的变革引起的。有什么样的生产力就会产生相应的生产关系和生产方式,从而建立起相应的社会制度。社会发展水平是与生产力发展状况相一致的,社会历史的发展也就是生产力的发展史,社会生产力才是全部人类历史的基础。但是生产力不是什么离开人而运转的独立的客观物质过程,而是由现实人的活动构成

① 《马克思恩格斯全集》第四十二卷,人民出版社1979年版,第24-25页。
② 《马克思恩格斯选集》第一卷,人民出版社2012年版,第135页。

的。生产力是人民群众表现出来的物质生产能力,人民群众是生产力中唯一最活跃的具有能动性的主体因素。要把握历史发展规律,必然不能抛开人这个核心因素。

　　社会历史的发展过程就是人的实践和活动的历史,是历史主体在特定的历史条件下凭借一定的中介手段认识和改造历史客体的客观物质过程。人的实践活动包含着历史的内容,受历史制约,实践是在历史中生成的,历史使实践成为人的现实的历史活动,而不是自我意识活动或者感性直观。实践创造的产物又将作为历史成果制约未来的实践活动,影响现实的人的活动范围和能力。

　　一方面,历史是人民群众的历史,是人民群众物质生产实践的历史。"任何历史记载都应当从这些自然基础以及它们在历史进程中由于人们的活动而发生的变更出发。"①因此,对于历史的把握应该到物质生产实践中去寻找。人作为历史过程中主体的一方,具有能动地认识和改造客体的能力。人民群众是社会生产实践的主体,也是推动社会前进的不竭动力。历史的发展存在于人的实践活动中,是人民群众通过促进生产力的发展和生产关系的变革推动的。离开了现实的人及其活动,社会历史将荡然无存。历史规律也不是凌驾于人们活动之上的超然物,而是人们活动的产物,并需要通过人的自觉活动才能实现。人类历史的发展虽然是一个自然历史过程,但是社会结构体系毕竟是要由人来作为主体承担的,社会的发展也是通过人这个主体的活动来实现的。因此,无论是社会的物质文明还是精神文明,都凝聚着亿万人民群众的聪明才智。对社会物质文化需要的追求,对伟大理想孜孜不倦地探索,是人类的天性,也是推动社会前进的力量源泉。

　　另一方面,任何现实的人都是处在一定社会历史条件中的人,是处在一定生产力水平状况下的人。"个人是什么样的,这取决于他们进行生产

---

　　①　《马克思恩格斯选集》第一卷,人民出版社 2012 年版,第 147 页。

的物质条件。"①人们不能随心所欲地创造历史,必须与特定历史阶段的社会生产力水平相适应。"我们自己创造着我们的历史,但是第一,我们是在十分确定的前提和条件下进行创造的。"②"后来的每一代人都得到前一代人已经取得的生产力并当作原料来为自己新的生产服务,由于这一简单的事实,就形成人们的历史中的联系,就形成人类的历史。"③无论是封建社会的社会关系形式还是资本主义的社会关系形式都是一定历史时期的产物。人是一切社会关系的总和,所以人创造的历史也必然是特定历史时期的社会关系。正如马克思所指出的那样,"手推磨产生的是封建主的社会,蒸汽磨产生的是工业资本家的社会。人们按照自己的物质生产率建立相应的社会关系"④。历史的发展就表现为每一代人继承前人活动所创造的积极成果,把它们作为自己历史活动的前提条件,并通过自己的能动性活动,加以扬弃,创造出更适合自己和下一代生存和发展的新的前提条件的过程。"每一代都立足于前一代所奠定的基础上,继续发展前一代的工业和交往,并随着需要的改变而改变他们的社会制度。"⑤正是在人民群众的物质生产中,在真正本质的社会发展中,历史呈现出不断由低级社会向高级社会发展的进步趋势。

人的存在和实践活动赋予了世界历史价值和意义。历史从其客体方面、外在表现来看,是社会物质条件的发展史,是生产方式的运动史,也是精神文化的发展史;从主体方面、内在本质看,则是人的活动史。离开人的活动,历史将不复存在,只有以作为主体的人的发展为基础,历史才具有前进和发展的动力。历史的发展正是作为主体的人的实践活动的结果,历史的发展则是围绕人、为了人而存在和发展的。因此,历史发展的实质在于

①　《马克思恩格斯选集》第一卷,人民出版社 2012 年版,第 147 页。
②　《马克思恩格斯选集》第四卷,人民出版社 2012 年版,第 604 页。
③　《马克思恩格斯选集》第四卷,人民出版社 2012 年版,第 409 页。
④　《马克思恩格斯选集》第一卷,人民出版社 2012 年版,第 222 页。
⑤　《马克思恩格斯选集》第一卷,人民出版社 2012 年版,第 155 页。

对历史主体的实践活动,在于现实的人及其发展。

社会历史就是主体的自觉活动的历史,主体活动创造了自己的历史。"历史什么都没有做",历史就是人类能动的物质生产劳动的生成过程。社会历史规律本质上只能是人的活动规律。历史是人民群众的历史,是"人的真正的自然史"。对历史规律的考察和把握从人民群众的物质生产活动中找寻。

(三)人民群众主体论是马克思群众观的核心

在唯物史观中,生产力、生产关系、经济基础等唯物史观的基本范畴都是建立在人民群众这个范畴基础之上的,马克思运用这些范畴系统阐述了历史唯物主义中群众观的基本原理。历来的唯物主义者都是从历史活动的表象出发,认为历史是帝王将相或少数精英人物创造的,人民群众只是被动地跟随其后,是历史的惰性力量。而马克思通过对社会实践的深刻考察,强调了群众的历史主动性,肯定了人民群众是历史的创造者,是认识世界和改造世界的主体,是推动历史发展的决定性力量,这是马克思群众观的核心。

第一,马克思从人民群众这个基本概念出发,揭示了历史发展的动力和方向。人是社会中的人,是历史存在的前提。"根据唯物史观,历史过程中的决定性因素归根到底是现实生活的生产和再生产。"①马克思从现实的人及其实践活动出发来理解历史,指出只有人民群众及其生产劳动才是理解历史的正确路径,揭示了历史发展的动力和方向。

人们创造历史的行动蕴含在一切日常生产劳动中,生产劳动也就成为特定生产力发展水平的表现。社会存在的本质内容体现为人们物质资料的生产方式,即生产力与生产关系的统一。其中一定阶段上的物质生产力是根本内容,正是它的发展决定着生产关系或经济基础的变更,决定着庞

---

① 《马克思恩格斯选集》第四卷,人民出版社 2012 年版,第 604 页。

大的上层建筑的变革,从而使历史不断展开,不断从一种质态转向另一种质态。因此,在社会的结构性存在和历史的发展进程中,生产力无疑是人类历史发展基石和最终的决定因素,是社会存在和发展的活动。而人民群众正是这个活力之源。前面已经论述了历史发展的根本动力是生产力,而生产力的承担者是人民群众。人民群众作为生产活动的主体,作为物质资料的生产者,是社会生产力的体现者,成为生产力发展要求的代表者。人民群众在生产活动中不断积累经验,改进生产工具,提高生产技术,推动生产力的发展,从而推动生产方式的变革和整个社会历史的进步,成为历史的创造者和推动社会历史前进的决定力量。

从生产力出发,马克思把整个人类历史的演化分为三大阶段:前资本主义阶段、资本主义阶段和共产主义阶段。前资本主义社会是以"人的依赖关系"为基础,个人从属于较大的群体,个人的生产能力极为有限。在资本主义发展阶段,个人获得了人身自由和独立,但劳动产品作为一种异化的力量支配着个人,因此形成了一种奇怪的"以物的依赖性为基础的人的独立性"现象。只有到共产主义社会,个体才同时摆脱对人和物的依赖关系,实现"个人的全面发展"和"个性自由"。马克思见证了资本主义异化力量的极度扩张,也看到了无产阶级运动此起彼伏。资本主义社会催生了一种荒唐的社会景观:一边是"资产阶级在它的不到一百年的阶级统治中所创造的生产力,比过去一切世代创造的全部生产力还要多,还要大"①,另一边却是"工人变成赤贫者,贫困比人口和财富增长得还要快"②。马克思认为,资本主义社会创造的高度发达的生产力不仅催化了异化现象,而且为无产阶级消灭阶级、走向共产主义社会提供了坚实的社会物质保障条件。无产阶级处于社会的最下层,受压迫最深,是最坚决、最富于革命彻底性的阶级。同时,现代无产阶级与最先进的经济形式即社会

---

① 《马克思恩格斯选集》第一卷,人民出版社2012年版,第405页。
② 《马克思恩格斯选集》第一卷,人民出版社2012年版,第412页。

化大生产相联系,它代表着人类的未来。"通过它把无产阶级作为无产阶级——这种意识到自己在精神上和肉体上贫困的贫困、这种意识到自己的非人化从而把自己消灭的非人化——产生出来。"①资本主义的消亡是历史的必然,资本主义的发展形成了推翻资本主义的革命力量,这个力量就是无产阶级。无产阶级最终会将私有制和资产阶级推向坟墓,共产主义将代替资本主义走上历史的舞台。

因此,人民群众是理解唯物史观的基础概念,也是把握历史发展规律的核心。对社会历史的考察,对历史发展规律的把握,必须坚持人民群众主体论。离开了人民群众这个核心基础,一切理论都是站不住脚的空中楼阁。

第二,人民群众是历史的创造者是马克思主义群众观的核心。对人民群众历史作用的重视和强调,是马克思唯物史观区别于其他一切历史观的重要标志。历来的唯心史观都认为,少数杰出人物是历史的创造者,这些人具有非凡的才智,他们的意志、思想动机决定了社会发展的方向,创造了社会历史。而马克思通过对社会实践的深刻考察,强调了群众的历史主动性,肯定人民群众是历史的创造者,是认识世界和改造世界的主体,是推动历史发展的决定性力量,这是马克思群众观的核心。

一方面,人民群众的实践活动"制约着整个社会生活、政治生活和精神生活的过程"②。人民群众的物质生产活动从根本上制约了历史活动本身,决定着社会、政治、精神文化等一切社会领域的基本状况和发展规模。人民群众的物质生产活动是全部历史的最基础、最基本的内容。这个前提和基础内在地蕴含了其后发生的一切关系:阶级关系、政治制度、上层建筑意识形态及其与之相关的其他一切方面,都是建立在人民群众的实践活动基础之上的。因而这个创造历史的基础和前提是最具决定意义的历史创

---

① 《列宁全集》第五十五卷,人民出版社1990年版,第10页。
② 《马克思恩格斯选集》第二卷,人民出版社2012年版,第2页。

造,最终决定历史的发展。

另一方面,生产实践的主体是以不同形式从事和促进生产实践活动的人民群众,对社会历史的发展起最终决定作用。人民群众的物质生产活动的全部意义与人民群众创造历史的观点在本质上一致的。强调生产劳动在人类社会生存和发展中的最终决定作用,就是肯定以劳动人民为主体的人民群众是社会历史进程中的最终决定力量。

马克思强调社会历史的"主体是人,客体是自然"①。社会历史发展是以人的实践为中介的主体客体化和客体主体化的双向运动的结果。人民群众不仅是劳动、社会关系的产物,还是劳动、社会关系的主体。人作为历史的主体,在创造社会历史的伟大过程中,在改造人自身环境的实践过程中,在认识真理并将之自觉转化为实践的活动中发挥了巨大作用。人民群众创造了人类赖以生存的物质生活资料,并且在生产活动中不断积累经验,改进生产工具,提高生产技术,推动了生产力的发展,从而推动生产方式的变革和整个社会历史的进步。在不断发展的过程中,人民群众创造出丰富的物质和精神财富,并影响着社会发展和历史的进步。人民群众作为生产活动的主体和物质资料的生产者,是社会生产力的体现者,是为历史的创造者和推动社会历史前进的决定性力量。人民群众是社会历史的决定性力量,人民群众的愿望和意志、利益和要求反映了时代的客观要求,并与历史发展的必然趋势相一致。

马克思的人民群众主体论,强调了以人民群众为历史主体认识社会存在及社会历史发展的动力、过程、趋势和规律,揭示了人民群众的活动与历史发展规律具有内在一致性和同步性,是马克思群众观的核心。

二、人民群众实践主体论

人民群众是实践的主体,这是马克思主义群众观的基本主张。在马克

---

① 《马克思恩格斯选集》第二卷,人民出版社 2012 年版,第 685 页。

思看来,主体的存在不是唯心主义和旧唯物主义所抽象理解的那种主体的存在,而是现实的主体的存在。而作为这种现实的主体的存在,不能离开现实人的自由自觉的活动,因此,理解马克思的人民群众主体论必须从主体的自由自觉的活动,即从实践来理解这一主体的存在。因为马克思认为人民群众的社会实践才是最普遍、最持久、最客观的基本实践,他们才是社会实践的主体,是人类社会发展的主体。

(一)人民群众主体中的实践旨意

前面我们已经分析,马克思的群众主体论批判抽象地发展了主体性的近代唯心主义尤其是德国古典哲学唯心主义,和不从主体方面去理解对象的费尔巴哈等旧唯物主义的机械形而上学。这其实已经表明在主体形而上学内部来阐释"主体性"观念是行不通的,其根基是空虚和不可靠的。马克思在批判的基础上为承担重大历史职责的主体们找到一个充实和可靠的根基:实践活动。

马克思群众观所主张的主体不是离开实践的主体,马克思在《关于费尔巴哈的提纲》中有这样的表述:要从"主体"方面去理解"实践",体现了"实践"与"主体"的内在的深刻的关联。马克思所说的"主体"是处于社会关系中的,不断自我创造和自我生成的现实"主体",是"实践着的主体",而"主体"赖以生存的能力不是理性精神而是实践活动能力。实践活动是实现"主体"自由的现实力量,实践是主体的基础,主体性是实践性的本质特征。

首先,包括费尔巴哈在内的旧唯物主义者只是看到了事物、现实等的物质性,没有看到这种物质性与人的感性活动、实践的关系。费尔巴哈是一个典型的唯物主义者。对于思维和存在,费尔巴哈曾这样论述:"思维和存在的真正关系只是这样:存在是主体,思维是宾词。思维是从存在而来的,然而存在并不来自思维。存在是从自身,通过自身而来的——存在只能为存在所产生。"①"只有将实在事物,感性事物当成它自身的主体,只有给实在事物和感性事物以绝对独立的、神圣的、第一性的,不是从理念中派生出来的意义。"②从这段论述中,我们不仅可以看出费尔巴哈的唯物主义倾向,而且可以看到费尔巴哈想要表达自然是人的存在、生活的现实基础,人属于自然。但他只是把自然界这个客体存在当作主体的反映对象来理解。对于物质和存在,费尔巴哈认为,物质的主要特性是为人能感觉到的感受性。他指出,近代思辨哲学单纯强调非物质的、纯粹的理智实体,忽视了物质实体、感性实体,他们所谓的物质"是一种形而上学的事物……因为物质赖以异于理智和思维活动的主要特征,即赖以成为一种能感受的实体的那种特征,已经从物质之中出去了"③。同样,存在在费尔巴哈那里也是"感性的存在,直观的存在,感觉的存在,爱的存在"④。可见,在费尔巴哈对于物质和存在的理解是从感性出发的,只强调物质和存在的直观和感受。这样,费尔巴哈对于客观存在的事物的理解显得尤为肤浅:他只看到了客观的物质世界是不依赖于人的意志的客观实在,是人的认识客体,是能被人感知的,而没有看到人的能动性;他想要研究跟思想客体确实不同的感性客体,却没有把人看成改造自然的主体,没有看到人的认识活动也反映了人的主观能动作用。因而费尔巴哈"把人只看做是'感性对象',而不是'感性活动',因为他在这里也仍然停留在理论领域,没有从人们现有的社会联系,从那些使人们成为现在这种样子的周围生活条件来观察人们——这一点且不说,他还从来没有看到现实存在着的、活动的人,而是停留于抽象的'人'"⑤,既不能理解人与人、人与社会之间的关系,更不能理解人的"感性活动"即实践的意义和价值。

---

① 《费尔巴哈哲学著作选集》上卷,荣震华等译,商务印书馆 1984 年版,第 115 页。
② 《费尔巴哈哲学著作选集》上卷,荣震华等译,商务印书馆 1984 年版,第 165 页。
③ 《费尔巴哈哲学著作选集》上卷,荣震华等译,商务印书馆 1984 年版,第 148 页。
④ 《费尔巴哈哲学著作选集》上卷,荣震华等译,商务印书馆 1984 年版,第 167 页。
⑤ 《马克思恩格斯选集》第一卷,人民出版社 2012 年版,第 157 页。

虽然费尔巴哈在他的哲学著作中常谈实践,并把实践放在一个很高的位置,但费尔巴哈的实践不是主体能动地改造外部世界的感性物质活动,而是客体强加于主体,主体消极、被动地反映客体的活动,是人的肉体感官对外界的直接的、被动的、镜子般的反映活动。他把实践与感性生活、事实、现实、行动、实际等具有客观性含义的概念相提并论,将他们看作能够互相通用的同等程度的概念,"人们所了解的存在,就是合乎事实和理性的存在,自为的存在,实在,存在,实际,客观性。这一切特性或名词,只是从不同的观点上来表达同一的事物"。在《未来哲学原理》一书中,费尔巴哈说,检验真理的"唯一标准,乃是直观","真理并不存在于思维之内,并不存在于自为的认识之内。真理只是人的生活和本质的总体"①。在他看来,真理的标准首先是感性直观,真理性、感性、现实性是一回事,只有以感性直观为前提的思维才是具有客观真理性的思维。在《基督教的本质》一书中,费尔巴哈说:"人是为了直观世界而生的。理论之立场,就意味着与世界和谐相处……与此相反,如果人仅仅立足于实践的立场,并由此出发来观察世界,而使实践的立场成为理论的立场时,那他就跟自然不睦,使自然成为他的自私自利、他的实践利己主义之最顺从的仆人","实践的直观,是不洁的、为利己主义所玷污的直观,因为,在这样的直观中,我完全以自私的态度来对待事物;它是一种并非在自身之中得到满足的直观,因为,在这里,我并不把对象看作是跟我自己平等的。与此相反,理论的直观却是充满喜悦的、在自身之中得到满足的、福乐的直观"②。可见费尔巴哈对实践的理解是直观的。他没有把人的活动理解为变革现实的客观的能动的实践活动,"没有把人的活动本身理解为对象性的活动。……他不了解'革命的'、'实践批判的'活动的意义"③,也没有看到人作为主体是可以

---

① 《费尔巴哈哲学著作选集》上卷,商务印书馆1984年版,第185页。
② 《费尔巴哈哲学著作选集》下卷,荣震华等译,商务印书馆1984年版,第235-236页。
③ 《马克思恩格斯选集》第一卷,人民出版社2012年版,第133页。

能动地改变自然界。正如马克思所批判的,费尔巴哈只把人看作"感性对象",而不是"感性活动"。他对客观世界"只是从客体的或直观的形式去理解",而"不是从主体方面去理解"。

不了解实践活动对于人的意识以及整个人类的基础的意义,这是费尔巴哈唯物主义的根本缺陷,也是费尔巴哈以前的一切唯物主义的共同的根本缺陷,是"旧唯物主义"之所以为旧的根本原因。

其次,外部世界的存在是人的活动的前提,但它能否成为人的对象、生存关系和环境,取决于它能否进入人的实践领域。实践是人为了满足自身需要对客观世界进行的改造活动。需要反映了主体对客体某种属性能够为己所用的主观愿望以及为了维持生命而对客体进行改造从而满足主体的要求。人的需要的满足就必然促使人与自然界发生关系,通过实践来得到。人之所以能成为主体,是因为人具有向着选定的目标前进的自觉性。这是人与动物的重要区别。动物仅利用外部自然界,简单地通过自己的存在在自然界中引起改变;而人根据自身的需求来改造自然界,人通过他所做出的改变来使自然界为自己的目的服务。因而在人与自然的关系中,自然呈现出"为人"的特征,"凡是有某种关系存在的地方,这种关系都是为我而存在的"①。

自然界是人赖以生存的客观基础。人类社会从自然界中派生出来,是自然界的产物。"人靠自然界生活。这就是说,自然界是人为了不致死亡而必然与之不断交往的、人的身体。"②"没有自然界,没有感性的外部世界,工人就什么也不能创造。"③这里的自然是与人构成对象性关系的人化自然,而不是人类尚未涉足的、不具备这种对象性关系的自然界。"非对象性的存在物是非存在物。……但是非对象性的存在物,是一种非现实

① 《马克思恩格斯选集》第一卷,人民出版社 2012 年版,第 161 页。
② 《马克思恩格斯全集》第四十二卷,人民出版社 1979 年版,第 95 页。
③ 《马克思恩格斯全集》第四十二卷,人民出版社 1979 年版,第 92 页。

的、非感性的、只是思想上的即虚构出来的存在物,是抽象的东西。"不与人发生联系的自然界对于人来说没有任何作用,那种"被抽象地孤立地理解的、被固定为与人分离的自然界,对人来说也是无"①。但是与人分隔开来的自然界是无,并不意味着它不存在。自然界是无限的,但只有在与人发生联系之后,才能发挥它的全部意义和作用。实践活动把自然界与人联系起来,使自然界具有了对人来说的对象性关系。

人根据自身的需要对自然进行改造。虽然自然界有很多动物也会利用自然来满足自己的需要,但这些动物只是在直接的肉体需要的支配下生产,而人甚至不受肉体需要的支配也进行生产。"动物只是按照它所属的那个种的尺度和需要来建造,而人却懂得按照任何一个种的尺度来进行生产,并且懂得怎样处处都把内在的尺度运用到对象上去;因此,人也按照美的规律来建造。"②人通过这样的生产来制造满足自己需要的一切产品,"自然界才表现为他的作品和他的现实。因此,劳动的对象是人的类活动的对象化:人不仅像在意识中那样理智地复现自己,而且能动地、现实地复现自己,从而在他所创造的世界中直观自身"③。通过实践,人不仅拥有了物质的对象世界,而且人的意识的一部分、人的精神的无机界也成为人的生活和人的活动的一部分。"在实践上,人的普遍性正表现在把整个自然界——首先作为人的直接的生活资料,其次作为人的生命活动的材料、对象和工具——变成人的无机的身体。"④人对自然的改造不是随意的,而是取决于人的需要,体现于人在实践上对外部世界和自身的重建或构造中。

最后,为我存在作为对象性意识,使人成为自主的存在物,成为"主体"。实践活动就其现实性来说是感性的物质关系,是对象性的活动。但人之所以能够成为"实践主体",主要是因为人的实践活动的对象性而非

① 《马克思恩格斯全集》第四十二卷,人民出版社 1979 年版,第 178 页。
② 《马克思恩格斯全集》第四十二卷,人民出版社 1979 年版,第 97 页。
③ 《马克思恩格斯全集》第四十二卷,人民出版社 1979 年版,第 97 页。
④ 《马克思恩格斯全集》第四十二卷,人民出版社 1979 年版,第 95 页。

人的对象性意识。马克思认为,人的实践活动是一种对象性活动:"正是在改造对象的世界中,人才真正地证明自己是类存在物。这种生产是人的能动的类生活。通过这种生产,自然界才表现为他的作品和他的现实。因此,劳动的对象是人的类生活的对象化:人不仅像在意识中那样在精神上使自己二重化,而且能动地、现实地使自己二重化,从而在他所创造的世界中直观自身。"①但是,物质生产实践作为"人与自然之间的物质变换过程",其中内含着主体与客体的关联结构,即作为主体的人与作为客体的自然界之间有着内在的双向选择关系。人依据自己的能力对客观世界进行约束和改造,自然物中与人的现实本质力量相适应的性质由此确定下来;自然物质则对主体的人改造活动加以限制,使人与自然物质相适应的规定性确定下来。这表明,自然界及其事物的客体意义取决于人的本质力量的发挥程度,而人的本质力量的发挥又取决于人对自然界及其规律的认识和改造,正是后者决定着人的历史主体地位的生成和发展。

(二)人民群众实践活动中的历史旨意

人的历史究竟意味着什么? 历史又何以可能? 在马克思之前,思想家将历史归结为"社会行动以外效果说""理性的狡计说""类本质异化论"。马克思从实践出发,得出与以往历史不同的历史观。

第一,实践活动是历史的实践活动。人化自然、感性自然完全是人的感性活动、实践活动造就的,是人的实践活动的产物,与实践分不开的,任何感性、感性对象都是由感性活动、实践活动提供的,没有实践、没有感性活动也就没有感性对象。人们生活的客观世界绝不是开天辟地以来就存在的一成不变的世界,而是工业和社会发展的产物,是历史的产物,随着人类实践活动的发展而前进。实践使自然变成了历史,反过来,实践又使历史改变了自然、开拓了自然。由客观自然转化为人化自然的过程,也就是

---

① 《马克思恩格斯选集》第一卷,人民出版社 2012 年版,第 57 页。

由自然发展到社会的过程。历史是从实践活动开始的。

在马克思看来,历史的过程是人类主体现实活动的过程,是主体劳动的过程。"历史不是作为'源于精神的精神'消融在'自我意识'中而告终的,历史的每一阶段都遇到一定的物质结果,一定的生产力总和,人对自然以及个人之间历史地形成的关系,都遇到前一代传给后一代的大量生产力、资金和环境,尽管一方面这些生产力、资金和环境为新的一代所改变,但另一方面,它们也预先规定新的一代本身的生活条件,使它得到一定的发展和具有特殊的性质。"①无论是探讨自然史还是人类史,都必须自觉地意识到一个统一的历史和整体的实践,也就是说,历史与实践都应该是具有同等外延的概念超越了主客体分立的模式,从而发现生活实践中的主体与社会实践不可分离的关系。

人民群众的实践体现了历史前进的方向。以不同形式从事和促进生产实践活动的劳动群众对社会历史的发展起最终决定作用。"人本身是他自己的物质生产的基础,也是他进行的其他各种生产的基础。因此,所有对人这个生产主体发生影响的情况,都会在或大或小的程度上改变人的一切职能和活动,从而也会改变人作为物质财富、商品的创造者所执行的各种职能和活动。"②强调生产劳动在人类社会生存和发展中的最终决定作用,就是肯定以劳动人民为主体的人民群众是社会历史进程中最终决定力量。人的社会实践活动在本质上是人的社会性活动,社会存在和社会发展在本质上又是人们社会化的实践过程,两者是有机的统一。

第二,实践是区分新旧唯物主义的根本标志。以费尔巴哈、鲍威尔、施蒂纳为代表的现代德国哲学家们,没有超越黑格尔唯心主义哲学体系,认为只要同思想的枷锁和意识的幻想进行斗争就能改造现存世界。在马克思看来,只有将唯物主义和辩证法统一起来的生活实践的观点才能解决处

---

① 《马克思恩格斯选集》第一卷,人民出版社 2012 年版,第 172 页。
② 《马克思恩格斯全集》第三十三卷,人民出版社 2004 年版,第 350 页。

于社会生活中的现实的人所面对的各种现实问题。马克思在《关于费尔巴哈的提纲》第八条中指出："全部社会生活在本质上是实践的。凡是把理论引向神秘主义的神秘东西,都能在人的实践中以及对这种实践的理解中得到合理的解决。"①马克思通过强调回到现实历史活动本身并历史地分析社会历史活动的方法论,探索出了人类历史发展过程的真相和规律,指出历史是实践着的物质生活的历史,而非纯粹精神的历史,历史发展具有某种必然性,而且这种必然性并非来自远离人世的天国彼岸,而是内在于人类社会的实践活动中。人民群众的需要、意志和行动同人类社会发展规律具有高度的一致性,他们的生产生活实践体现了人类社会发展的本质和主流。实践是社会生活的本质和社会历史的基础。从社会历史的基础看,"历史不过是追求着自己目的的人的活动而已"②,劳动发展史是理解全部社会史的锁钥,历史是人民群众的实践创造的。劳动创造了人,同时也创造了人类社会,创造了社会历史。所以物质生产实践是社会的起源和基础,没有物质生产,就没有人类社会,更没有人类社会历史的发展。

从人的社会存在,到社会生活,到人的类本质,到社会生活的本质,再到人的现实本质,无不以现实实践为根本。马克思依循"从现实生活本身来理解分析现实生活"的思维方式,最终发现了实践的真谛和重要意义,对过去的哲学理论,马克思一针见血地指出:"从前的一切唯物主义(包括费尔巴哈的唯物主义)的主要缺点是:对对象、现实、感性,只是从客体的或者直观的形式去理解,而不是把它们当作感性的人的活动,当作实践去理解,不是从主体方面去理解。因此,和唯物主义相反,唯心主义却把能动的方面抽象地发展了,当然,唯心主义是不知道现实的、感性的活动本身的。"③对于以往哲学家们的工作,马克思持批判态度:"哲学家们只是用不

---

①　《马克思恩格斯选集》第一卷,人民出版社 2012 年版,第 135–136 页。

②　《马克思恩格斯文集》第一卷,人民出版社 2009 年版,第 295 页。

③　《马克思恩格斯选集》第一卷,人民出版社 2012 年版,第 133 页。

同的方式解释世界,问题在于改变世界。"①

新唯物主义与一切旧的哲学派别有着根本的不同,第一次提出了自己的历史使命就是改造世界,而要有效地改造世界,就要科学地认识世界,理论与实践从来就不能割裂开来,马克思主义哲学把科学的实践当作自己理论的基础,明确提出要通过人民群众的实践去改造世界。实践是马克思主义哲学实现哲学史上革命的实质。

三、人民群众价值主体论

在马克思群众观的理论主张中,历史主体一方面是实践主体,另一方面也是价值主体。因为在马克思看来,实践活动并不是一种价值中立的活动,而是一种具有价值倾向和价值追求的活动。价值不仅是一个关系范畴,而且是一个历史范畴。从关系范畴来看,价值反映了价值客体对于价值主体的意义,即价值主体的人民群众与价值客体的关系;从历史范畴来看,价值反映了作为历史主体的人民群众的生存、发展。因此,"实践主体"和"价值主体"是一致的,它们并不是两个"主体",只是从不同角度被阐发出来的同一个"主体"。马克思的人民群众主体实践论担负起了"主体性"研究根基的使命,这就是说,马克思的人民群众实践主体思想为"价值主体性"思想提供了重要的理论原则。

(一)人民群众是价值创造的主体

从价值的自身内涵分析,马克思认为,"'价值'这个普遍的概念是从人们对待满足他们需要的外界物的关系中产生的,因而,这也是'价值'的种概念"②。人和动物的主要区别就是人能够使用劳动工具进行劳动。由于自然物不能直接满足人的需要,因而自然界在直接意义上不能称为人的

① 《马克思恩格斯选集》第一卷,人民出版社 2012 年版,第 136 页。
② 《马克思恩格斯全集》第十九卷,人民出版社 1963 年版,第 406 页。

价值客体,能够称为价值客体的只能是被人的劳动活动所改造了的自然物。在劳动过程中,人将自然物打上了人类智慧的烙印,使这些人造物由于凝聚了人类的劳动成为有价值的东西。人与动物的本质区别表明人的生活在本质上是实践的,而任何价值都是人的实践活动的产物,价值的本质和源泉就是人类所特有的实践活动。因此,人的劳动是一切价值产生的根本,人的价值,就是人所具有的劳动能力。人要实现自己的价值,就必须通过劳动活动创造价值,并且人类只有依靠价值生产者创造的价值才能维持人类的生存。人正是通过生产劳动,创造出物质财富和精神财富,从而生存和发展。人生产的物质产品,是人的体力和智力的转化形态,是人的本质和价值的体现。人的生存价值、人活着的作用、人生存的意义,首先就在于它能够创造价值。人的实践活动,就是有目的的、追求价值、创造价值的改造客观世界的活动,是主客体相互作用的运动,是把探求真理和追寻价值有机统一起来的现实运动。

马克思认为,价值原则是人们进行实践活动的重要原则。人们进行社会实践活动必须遵循客观世界固有的规律才能获得成功,因而人们首先必须正确认识世界,获得真理。然而,人们不会单纯为了认识而认识,人们之所以积极从事认识世界的活动,其根本目的在于掌握客观规律进而改造世界,创造出适合人类生存和发展的世界,即为了创造和实现能够满足人自身需要的价值世界。因此,价值原则成为人类一切实践活动的动机和动力。人民群众作为历史活动的主体,根据自己的利益、目的和需要,在遵循客观规律的基础上进行价值创造活动,既成为联系主观需要和客观存在的中介和桥梁,又创造和实现了价值。作为主体的能动的人,在实现价值创造的过程中也就成为追求价值、创造价值、实现价值的主体,成为一切价值的创造者。当我们通过自己的辛勤劳动为人类社会创造物质财富和精神财富的时候,我们也就在实现着自己作为人的价值。

人民群众是价值创造的主体,人民群众的实践活动创造了价值,这主要表现为:第一,人们的实践活动,往往就是人自觉地、能动地满足自身生存、发展需要的价值创造活动。因而人们参与历史实践活动,同时也成为自觉的、能动的价值创造主体。第二,人们的实践活动本身就属于关系范畴,是存在于社会中的、历史发展着的对象性关系,这种关系为我而存在,体现出人的主体性和物的客观性的统一,主体需要和客体属性的统一。第三,人民群众的社会实践活动不因人的主观意志而转移,人民群众总是以"总和""合力"的形式,顺应历史发展潮流,成为历史价值创造的当然主体和必然主体。

从实践即人的主体性活动方面去理解价值,这就为把价值科学地理解为人的实践活动中的内在因素和目的性内容,提供了最重要的基础。人民群众的社会历史活动,是社会存在、历史发展的价值本质,而人民群众是一切价值创造的主体。

(二)人民群众的实践是一切价值的源泉

马克思指出了旧唯物主义的两个主要缺点:其一是没有把事物当作现实人的现实活动、当作实践去理解;其二是没有从主体方面去理解。马克思的全新历史观克服了旧唯物主义的缺陷,从现实的人和人的现实活动出发来探讨现实的世界及其本质。马克思认为,世间一切价值的本质都根源于现实的人和人的现实活动。这是因为人的实践活动是有目的的对象性活动,它来源于人们生存的需要,实践创造出一切满足人们需要的价值。纵观人类一切活动,其基本意义都在于它能够创造价值,人类整个实践过程,就是价值的创造过程,同时也是人自身价值创造的过程。没有人民群众的实践活动,任何意义的社会文明和价值都是不存在的。

首先,人民群众通过社会实践改造客观世界,创造了属人的价值世界。这是人民群众创造价值的最基本、最常见的形式。人们制造工具、改造身外自然,都是在通过改造客观世界而创造价值和价值的世界。其次,人民群众通过实践改造主观世界,同时也改造着自己的认识能力和实践能力,进而创造世界、创造价值。自然物能否成为价值物,客观世界能否为人类服务,从根本上说,受制于人的认识能力和实践能力。一定的认识能力和实践能力,人们就不能与客观世界形成改造和被改造的价值关系,就不能认识和创造价值。人类能力的增强、素质的提高、自身价值的提升,才推动实践活动的发展,推动价值创造活动的发展和价值世界的创造。最后,人民群众通过实践活动,不断地改变和发展着人与人、人与世界之间的价值关系,从而不断创造着价值、发展着价值。人民群众创造价值的实践活动作为价值的本质和根源,存在于它推动社会发展、创造历史价值的全过程。

(三)马克思价值论坚持了人民群众主体论原则

马克思主义价值观与历史观是一致的,在历史观上它坚持人民群众创造历史的唯物史观,因此它认为人民群众也是价值创造与实现的主体,进而坚持以人民群众为价值主体的价值原则。

马克思认为,人的自我价值实现必须体现在两个方面,一方面必须实现作为价值客体的人的价值,即创造价值、成为价值生产者,即劳动者;另一方面必须实现作为价值主体的人的目的,即消费价值、使自己以人的生活方式而存在。在马克思主义产生以前,人民群众还没有自觉地认识到自己的历史主体地位。人民群众虽然参加了革命,却不能充分享受革命的成果;人民群众虽然创造了财富,却不能享受自己创造的财富。这种现象到了资本主义社会,不仅没有消除,反而有所加重。马克思在对无产阶级历史地位和历史使命的分析中指出,在资本主义社会,工人被看作机器上的零件,人的价值作用被完全忽视。马克思曾经尖锐地指出:"劳动为富人生产了奇迹般的东西,但是为工人生产了赤贫。劳动生产了宫殿,但是给工人生产了棚舍。劳动生产了美,但是使工人变成畸形。"①从价值观的角

---

① 《马克思恩格斯全集》第三卷,人民出版社2002年版,第269-270页。

度看,劳动的异化也就是价值的异化,是价值主体的异化。旧社会的分工与不平等使工人在异化劳动中丧失了自由自觉的本质,"动物的东西成为人的东西,而人的东西成为动物的东西"①;工人生产的东西越多,他能够消费的东西越少;工人创造的价值越多,他自己就越没有价值。总而言之,物的世界增值与人性尊严获得成反比。资产阶级价值观是以个人为价值主体的,他们无视人民群众的价值作用。而马克思认为,人不仅具有类的价值,也有个体的价值。作为人的类价值,是人作为人类的一员所应该享受到的尊重;作为人的个体价值,是每个人的个性的保留和潜力的充分实现。从这种价值观来看,广大人民群众作为物质和精神财富的创造者,理所当然地应享有自己的创造物。无产阶级和劳动群众作为社会历史的主体,是社会物质财富和精神财富的创造者,他们的实践活动构成了价值的起源、根据、最终评价尺度。

马克思的人民群众价值论,坚持从人民群众的实践活动出发,按照价值生成的本真来解释和说明价值问题,用人民群众的价值创造实践论证价值的本质和源泉,论证价值、价值观念的变化和发展等价值问题,体现了自己价值理论和社会发展理论的真正优势。

四、人民群众利益主体论

利益是激励人们满足自身存在、生活和发展需要而进行的改造客观世界的、有意识有目的实践活动,是人们行动的原初动力。马克思认为,人的需要是人的本质,人们的实践活动就是满足需要、实现利益的活动。人类社会活动的展开和社会关系的形成,都与个人、群体以及阶层利益的实现紧密相关,人类社会发展的价值目标是为了更好地实现人的利益。对利益的高度关注是马克思群众利益观的逻辑起点,也构成了马克思群众利益观最鲜明的现实性特征。

---

① 《马克思恩格斯选集》第一卷,人民出版社 2012 年版,第 54 页。

（一）利益是人民群众用自己的实践活动创造的，是人类社会历史自我发展的产物

利益是人们赖以存在和发展的客观基础，是人们一切社会活动的出发点和原动力。人的实践活动离不开利益。人类任何活动都是在特定需要的驱使下进行的，这种内在需要的动力源不是活动主体本身的自我想象或臆造，而是主体对获取利益的内在诉求。

马克思认为，从事历史活动的人首先是现实存在的人，其生存和发展离不开一定的物质生活资料。从事历史活动的基本前提或者说人类从事的第一项历史活动，就是要谋取能够满足自己生存需要的物质生活资料，即追求自身的利益。因此，利益首先是同人的生存息息相关的人的利益，是人以工具去获取人类自身所必需的物质生活资料，生产他们所必需的生活资料。因而，物质资料的生产是人类利益的必要前提，反过来说，没有人类物质资料的生产，就根本谈不上人类的生存与发展。利益是客观需要的自觉化，创造利益是人民群众社会实践活动的目标和动力。任何社会实践活动都是有目的的，实践活动的目的性就是实践活动的动机，即追求利益，满足自身生存和发展的需要。

人们所争取的这些利益体现在人与自然的关系中，主要是物质生活生产资料；体现在人与人的关系中，利益不仅表现为物质生活生产资料，也表现为精神生活生产资料。人类社会的历史就是以利益追求为动力的价值实现与创造的历史。马克思高度重视人的需要和利益在社会历史发展中的基础性地位和作用。马克思认为，利益是同人们的需求一起发展起来的，与人们的生存发展紧密相连，人的需求和利益使人成为社会的人。把人和社会"连接起来的唯一纽带是自然的必然性，是需要和私人利益"[1]。人民群众创造社会财富，最终是为了满足自己存在和发展的需要，为了追

---

[1] 《马克思恩格斯文集》第一卷，人民出版社2009年版，第42页。

求和实现自己的利益。

人民群众是社会物质财富和精神财富的创造者,意味着人民群众应该是社会财富的所有者和占有者。首先,作为利益主体的人民群众,本身就是一种社会化的存在和社会性联系,是社会关系的总和。"每一既定社会的经济关系首先表现为利益"①。其次,实践是实现个人目的、动机、需要和利益的物质手段,是把个人需要转化为社会需要,个人利益转化为社会利益的中介。人民群众通过创造物质财富和精神财富的实践活动追求利益、创造利益、实现利益和享有利益,历史创造主体和利益主体只有在实践上才能达到统一。因此,在人类历史发展过程中,只有人民群众才是社会利益的生产者和创造者,只有人民群众才是社会利益的真正主体和主人。人民群众作为追求利益、实现利益和占有利益的主体,其实践活动在一个满足原有利益的基础上不断产生和创造新的利益,使社会历史发展呈现出一个不断产生又不断满足新的需要和利益的循环往复的过程。可以说,实现利益是人民群众实践活动的最终目的,对利益的追求是人民群众实践活动的内在要求。人民群众追求利益、创造利益、实现利益的实践活动是推动社会历史发展最直接的现实力量。

(二)群众利益是任何大的历史事件的基础

利益是人们在一定社会关系中结成各种不同社会关系的根源,是人们各种行为的动因。处于不同群体、集团、阶级、阶层、民族和国家中的人们,具有不同的利益目标和诉求,这种目标和诉求构成了社会演进的基本动力。现实中利益资源是十分有限的,与社会群体对利益的要求总是存在差距,同时人们获取利益的能力有差别,这样就会形成利益差别、利益冲突和利益关系。唯物主义认为,人们所争取的一切都与他们的利益有关。"人

① 《马克思恩格斯选集》第三卷,人民出版社 2012 年版,第 258 页。

们为之奋斗的一切,都同他们的利益有关。"①同样,任何历史事件的发生都必然与人民群众的利益息息相关。

社会各阶级、各群体之间的利益斗争是阶级社会阶级斗争的动因和内在根据,也是阶级社会发展的终极动因。推动社会前进和发展的现实力量存在于人民群众的社会生活中,萌发于人民群众现实需要和实际利益之中。人民群众是社会的主体,人民群众的利益是引发社会关系和社会制度变革的决定性力量。社会变革的根本原因就是人们利益关系的重新调整,特别是作为历史活动主体的人民群众,他们的利益和需要会直接影响生产力、生产关系以及在此之上建立的上层建筑的发展和变革。社会的变革变现为社会利益的争夺和重新分配。脱离人民群众的实际利益,社会变革都将遭到失败。任何革命都是为了某种利益而进行的。恩格斯在英国进行社会实践的时候也指出,英国的激烈的党派斗争,只是"物质利益的冲突"。他预言,如果英国发生革命,那"这个革命的开始和进行将是为了利益,而不是为了原则"②。正是看到了利益的巨大诱惑力,马克思对人类复杂的社会现象和历史演进有了清晰的认识。英法空想社会主义者之所以没有排除掉唯心主义历史观,就是因为他们"不知道任何基于物质利益的阶级斗争,而且根本不知道任何物质利益"③。马克思进而分析了这样一种历史现象,"任何在历史上能够实现的群众性的'利益',在最初出现于世界舞台时,在'思想'或'观念'中都会远远超出自己的现实界限,而同一般的人的利益混淆起来。这种错觉构成傅立叶所谓的每个历史时代的色调"④。例如,自由、平等、博爱的资产阶级原则,在法国大革命初期似乎体现出全体群众利益的普遍原则。之所以造成这样一种错觉,是因为企图代

---

① 《马克思恩格斯全集》第一卷,人民出版社 1995 年版,第 187 页。
② 《马克思恩格斯全集》第三卷,人民出版社 2002 年版,第 411 页。
③ 《马克思恩格斯选集》第三卷,人民出版社 2012 年版,第 796 页。
④ 《马克思恩格斯文集》第一卷,人民出版社 2009 年版,第 286-287 页。

替旧统治阶级地位的资产阶级,为了达到自己的目的而不得不把自己的利益说成是社会全体成员的共同利益,因而在理论上就赋予了自己的思想以普遍性。思想要成为现实就要掌握群众,要掌握群众的前提条件就必须反映群众的利益。"'思想'一旦离开'利益',就一定会使自己出丑。"①由于资产阶级利益在开始时的确同它以外的绝大多数群众的共同利益存在一些联系,这就造成了傅立叶所说的历史色调。但是,这只是历史的暂时现象。随着斗争的发展,广大群众很快就意识到这个口号的阶级本质,看到它只代表了一部分群众即资产阶级的利益,而不是全体社会成员的实际利益,最终导致群众对斗争漠不关心,失去热情。在马克思看来,这种色调是以往每一个历史时代的普遍现象,因为"得到历史承认的群众的利益",在历史上是逐步发展的。因此,以往任何大的历史性的革命,都只满足了一定解决的利益,而绝大多数群众仍然受少数统治者的奴役。

这种现象归根结底是由生产力决定的。人民群众是社会生产力的主体,人民群众的利益是引起生产力变革和社会变革的现实力量。生产力的发展,最终是为了满足人民群众日益增长的物质文化需要和各方面的利益。人民群众利益的变化必然会引起生产活动的变化。随着生产力的发展,资产阶级及其政治统治的贪婪越来越深地触及到群众利益,群众日益认识到自己利益同少数剥削者利益的对立,必然推动和吸引更多的群众自觉参加到改造社会的历史过程中来,从而引起整个社会的发展变化。因此,不断满足人民群众的利益需求,才是生产力发展的不竭动力,也是社会发展的根本动力。

社会活动是人民群众有意识、有目的的实践活动,而社会发展的过程就是人民群众的需要、利益、意志和目的的现实过程。人民群众不仅是社会历史活动的主体,是社会财富的创造者,而且是社会利益的主体,是社会财富的所有者和享有者。人民群众是不断满足自身需要的利益主体,人民

---

① 《马克思恩格斯文集》第一卷,人民出版社 2009 年版,第 286 页。

群众的实际需要从根本上决定了社会历史发展的方向,从而揭示了社会发展的必然趋势。

第五章｜马克思群众观的理论意蕴与时代价值

第一节　马克思群众观的理论意蕴

一、马克思主义唯物史观的两大支柱之一

群众观是唯物史观所特有的,也是唯物史观能够克服其他历史理论的局限,对社会历史做出科学解释的关键所在。唯物史观强调对生产力与生产关系、经济基础和上层建筑以及社会存在和社会意识等问题的研究,而对这些问题的研究自然不能脱离创造历史主体的人民群众。马克思群众观正是立足于人民群众,才建立了与以往唯物主义相悖的新唯物主义。"旧唯物主义的立脚点是市民社会,新唯物主义的立脚点则是人类社会或社会的人类。"①群众观与唯物史观是内在统一的,否定群众史观,必然否定唯物史观,肯定群众史观则必然要求坚持群众史观。列宁曾在《马克思的学说》一文中概述了马克思的历史理论与以往历史理论的不同,认为马

---

① 《马克思恩格斯选集》第一卷,人民出版社 2012 年版,第 136 页。

克思消除了以往历史理论的两个主要缺点：一个是马克思的历史理论是建立在物质生产及其关系基础之上的；另一个则是"以往的理论从来忽视居民群众的活动，只有历史唯物主义才第一次使我们能以自然科学的精确性去研究群众生活的社会条件以及这些条件的变更"①。

　唯物史观的创立是从科学实践观的阐发开始的，实践观点也是马克思群众观首要的基本观点，是马克思群众观的出发点。马克思在《关于费尔巴哈的提纲》中批判了旧唯物主义和唯心主义在认识事物、感性方面的两种极端对立的错误的思想方法，提出了科学的实践观以及实践的两个显著特征即实践的物质性和主体性，指出全部社会生活在本质上是实践的思想。人不仅是自然存在物，还是类存在物。人是类存在物，不仅因为人在实践上和理论上都把人自身当作有意识的人来对待，还在于人把自己当成是普遍的、自由的存在物来认识。因此，在改造对象世界中，人才能真正地证明自己是类存在物。实践生产是人的能动的类生活。通过生产，自然界打上人的烙印，以属人的方式呈现出来。人的类存在是实践性的存在，人的类生活是现实的实践生活，人的类本质便是生产实践。这样，人的"全部社会生活在本质上是实践的。凡是把理论引向神秘主义的神秘东西，都能在人的实践中以及对这个实践的理解中得到合理的解决"②。实践对人的社会生活、对人的本质、对社会发展与人的发展都起了决定性的作用。从实践的物质性特征出发，马克思把人类历史发展过程看作不以人的意志为转移的客观的历史发展规律的过程，揭示了历史发展的基本规律，即生产力和生产关系、经济基础和上层建筑的矛盾运动过程。马克思从实践范畴出发，指出哲学批判、政治经济学批判和社会批判这三大批判活动，不过是实践活动不同层次和意义上的体现。实在的物性自然只是人类历史的先在性前提，并不会自然而然地生成出人类社会历史。正是作为感性活动

---

① 《列宁专题文集　论马克思主义》，人民出版社 2009 年版，第 14 页。
② 《马克思恩格斯选集》第一卷，人民出版社 2012 年版，第 135-136 页。

的实践是自然摆脱有序性而转化为人类史的前提,使人类超拔出自然存在成为社会历史存在的基始性环节。实践观也因此成为唯物史观的出发点。

从实践出发,马克思考察了实践的主体性,阐述了作为人类实践活动主体的广大人民群众在历史发展中的作用。实践不是自然存在的,要产生实践活动必然有一个主体,物质生产实践是由主体现实且具体地改造客体的活动。历史的存在和发展是建立在物质生产活动基础上的,没有物质生产劳动的运动就不会有人类历史的存在和发展。离开人民群众的劳动,就不能现实地改造客体。通过对社会实践的深刻考察,马克思强调了人民群众的生产实践是"一切历史的基本条件",是认识世界和改造世界的主体,是推动历史发展的决定性力量。社会全部物质精神财富的创造是通过人民群众的实践活动产生的,社会历史的发展是以人民群众为主体的社会生产力发展的结果。脱离人民群众,历史发展就是失去动力。由此马克思构建了新的唯物主义历史观,"这种历史观和唯心主义历史观不同,它不是在每个时代中寻找某种范畴,而是始终站在现实历史的基础上,不是从观念出发来解释实践,而是从物质实践出发来解释各种观念形态"①。在此,马克思将实践主体确定为处于社会关系中的人,将人的感性活动作为实践概念的逻辑起点,显现出对于人的对象性活动背后的关系维度根本任务就是科学实践。从实践活动主体的作用出发,马克思阐述了人民群众是历史创造者的思想,这一思想是马克思群众观的核心,也是唯物史观的重要内容。

除了历史主体论思想外,历史唯物主义还强调社会存在决定社会意识,经济基础决定上层建筑,社会发展的动力是阶级斗争等观点。这些理论实际上是建立在对"社会关系体系发展的客观规律性"的科学揭示基础上的,这种客观规律性实际上就是社会基本矛盾的客观实在性及其发展过程的规律性。历史唯物主义认为,社会基本矛盾就是生产关系与生产力的

---

① 《马克思恩格斯选集》第一卷,人民出版社 2012 年版,第 172 页。

矛盾,上层建筑与经济基础的矛盾,特别是生产关系与生产力的矛盾是"社会关系体系"存在的基础和变化发展的内在根据,全部"社会关系体系"正是建立在这个基础上,并实现由低级向高级不断发展的。从生产力到生产关系,从经济基础到上层建筑,整个"社会关系体系"发展的最终根源在于生产力的发展变化,而生产力的发展变化是通过占人口绝大多数的人民群众的实践活动来实现的。因而人民群众是考察社会历史发展规律的基础,是研究社会存在与社会意识关系的前提,是把握经济基础与上层建筑的关键,倘若离开人民群众,社会就不能存在,历史便不能发展。人民群众"这种活动、这种连续不断的感性劳动和创造、这种生产,正是整个现存的感性世界的基础,它哪怕只中断一年……不仅在自然界将发生巨大的变化,而且整个人类世界以及他自己的直观能力,甚至他本身的存在也会很快就没有了"①。因而,人民群众及其实践活动是理解人自身、人类历史发展规律、人类社会前进动力的基本点,实践的根基在此转向社会生活本身,实现了从"对象性的活动"的抽象到"物质生产的活动"的具体的转变。以人民群众是历史的主体为核心的马克思主义群众观由此构成了唯物史观的基石,成为构建唯物史观的一大支柱。恩格斯在《路德维希·费尔巴哈和德国古典哲学的终结》一书第四章阐述唯物史观的基本原理时,第一个原理就是阐发历史发展的客观规律性问题。历史进程是受内在的一般规律支配的。第二个原理就是群众史观理论。"如果要去探究那些隐藏在——自觉地或不自觉地,而且往往是不自觉地——历史人物的动机背后并且构成历史的真正的最后动力的动力,那么问题涉及的,与其说是个别人物,即使是非常杰出的人物的动机,不如说是使广大群众、使整个整个的民族,并且在每一民族中间又是使整个整个阶级行动起来的动机。"②

由以上分析可以看出,马克思的唯物史观理论创立的理论和逻辑前提

---

① 《马克思恩格斯选集》第一卷,人民出版社 2012 年版,第 157 页。
② 《马克思恩格斯选集》第四卷,人民出版社 2012 年版,第 255-256 页。

是科学的实践观。由科学的实践观出发,派生出人民群众创造历史的问题和历史发展的客观规律性问题。这两个基本原理构成了唯物史观全部原理中的两大基本支柱,由此撑起唯物史观的全部内容。唯物史观所阐发的其他几个原理实际上是对实践观和群众观的具体化和深化。马克思主义把实践观和群众观作为自己新哲学的理论基石,突破了脱离实践、脱离群众而把理论神秘化、抽象化和经院化的逻辑倾向,超越了脱离实践、脱离群众而把价值情感化、先验化和客体化的思维屏障。

二、马克思主义实现理论与实践相结合的纽带

马克思群众观是马克思主义哲学的重要内容,甚至是一个根本性的内容,是理论走进"群众"的典范,也是哲学永葆生机和活力的典范。马克思群众观深刻体现了理论与实践的结合。

马克思之前的哲学家并没有把"群众"纳入研究的视野,他们聚焦的历史、社会只存在于哲学家的世界,是一种抽象的、精神的哲学。这种哲学只能发生在思维领域,缺少与现实生活的互动,缺失对现实社会的关注,缺乏对现实世界的影响。马克思认为,任何一种理论都是时代的产物,是对现实世界的反映。同样,任何一种哲学理论,都必须把目光聚焦于现实世界,反映"群众的世界"或"群众的社会"。在马克思看来,以往的哲学家仅仅通过思维或者意识"摆脱世界而去构造'纯粹的'理论、神学、哲学、道德等等",他们远离"群众的世界",不具备现实性。

为了实现哲学与现实的结合,马克思很早就表达出进行"意识改革"的倾向。"真理的彼岸世界消逝以后,历史的任务就是确立此岸世界的真理。人的自我异化的神圣形象被揭穿以后,揭露具有非神圣形象的自我异化,就成了为历史服务的哲学的迫切任务。于是,对天国的批判变成对尘世的批判,对宗教的批判变成对法的批判,对神学的批判变成对政治的批

判。"①马克思还强调:"须要'把哲学搁在一旁'","须要跳出哲学的圈子并作为一个普通的人去研究现实。"②在马克思看来,以往哲学家仅仅以自身的世界作为研究哲学的基本问题域,他们所研究的主体都只存在于头脑中,是纯粹的理论抽象,完全脱离了社会,脱离了群众,这样的哲学必然不能被马克思接受。马克思指出,哲学只有通过走"群众"路线来抓住"群众"的根本才能"主动实现"自身。"哲学把无产阶级当做自己的物质武器,同样,无产阶级也把哲学当做自己的精神武器;思想的闪电一旦彻底击中这块素朴的人民园地,德国人就会解放成为人。""这个解放的头脑是哲学,它的心脏是无产阶级。哲学不消灭无产阶级,就不能成为现实;无产阶级不把哲学变成现实,就不可能消灭自身。"③哲学"是自己的时代、自己的人民的产物,人民的最美好、最珍贵、最隐蔽的精髓都汇集在哲学思想里。正是那种用工人的双手建筑起铁路的精神,在哲学家的头脑中建立哲学体系。哲学不是在世界之外,就如同人脑虽然不在胃里,但也不在人体之外一样"④。"真正的哲学"应该是与群众的现实具有密切联系的哲学。只有这样的哲学,才能真正配称"时代的精神上的精华"。因而,马克思主义群众观把理论和现实联系在一起,在实践过程中吸取经验丰富理论,理论反过来又指导实践,武装人们的头脑。

首先,理论只有通过与人民群众的结合才能发挥作用,实现变革现实人的现实世界。群众是社会革命的主体。没有革命群众的积极参与,任何变革的思想都没有意义。理论只有被群众所掌握,才能发挥巨大作用,只存在于精神领域中的理论对现实社会起不到任何作用。"理论一经掌握群众,也会变成物质力量。"⑤法国大革命暴风雨式的群众运动使马克思观

① 《马克思恩格斯文集》第一卷,人民出版社2009年版,第4页。
② 《马克思恩格斯全集》第三卷,人民出版社1960年版,第262页。
③ 《马克思恩格斯文集》第一卷,人民出版社2009年版,第17-18页。
④ 《马克思恩格斯全集》第一卷,人民出版社1995年版,第144页。
⑤ 《马克思恩格斯选集》第一卷,人民出版社2012年版,第9页。

察到人民群众力量的决定性作用。在对法国革命的分析中,马克思深刻指出法国革命不是纯粹的思想冲突,这个革命的思想是从当时法国社会的物质土壤中产生出来的,是启蒙思想与当时社会现实结合的产物。思想的巨大作用体现在群众式的法国革命中,"以至胜利地征服了马拉的笔、恐怖主义者的断头台、拿破仑的剑,以及钉在十字架上的耶稣受难像和波旁王朝的纯血统"①。革命重创了统治阶级,相对于资产阶级来说,获得了很大的成功。"革命本身还是把资产阶级社会从封建的桎梏中解放出来,并正式承认了这个社会。"②群众性革命运动使马克思从中看到了全世界无产阶级革命的进步性,看到了比几百种纲领和议论更为重要的实际步骤。

其次,只有真正融入"群众"的哲学才可以真正承担起"解释世界"和"改变世界"的双重使命,而这种哲学只能通过实践来实现。马克思语境下的实践是具有广泛群众性的社会实践,是人民群众感性的社会活动,是构建自然界与人类社会的桥梁。实践过程是从"哲学家的世界"进入"群众的世界",再从"群众的世界"上升到"哲学家的世界"的过程。每一次往复都会使人的认识产生跃迁,促进社会实践的提高。这种实践也必然会使哲学家在"群众的实践"过程中产生"主体客体化"过程。一方面,实践可以帮助哲学家克服纯粹抽象性、盲目性和狭隘性等弱点;另一方面,从"理论—实践—理论"的过程中获得的理论认识经历了实践的考验,必然具有科学性和真理性,用这种理论来指导实践,必然会促进潜藏在"群众的世界"中的"改变世界"的物质能量得到充分的释放,从而朝着更好的方向去改造世界。

最后,马克思群众观还表现出对人类命运的整体性关注。马克思一生的绝大多数活动都是围绕无产阶级的解放进行的。在"群众的世界"里,马克思找到了人类解放的物质力量——无产阶级。在《共产党宣言》中,

① 《马克思恩格斯文集》第一卷,人民出版社 2009 年版,第 287 页。
② 《马克思恩格斯文集》第一卷,人民出版社 2009 年版,第 324 页。

马克思聚焦于无产阶级的现实生存境遇,公开阐明了无产阶级的历史使命,提出无产阶级革命运动的主体和历史使命,指出无产阶级革命运动代表了世界无产阶级和广大人民群众的利益。要废除资产阶级的私人所有制,推翻资本主义社会,实现无产阶级解放,只能依靠无产阶级自己。"工人的解放应当是工人阶级自己的事情。"①对群众的研究的逻辑自觉与无产阶级的现实运动相结合,马克思主义群众观不再只是理论,它超越了理论空洞乏味和与世隔绝的局限,有了现实的皈依。

马克思群众观产生于"真理"的"此岸世界",是理论与现实相结合的、不能被"哲学家的世界"随意消融、代替或遮蔽的真理,具有这样一些特征:第一,它产生于现实的人的生产与生活的世界;第二,它体现了现实的人的能动的活动过程;第三,它蕴藏着变革现存世界的物质力量的生动性世界。马克思群众观不仅有效克服了马克思以前的哲学在历史观、实践观和整体观上所表现出来的脱离群众和蔑视群众以及由此所带来的纯粹抽象性、空疏性和盲目性等缺点,而且牢固地确立起了自身的群众观和作为马克思哲学的历史原则、实践原则和整体原则的出发点和落脚点以及建立于其上的作为群众的指导思想的马克思主义。

三、社会主义国家建设的理论基石

作为马克思主义的一项基本原理,马克思群众观所反映的是现代无产阶级解放斗争的实践,它所表达的是现代无产阶级的思想意识,是无产阶级及其政党的世界观。在马克思主义诞生以前,虽然无产阶级革命不断发生,但这些运动都是自发地反对资产阶级压迫的斗争,不仅没有正确的领导组织,也没有科学的领导纲领。参与革命斗争的人民群众还不能把握到自己解放的条件,不能摸索到历史发展的规律,不能形成自觉创造历史的意识。马克思主义群众观科学解答了人民群众的历史地位、历史作用和历

---

① 《马克思恩格斯选集》第一卷,人民出版社2012年版,第392页。

史使命,找到了历史发展的基本规律,阐述了无产阶级代替资产阶级、社会主义取代资本主义走上历史舞台的科学论断。坚持马克思群众观,要站在人民群众的立场来审视世界,从群众的视角来建设和发展社会主义。选择"群众的立场"作为无产阶级政党的立场,选择"群众的视角"作为无产阶级政党的视角,正是马克思主义群众观的基本精神。

第一,坚持马克思主义群众观是社会主义建设的关键。人民群众及其历史活动是社会存在与发展的主体,也是无产阶级政党生存的基础和力量的源泉。中国共产党是马克思主义政党,它既不是在人民之上,也不是在人民之外,而是来自人民。按照马克思主义群众观的理论,人民群众是无产阶级政党事业成功的基础与动力,为人民群众的权利与幸福而奋斗是无产阶级政党一以贯之、矢志不渝的目标与任务。中国共产党之所以能够带领无产阶级取得革命胜利,夺取革命政权,根本原因就在于他们是人民统一意志的体现,是人民整体觉悟的反映,代表了人民群众的利益,喊出了人民群众的心声,得到了人民群众的拥护。可以说中国共产党就是人民带有超越性的存在形式。"江山就是人民、人民就是江山,共产党打江山、守江山,守的是人民的心,为的是让人民过上好日子。我们党的百年奋斗史就是为人民谋幸福的历史"[1],"中国共产党根基在人民、血脉在人民、力量在人民"[2]。中国共产党始终秉持"人民至上"原则,坚持中国共产党的事业就是人民的事业。离开人民群众的广泛参与,失去人民群众的拥护和支持,党的事业就会成为无源之水,无本之木,必将寸步难行,一事无成。只有坚持马克思群众观,坚持人民群众主体地位,才能更好地建设社会主义,走好中国式现代化道路。

第二,坚持马克思群众观是社会发展的根本。社会历史发展是人民群

---

① 《江山就是人民　人民就是江山——习近平总书记关于以人民为中心重要论述综述》,《人民日报》2021年6月28日。

② 习近平:《在庆祝中国共产党成立100周年大会上的讲话》,人民出版社2021年版,第11页。

众自觉创造与选择的结果,是以人的发展为中心的全面进步。人既是社会活动的主体,也是社会发展的最终目的。人民群众在物质生产实践中推动社会发展、历史前进,脱离人民群众只能陷入开倒车的历史境地。中国共产党必须经常深入人民群众,与群众的日常物质生活实践互动,虚心向人民群众学习,使之成为提高觉悟的源头活水,塑造出新型的社会伦理关系,创造出富有魅力的生活方式,为引导人民迈向更高层次的解放提供保障。人民群众的实践创造成果也应该成为完善执政理念、推进社会发展的有益补充,在不断提炼、总结的过程中,中国共产党将获取的经验转化为增强把握和驾驭全局的能力,通过对国家权力的高效执掌,实现国家的现代化治理,将人民民主建立在中国共产党建党、建国、治国的理论和实践基础之上,真正做到组织群众、动员群众、团结群众、凝聚群众,让人民真正掌握国家权力,使社会发展成果真正为人民群众所享有,才能激发人民投身于构建社会主义伟大复兴事业的巨大热情,为生产力的迅速发展和社会的全面进步开辟广阔的道路。

第三,坚持马克思群众观是保证社会主义伟大复兴的中国梦得以实现的现实基础。人民群众是承担和推进实现社会主义伟大复兴的中国梦的主力军,只有亿万人民群众广泛参与、积极投身这一事业,才能推动它的发展,保证它的实现。与此同时,也只有人民群众的主人翁地位和基本权益得到有效维护和实现,人民群众的积极性、创造性得到充分的尊重和发挥,才能使他们全心投身于社会主义伟大复兴中。马克思群众观指出,"利益不是仅仅作为一种'普遍的东西'存在于观念之中,而且首先是作为彼此分工的个人之间的相互依存关系存在于现实之中"[1]。利益是社会发展的前提和动力因素,任何历史事件的发生都必然与人民群众的利益息息相关。历史上发生的一切历史斗争告诉我们,社会各阶级、各群体之间的利益斗争是阶级社会阶级斗争的动因和内在根据。人民群众的利益一旦受

---

① 《马克思恩格斯选集》第一卷,人民出版社1972年版,第114页。

损,他们就会团结起来与统治阶级进行抗争,造成社会的动荡不安。因此,能不能以人民为中心,能不能以人民群众利益为重,能不能把人民群众的需要放在首位,直接关系到执政全局和社会发展全局,影响到社会的稳定和谐,涉及社会主义伟大复兴中国梦的实现。人民群众生活安宁,社会才会长治久安。"全党同志一定要永远与人民同呼吸、共命运、心连心,永远把人民对美好生活的向往作为奋斗目标","坚持以人民为中心的发展思想,不断促进人的全面发展,全体人民共同富裕"①。

第四,坚持马克思群众观是保持社会主义制度优越性的根源。社会主义制度之所以比其他社会制度优越,就在于它坚持了马克思群众观的精髓,即扎根于人民群众日常生活,扎根于社会基层,以尊重人民群众的历史主体地位为根本基础,坚持从群众中来,到群众中去的组织制度保证,筑牢了政治大厦的稳固基础。在带领广大人民群众奔向美好生活的过程中,在与群众的日常物质生活实践互动中,尊重个体、赋权个体、促进个体解放,不断强化自我革命意识,接受自身的变革、价值重估和自我再阐释,将社会主义民主有序展开,为社会组织和社会结构的有序转型提供推动与保障力量。与此同时,通过有组织的活动,将人民群众的意志凝聚起来,使之参与到国家的政治生活中;将积极分子充实到党的各级组织中,成为为人民服务的后备力量,形成了上下互补互促、共筑美好梦想的合作局面,社会主义制度下一切物质的和精神的、政策的和法规的、现实的和潜在的积极因素竞相迸发,社会富有生机而又和谐有序,推动了社会的全面进步和人的全面发展。

马克思群众观揭示了人民群众与执政党、人民群众自身和国家发展之间内在的、必然的联系,回答了建设社会主义国家的出发点和落脚点、力量

---

① 习近平:《决胜全面建成小康社会　夺取新时代中国特色社会主义伟大胜利——在中国共产党第十九次全国代表大会上的报告》,http://www.gov.cn/zhuanti/2017-10/27/content_5234876.htm。

源泉和主要动力、根本原则和基本方法等一系列重大问题。建设社会主义必须坚持马克思群众观,做到掌权为公、执政为民。

四、对 20 世纪西方群众理论的影响

自 19 世纪"群众时代"崛起后,下层平民开始涌向政治舞台中央,成为政治角斗场中的一个群体,成为政治生活的重要部分。"群众成为永久性政治力量登上历史舞台。"①麦克里兰指出,"也许 1848 年,更可能是1871 年,是群众观念的一个决定性转折点。从此,群众成为社会政治理论的中心。或者说,任何社会理论不将群众置于中心,就被视为临时拼凑的货色,荒谬的,愚顽不冥的"②。但是,群众性运动和巴黎公社并未受到西方人对群众的欢迎,相反,他们认为群众的崛起破坏了现存的社会秩序,使西方社会陷入混乱。因此,对群众的评价也从贬低、藐视转为强烈的反感和恐惧。以庞勒为代表的西方群众理论家一致认为,群众的盲目和无理性容易使他们受到"群众领袖"的煽动、利用、操纵和奴役,"群体对强权俯首帖耳,却很少为仁慈心肠所动,他们认为那不过是软弱可欺的另一种形式。他们的同情心从不听命于作风温和的主子,而是只向严厉欺压他们的暴君低头。……群体喜欢英雄,永远像个凯撒。他的权杖吸引着他们,他的权力威慑着他们,他的利剑让他们心怀敬畏"③。这种操纵一旦实现,会对现实社会秩序造成威胁和破坏。庞勒的群众理论很快在社会中引起恐慌。在经历了 1789 年法国大革命和 1848 年巴黎公社的法国,对现代群众和现代群众社会发展前途的忧虑不只属于少数专家学者,更多的"知识公众"

---

① J. S. McClelland, *The Crowd and The Mob*, *From Plato to Canetti*, Unvin Hyman Ltd, 1989. p. 4.

② J. S. McClelland, *The Crowd and The Mob*, *From Plato to Canetti*, Unvin Hyman Ltd, 1989. p. 3.

③ [法]古斯塔夫·庞勒:《乌合之众——大众心理研究》,冯克利译,广西师范大学出版社 2007 年版,第 70 页。

也纷纷表现出担忧。而同时期的马克思站在下层人民群众的立场上,做出了与传统理论学者完全不同的判断。20 世纪初,以马克思主义为指导思想的无产阶级政党建立了世界上第一个社会主义国家,不少学者逐渐意识到马克思理论的重要性,开始重视并重新审视马克思主义群众观思想。20 世纪 50 年代以来,民权在西方世界的逐渐普及、弱势群体寻求社会安全和稳定并越来越多地获得法律上的保障、社会整体发展更多地考虑到各阶层的利益协调并做出缩小贫富差距的初步努力等,西方社会发生了许多变化,西方群众理论家和思想家如雷蒙·威廉斯、J. 麦克里兰等人对待群众的态度有所缓解。

(一)葛兰西"文化领导权"思想

葛兰西的"文化领导权"是在西欧共产主义运动的历史背景下提出来的。葛兰西分析了欧洲各国革命失败的原因,指出虽然在革命中,国家机器一度被无产阶级政党掌握,但由于对意识形态主动权的忽视使得革命领导者没有在革命之前获取广泛的群众基础,占领群众的思想阵地,革命最终走向失败。俄国革命之前以能够取得胜利,正是因为有广大人民群众的支持。由此,葛兰西察觉到人民群众在革命斗争中的巨大作用。他将目光转到人民群众身上,在研究人民群众的过程里,发现知识与权力的关系,从而认识到知识分子阶层对革命斗争取得胜利和政权巩固的重要作用。在此基础上,葛兰西提出现代意义的文化领导权理论,即无产阶级必须建立起自己的知识分子阶层,通过占有文化领导权,最终获得政权。

第一,文化领导权是实现政治领导权的基础。建立无产阶级政权需要科学的理论指导,需要将理论投入到革命斗争的实践中去。占有社会文化领导权是实现理论联系实际的重要环节。因而,"文化领导权"不仅是一个理论问题,还是一个实践问题。葛兰西认为,任何一个统治阶级和统治社会,对社会统治的力量除了暴力和国家机器的强制性能力以外,统治阶级的意识形态文化领导权也会对社会产生的渗透作用,影响国家。文化领导权就像是一个国家的铠甲,统治阶级一旦失去了在思想领域的主导地位,整个国家就会因失去铠甲的保护而处于严重的危急状态。"市民社会的上层建筑就像现代战争的堑壕配系,在战争中,猛烈的炮火有时看似可以破坏敌人的全部防御体系,其实不过损坏了它们的外部掩蔽工事;而到进军和出击时刻,才发现自己面临仍然有效的防御工事。在大规模的经济危机中,政治也会发生同样的事情。"①文化领导权不仅是权力体系的一个重要方面,也是统治权得以建立和延续的一个重要条件。资产阶级尽管存在重重矛盾,但因其拥有了政治上的领导权,取得文化、意识形态的领导地位,因而得以维持下去。

第二,知识分子是文化领导权的主要力量。要获得文化阵地战的胜利,需要特别重视知识分子特别是"有机"知识分子在无产阶级文化领导权确立与稳固过程中的重要作用。"知识分子可以通过制定和传播统治阶级的意识形态,来整合其他阶级、阶层的知识分子,使广大民众在这种潜移默化的熏陶中自愿地认同统治集团的统治,维护统治阶级的地位,保证市民社会各组织与群众同意统治阶级的社会秩序与规则,从而维护统治阶级政权的合法性。要是没有知识分子,那就是说,没有组织和领导者,也就是没有组织的。"②葛兰西指出,工人阶级的革命意识不完全是自发产生的,它需要革命领导者和社会精英分子对人民群众进行思想上的灌输,形成群众意识。"自发性的要素对革命斗争是不够的,它永远不能导致工人阶级超越现有资产阶级民主的界限。需要的是'自觉'的要素,换句话说,'意识形态'的要素,懂得斗争的条件,工人生活中的社会关系,那些关系

---

① ［意］安东尼奥·葛兰西:《狱中札记》,曹雷雨、姜丽、张跣译,中国社会科学出版社 2000 年版,第 191 页。

② ［意］安东尼奥·葛兰西:《实践哲学》,徐崇温译,重庆出版社 1990 年版,第 15 页。

起作用的主要倾向、社会中由于不能解决对抗存在而经历的历史发展过程等。"①知识界与生产界之间"绝不是基本社会集团所具有的直接的相互关系",知识分子作为上层建筑的"活动家",具有使文化合法化即建立文化领导权的政治功能。任何一个历史集团都需要能使自己的存在合理化的知识分子。对统治集团来说,知识分子就是其"管家",其主要职能是在市民社会领域履行统治集团的"文化领导权",以确保广大民众"'自由'同意基本统治集团所提供的社会生活方向"②。因此,知识分子所具备的强烈社会使命,会促使他们成为社会的实践者,将自己的理论自觉地运用到对社会的建设和改造中去。"知识分子是统治集团的'管家',用他们来实现服从于社会领导和政治管理任务的职能。"③

葛兰西的文化领导权强调知识分子对文化和意识形态的传播作用,对广大人民群众的思想和政治觉悟的改造作用。通过知识分子的宣传和教育,群众获得了批判的革命思想意识,人民群众树立了政治信仰,形成了统一思想,在市民社会夺取无产阶级的文化领导权,即意味着实现革命斗争的胜利有了思想保障。通过无产阶级革命实现人的解放,实现从必然向自由的过渡是建立文化领导权的根本任务。

(二)法兰克福学派精英主义论

在 20 世纪的法兰克福学派理论家看来,被马克思寄予很大希望的工人阶级、无产阶级,已然丧失革命斗志,蜕变为大众,并被整编为资本主义制度中的顺从者,"无产阶级的革命冲动,早就变成了在社会框架内的现

---

① 毛韵泽:《葛兰西 政治家、囚徒和理论家》,求实出版社 1987 年版,第 256 页。
② [意]安东尼奥·葛兰西:《狱中札记》,葆煦译,人民出版社 1983 年版,第 424—425 页。
③ [意]安东尼奥·葛兰西:《狱中札记》,葆煦译,人民出版社 1983 年版,第 325 页。

实主义行为"①。工人阶级之所以堕落,在他们看来,客观上是由支配他们的工具理性法则而形成的机械程序;主观上讲则是因为他们缺少与他人的相互联系感,因此就不存在身份、利益上的共同感和一致感。法兰克福学派继承并发展了马克思所开辟的理论创新道路,在新的历史条件下,组织、领导学派成员沿着"哲学与社会科学的联盟"这一道路,对现代资本主义社会进行了成果丰硕的创造性探索。法兰克福学派批判那些"代表积极精神的少数杰出人物"的活动,强调这只不过是历史过程的唯一的动力,而无产阶级、劳动群众是"非批判的""精神空虚的"、不能够上升到自我意识程度的,他们是鄙俗的感性的表现,因为他们的解放运动是和他们的物质利益和需要分不开的。只有具备批判思维的脑力劳动者,才是解放思想的体现者。

在马尔库塞的虚假需求论中,人的真实需要或虚假需要,只能由人来回答,而且必须是自由地做出回答。然而在发达工业社会那样的"单面社会"中,人恰恰是不自由的。他们的人性已经被重新塑造而变得顺从。除了具有一定"批判思维"的少数人之外,大部分人是无法感知也不能讲出他们的真正需要,个人并不知道他们需要什么,因而也不能成为他们本身所真正需要的东西的决定者。"人的存在和社会的存在之间的这种差别,表现了至今仍然影响社会生活的历史形式的分裂。社会存在要么直接以压迫为基础,要么就是各种冲突力量的盲目结果,但无论如何不是自由个体的有意识活动的结果"②,这时就要由那些"批判思维"的少数人为多数人讲出他们的真正需要,并且由这些能动的少数人去教育、拯救消极的、无知的大多数人。正如霍克海默所指出的,真理是正确的实践动力,在晚期资本主义条件下,由于工人阶级的软弱无能,"真理的永恒性也与现实的

---

① ［德］马克斯·霍克海默、特奥多·阿多尔诺:《启蒙辩证法》,洪佩郁等译,重庆出版社 1990 年版,第 118 页。

② 曹卫东编:《霍克海默集》,上海远东出版社 1997 年版,第 177 页。

格局相联系。在 18 世纪,真理曾经站在经济上已经得到发展的资产阶级
这一边。但在晚期资本主义时代和工人在专制国家机器的压迫面前显得
软弱无能的条件下,真理只好在一小部分值得敬佩的人那里寻找庇护"①。
由于工人阶级的惰性和落后性,他们不再能实践政治上的理念,也不再能
激发起对抗资产阶级意识形态的阶级意识和文化,因而也失去了革命性和
积极性。这种对社会主义革命的悲观失望之情,使法兰克福学派最终背离
了马克思主义的理论倾向,背离了无产阶级和工人阶级的政治立场,陷入
"具有批判思维的知识分子的自我意识"的精英主义观。

　　作为法兰克福学派的第二代代表人物,哈贝马斯指出,早期法兰克福
学派囿于传统意识哲学的基本框架之中,从主客体对象性角度理解人的主
体性,并把这种主客体关系看作基本的认知关系,这就使得对人类解放的
路径探讨局限在意识人的意识范围内。为了解决早期法兰克福学派陷入
危机的困惑,哈贝马斯沿着马尔库塞在《单向度的人》中对发达工业社会
研究的研究路线,构建了自己的交往理论。

　　在哈贝马斯看来,马克思对社会历史理论的突出贡献在于马克思把劳
动看作是人类社会历史发展的基础,用社会劳动这一概念解释人类历史的
发展。但是,马克思把劳动理解为使用工具的活动,因而混淆了人和人的
交往关系与作为工具行为的"劳动"关系,"在范畴的层面上,他把通过劳
动的类的自我产生理解为生产过程;工具活动,即生产活动意义上的劳动,
标志着自然史赖以发展的维度。相反,在具体研究的表层上,他始终考虑
的是包括劳动和相互作用的社会实践"②,"在社会实践的名义下把相互作

---

① [德]马克斯·霍克海默:《霍克海默集》,渠东等译,上海远东出版社 2004 年版,
第 207 页。

② [德]尤尔根·哈贝马斯:《认识与兴趣》,郭官义、李黎译,学林出版社 1991 年版,
第 46 页。

用和劳动混淆在一起"①,模糊了经验科学和人的科学之间的差别,历史唯物主义也没有成为一门关于人的科学。"人们并没有理解历史唯物主义——无论是马克思和恩格斯,还是马克思主义的理论家们,都没有理解历史唯物主义;在工人运动的历史中,人们也没有理解历史唯物主义。"②哈贝马斯承认劳动工具的更新可以提高生产力,生产力水平决定了社会制度的稳定发展。生产力虽然能对现存的社会制度提出变革要求,但并不能直接实现制度的变革和社会形态的转变。人们的交往活动和交往关系才是社会变革的基本原因。因为在同等生产力水平上,社会制度和社会形态可以呈现出多样性,只有当人们的交往方式适合生产力发展的要求,才会导致社会制度和社会形态发生变革、进化。

由此可以看出,哈贝马斯所理解的交往,是一种"道德—实践"行为,其基本形式是"语言交往",而不是马克思所说的"物质交往"。他以语言行为的研究为出发点,目的在于通过对人们在正常生活中的谈话达到彼此之间的理解与认知,建立起合理的人际关系。通过语言的交往,建构新的交往理性观,就可以解决晚期资本主义社会的矛盾与危机,实现人的解放与自由全面发展。

不可否认的是,哈贝马斯富有建设性的研究方案体现出对现代人生存状态的深切关怀和对未来文明的信心,是值得肯定的。不过,只停留在心理认知和道德意识的层面来研究人类社会发展史是不充分的。个体的物质生命活动本身是交往形成的根源。人是社会历史的产物,依附于社会而生存。交往是人的存在方式,人与人之间交往的产物就是社会系统。社会历史就是人们相互作用、相互交往活动的历史。研究社会历史的发展,实

① [德]尤尔根·哈贝马斯:《认识与兴趣》,郭官义、李黎译,学林出版社1991年版,第55页。
② [德]尤尔根·哈贝马斯:《重建历史唯物主义》,郭官义译,社会科学文献出版社2000年版,第138页。

际上就是研究人们交往活动的结果,实现人的全面发展需要建立在人的普遍交往基础之上。交往既是个人活动的前提,又是个人由片面发展走向全面发展所扬弃的环节。没有实践活动的交往,就没有生产,离开了交往的实践性,生产就是空洞的,人由此变为抽象的存在物。

(三)西方文化思想家对马克思群众观的坚持

受马克思的影响,英国思想家雷蒙·威廉斯批判了对群众采取鄙视态度和操纵意图的思想。威廉斯把"大众"放置到社会历史文化中考察,不再将其视为一个固定的实体,而是具有一定社会关系、政治立场和利益关系的群体。威廉斯认为,进入 20 世纪以来,大众逐渐脱离了负面意义,而主要指向积极活跃的政治革命意义和消费文化意义,被当作正面的或可能正面的社会动力,前者诸如"群众工作"(masswork)、"群众组织"(massorganization)、"群众运动"(massmovement)等,后者诸如"大众市场"(massmarket)、"大众品味"(masstaste)、"大众媒体"(massmedia)和"大众心理"(masspsychology)等。威廉斯指出,现代社会往往把大众(mess)与乌合之众(mob)等同,这就扭曲了大众的本质含义。"'大众'变成了代替'群氓'的新词:那些其他人、无闻之辈、平头百姓、难以接近的群氓。"[1]之所以会有这种误解,是少数精英分子用以证明他们地位的合法性,方便统治者对"大众"进行剥削的手段。在威廉斯看来,对于群众的不同理解并非来自现实,而是对群众的不了解,是话语霸权的一种表现形式。"实际上没有群众,有的只是把人看成群众的那种看法。在一个城市性的工业社会中,有许多机会使人们有这种看法。"[2]对于不同政治取向的使用者来说"群众"概念具有不同的意涵。在许多保守者眼里,在资产阶级眼中,"大众"

---

① [英]雷蒙·威廉斯:《希望的源泉:文化、民主、社会主义》,祁阿红、吴晓妹译,译林出版社 2014 年版,第 13 页。

② [英]雷蒙·威廉斯:《文化与社会》,高晓玲译,商务印书馆 2018 年版,第 430 页。

(或者说"群众")是个轻蔑语,具有"乌合之众"的特点:愚昧无知、趣味低下、立场不坚定、容易被蛊惑和操纵等。而在社会主义革命者那里,在马克思笔下,群众是积极的、具有革命传统的对象。"在许多保守的思想中,它是一个轻蔑语,但是在许多社会主义的思想里,它却是一个具有正面意涵的语汇。"①"群众(大众)"在威廉斯那里,不再是一个完全被动的、受人操控的对象和客体,而具有了主体的潜质和功能。这样的"群众(大众)"观念反驳了所谓的精英知识分子对"大众"的贬低和偏见,肯定了群众(大众)的主体性和能动性,超越了法兰克福学派对大众的批判性评价。

自马克思以后,西方社会对群众地位和作用的关注和研究虽然没有停止过,但总体上对待群众的态度始终未能正面而积极。两次世界大战对西方社会造成的心理震撼和社会主义国家的纷纷解体,使西方人对群众的蔑视和恐慌再一次蔓延,资本主义社会的精英知识分子公然跳出来批判马克思主义,指责群众对社会的破坏性。为维护精英传统和现行体制,资产阶级对"大多数人"实行意识形态和文化控制。而西方马克思主义随着第一代马克思主义者的离开而逐渐脱离工人阶级。"西方马克思主义首要的最根本特点就是:它在结构上与政治实践相脱离。"②葛兰西于 1926 年被意大利法西斯投入监狱;柯尔施由于拒绝接受共产国际的批评而被开除出党,后又流亡美国;卢卡奇也受到匈牙利共产党和共产国际的批判而不断作自我批评,并离开党的领导岗位,脱离了具体的革命活动而专注于理论研究,最终流亡苏联,这"标志着西方马克思主义在西方群众中活动自如的阶段已告结束。从此以后,西方马克思主义就以自己的密码式语言来说

---

① ［英］雷蒙·威廉斯:《关键词:文化与社会的词汇》,刘建基译,生活·读书·新知三联书店 2005 年版,第 281 页。

② ［英］佩里·安德森:《西方马克思主义探讨》,高铦等译,人民出版社 1981 年版,第 41 页。

话了,它与工人阶级的距离愈来愈远"①。到 20 世纪 30 年代,马克思主义理论最终与无产阶级革命实践脱离了联系。安德森曾指出,在马克思时代,对群众的关注处在巅峰时期,群众会把自己的要求写在红旗上;第一次世界大战后,群众会把他们的福利写进政策中;而今天,大众媒体解除了群众身份,代替他们言说日常生活的个性和兴趣需求,群众成为潮流的追随者而非缔造者,群众自此缄默不语。时至今日,"无产阶级消失""告别工人阶级"的观点甚嚣尘上,更有甚者把阶级斗争连同工人阶级从马克思主义的核心中置换出去,强调资本和政治话语权(意识形态)的主体地位。马克思主义群众观并未沿着马克思所预想的路线发展下去,反而被所谓的马克思主义者歪曲、误解乃至利用,对群众的理解重现消极的尴尬境地。

第二节　马克思群众观的时代价值

一、在国际共产主义运动中的体现和丰富

以推翻资产阶级统治,建立无产阶级政权为目标的无产阶级革命运动,是马克思毕生为之奋斗的伟大事业。在马克思主义的指引下,国际共产主义运动从无到有,从小到大,在世界范围内深刻地影响和改变着整个人类世界的经济、政治、文化等社会生活。马克思十分重视工人运动的国际联合与团结,认为无产阶级革命会随着工人阶级的联合不断扩大,最终取得革命胜利。"工人有时也得到胜利,但这种胜利只是暂时的。他们斗争的真正成果并不是直接取得的成功,而是工人的越来越扩大的联合。这

---

① [英]佩里·安德森:《西方马克思主义探讨》,高铦等译,人民出版社 1981 年版,第 44 页。

种联合由于大工业所造成的日益发达的交通工具而得到发展,这种交通工具把各地的工人彼此联系起来。只要有了这种联系,就能把许多性质相同的地方性的斗争汇合成全国性的斗争,汇合成阶级斗争。"①当然,国际共产主义运动如同其他一切进步事业一样,它的发展不会是笔直的、一帆风顺的,而是要经历许多艰难险阻,在曲折的道路上波浪式地前进。国际共产主义运动大致经历了三个时期,列宁在 1913 年发表了《马克思学说的历史命运》一文,指出"于 1848 年问世的《共产党宣言》,已对这个学说作了完整的、系统的、至今仍然是最好的阐述。从这时起,世界历史显然分为三个主要时期:(1)从 1848 年革命到巴黎公社(1871 年);(2)从巴黎公社到俄国革命(1905 年);(3)从这次俄国革命至今"②。马克思群众观正是在这个过程中不断丰富发展并指导运动。

第一时期是国际共产主义发展的高潮期。在 19 世纪中期,社会中存在着多种社会主义派别和各样的理论思潮,马克思主义埋没其中并没有引起无产阶级的注意,更不要说在工人运动中占统治引领地位。1848 年《共产党宣言》的发表,标志着无产阶级有了自己的革命纲领。在这段时间,马克思投身革命实践,支持各国无产阶级运动、深切关注运动的发展,其以卓越的理论著述积极指导革命运动,及时总结运动失败的教训,丰富和完善群众观思想。

在阶级斗争特别尖锐的法国,无产阶级充当推翻金融贵族专政的七月王朝的主力军,巴黎工人矛头直指资产阶级政权,武装反抗资产阶级,谋求自身的解放。无产阶级由于组织程度和觉悟程度还不高,还不能完全按照马克思的指导去团结、争取农民来壮大自己的力量,实现自己对革命的领导权。相反,资产阶级为了使无产阶级在斗争中陷于孤立,千方百计地拉拢和欺骗农民,挑拨工农关系,阻碍和破坏工农联盟的关系,革命最终失

---

① 《马克思恩格斯选集》第一卷,人民出版社 2012 年版,第 409 页。
② 《列宁专题文集　论马克思主义》,人民出版社 2009 年版,第 61 页。

败。一些先进的无产阶级战士在绝望中逃亡美国,工人运动进入低潮。虽然 1848 年欧洲革命的失败使马克思关于加强工人运动国际联合的设想未能实现,却使马克思注意到工农联盟的重要性。人民群众的主体虽然是工人阶级,但农民对于革命的进程同样起着重要作用。在资本主义条件下,无产阶级和广大农民同受资产阶级的奴役和剥削,他们之间的共同利益就是消灭这种阶级压迫,建立无产阶级专政,工农当家作主的新国家。因而无产阶级要想取得革命胜利,就要团结一切无产者,使全世界无产者联合起来,扩大革命的群众基础。"联合的行动,至少是各文明国家的联合的行动,是无产阶级获得解放的首要条件之一。"①

在革命失败后及工人运动重新高涨的过程中,马克思积极进行理论探索,密切注视着工人运动走向联合的趋向,并为此作出积极的准备。19 世纪 60 年代初,工人团体得到了恢复和发展,欧美各国的工人运动出现了新的高涨。加强各国工人组织之间的相互联系和相互支持,成为各国工人群众的共同愿望。各国工人运动出现国际联合的新趋势。1864 年在伦敦圣马丁小礼堂举行了由英国、法国及德国、意大利、波兰等国工人代表参加的大会,决定成立"国际工人协会",即"第一国际"。1871 年,"第一国际"的法国支部参加并领导了巴黎公社运动。这是世界无产阶级用暴力打碎资产阶级旧的国家机器、建立无产阶级专政的一次伟大的尝试。由于各国联合起来的资产阶级反革命势力的强大和法国无产阶级革命力量的弱小及不成熟,这次革命运动中,工人阶级并未通过掌握现成的国家机器来达到自己的目的。马克思高度赞扬了巴黎公社运动及人民群众的革命精神,认为巴黎公社"是把人类从阶级社会中永远解放出来的伟大的社会革命的曙光"②,是"以人民群众的名义,并且是公开为着人民群众即生产者群众

---

① 《马克思恩格斯选集》第一卷,人民出版社 2012 年版,第 419 页。
② 《马克思恩格斯全集》第十八卷,人民出版社 1964 年版,第 61 页。

的利益而进行"①的运动。巴黎公社实现了把资产阶级国家这个"统治社会、压制社会的力量变成社会本身的生命力",把资产阶级国家这个"压迫和掠夺人民群众"的祸害变成了"人民群众自己的力量",把资产阶级国家这个"组织起来的窃据社会主人地位"的政治机器变成了"充当社会公仆的政府权利","把靠社会供养而又阻碍社会自由发展的国家这个寄生赘瘤迄今所夺去的一切力量,归还给社会机体"②。巴黎公社就是"人民群众把国家政权重新收回,他们组成自己的力量去代替压迫他们的有组织的力量;这是人民群众获得社会解放的政治形式,这种政治形式代替了被人民群众的敌人用来压迫他们的假托的社会力量"③。

巴黎公社在它短暂的生命期内,废除了旧制度,实行了新制度,颁布施行了一系列政策和法令,采取一系列革命措施。例如:公社废除资产阶级常备军,代之以人民武装;废除旧政权的官僚制度,实行普选制和撤换制;废除教士特权,废除国家用于宗教事务的一切开支,没收教会财产归国家所有;赋予妇女选举权,一些妇女组织了女权运动,要求性别平等、工资平等,保障妇女的主动离婚权、世俗指导权和女孩的专业教育权;颁布法令提高工人工资,宣布工资必须全部交给工人,不许企业借故克扣和无理罚款;废除数以百计的巴黎面包店的夜班,提出了劳动者 8 小时工作制的原则;设立了救济贫民的机构并拨出专门款项发放给穷人等等。由于公社存在的时间很短,这些制度和措施实行的时间也不长,有一些措施甚至还没有来得及实行。但是,它们的意义是重大而深远的。它是全体人民自己实行社会管理的普遍民主制的无产阶级自治形式。公社的"真正秘密就在于,它实质上是工人阶级的政府,是生产者阶级同占有者阶级斗争的产物,是

---

① 《马克思恩格斯选集》第三卷,人民出版社 2012 年版,第 152 页。
② 《马克思恩格斯选集》第三卷,人民出版社 2012 年版,第 101 页。
③ 《马克思恩格斯选集》第三卷,人民出版社 2012 年版,第 140 页。

终于发现的可以使劳动在经济上获得解放的政治形式"①。

经过这一时期欧洲革命的考验,马克思以前的一切五花八门的社会主义派别受到致命的打击,纷纷破产,不是被历史遗忘就是被无产阶级遗弃。而马克思主义在这场革命风暴中因其科学性和人民性被无产阶级接受,体现出科学的革命真理。马克思主义在工人运动中得到迅速广泛的传播,并逐步取得了统治地位。"到第一个时期(1848—1871年)即风暴和革命时期的末尾,马克思主义以前的社会主义已奄奄一息。独立的无产阶级政党——第一国际(1864—1872年)和德国社会民主党诞生了。"②

第二时期是和平发展时期。1871年的巴黎公社革命运动失败以后,国际共产主义运动进入了一个低潮。受到资产阶级的残酷镇压,法国、英国、德国等先进国家的工人运动转入地下,欧洲各国许多工人领袖遭到逮捕、审讯、监禁,甚至被驱逐出境,在欧美无产阶级中享有巨大威信和影响的"第一国际"也被迫于1876年解散。尽管如此,随着第二次工业革命的开展,欧美各资本主义国家的社会经济形态逐渐发生变化,资本主义经济得以迅速发展,工人阶级队伍进一步发展壮大。为防止由于缺乏统一的革命政党领导导致斗争分散、孤立,最后陷入失败,工人运动有必要建立相应的组织或政党来领导。十几个无产阶级社会主义政党如德国社会民主党、美国社会主义工党、法国工人党等工人阶级政党和组织正是在这样的环境下相继成立。1889年在恩格斯的指导下,"第二国际"成立。各国政党学习资产阶级议会制度,创办自己的报刊,建立自己的工会和合作社,聚集和团结无产阶级的力量去作未来的战斗,工人阶级队伍迅速壮大。第二国际的决议中,探讨了工资工时和劳动保护、关于经济斗争等问题,推动了欧美工人政党的合法斗争,促进了欧美工人运动的发展。工人运动中心从法国发展到德国,最后扩展到俄国。1903年,俄国布尔什维克党宣告诞生,从

---

① 《马克思恩格斯选集》第三卷,人民出版社2012年版,第102页
② 《列宁全集》第二十三卷,人民出版社2017年版,第2页。

此俄国革命迎来了新的曙光,马克思群众观的理论逻辑和实践逻辑在此得到了真理性与现实性的统一。

第三个时期是革命胜利时期。列宁在 1913 年发表的《马克思学说的历史命运》中指出,"第三个时期是从这次俄国革命起"。这个时期最重要的事件就是俄国十月社会主义革命的胜利和中国及其他社会主义国家的胜利。

列宁深谙马克思主义群众理论,他指出"马克思主义和其他一切社会主义理论的不同之处在于,它出色地把以下两方面结合起来:既以完全科学的冷静态度去分析客观形势和演进的客观进程,又非常坚决地承认群众的革命毅力、革命创造性、革命首创精神的意义"①。列宁的建党思想和建党历程也是严格遵循群众观这一思想的。

首先,政党建立的基础来源于人民群众,政党的群众基础越大,政党的能力就越强。"一个阶级怎么能够建立起自己的政权的呢? ……是从什么地方得到支持的呢? 我们知道,这种支持来自国内,来自农民群众。"② 其次,列宁认为单单只有工人政党,无产阶级革命还远不能取得胜利。当时的俄国还是一个小农经济占主导的农业国,农民数量庞大。列宁吸取马克思关于工农联盟的思想,指出无产阶级政党要取得革命胜利,就必须扩大群众基础,取得占全国人口绝大多数的农民的支持。"谁的后备多,谁的兵源足,谁的群众基础厚,谁更能持久,谁就能在战争中取得胜利"③,"无产阶级的百万大军才是万能的"④。列宁把这一点称为"全世界共产主义运动不可战胜的根源"⑤。只有人民的革命才会取得最终的胜利。最后,政党必须时刻与人民在一起,实现人民当家作主。建立苏维埃政权的

① 《列宁全集》第十六卷,人民出版社 2017 年版,第 20 页。
② 《列宁全集》第四十一卷,人民出版社 2017 年版,第 123 页。
③ 《列宁全集》第三十七卷,人民出版社 2017 年版,第 233 页。
④ 《列宁全集》第二十二卷,人民出版社 2017 年版,第 119 页。
⑤ 《列宁全集》第三十七卷,人民出版社 2017 年版,第 219 页。

目的就是要"真正实现大多数人享受的民主制度,使大多数人即劳动者实际参加国家的管理"①。革命胜利后,列宁领导制定了《苏联宪法》和一系列基本法律,主张要加强民主法治建设,保证人民群众的权利,实行无产阶级的社会主义民主专政。"只有当群众知道一切,能判断一切,并自觉地从事一切的时候,国家才有力量。"②列宁不仅这样说,而且投入到实际行动中。他一直试图去克服党脱离群众的种种不良现象,甚至到了晚年病魔缠身,也依旧坚持运用各种手段去解决这些问题。列宁指出:"在人民群众中,我们毕竟是沧海一粟,只有我们正确地表达人民的想法,我们才能管理。否则共产党就不能率领无产阶级,而无产阶级就不能率领群众,整个机器就要散架。"③"最严重最可怕的危险之一,就是脱离群众。"④因而他不断要求扩大民主,增加中央委员会的人数,改组工农检察院,增加从工人和农民中选出的中央监察委员数目等,以实现政党为民,国家为民。"人民需要共和国……不仅仅需要民主形式的代表机构,而且需要建立由群众自己从下面来全面管理国家的制度,让群众有效地参加各方面的生活,让群众在管理国家中起积极的作用。"⑤

　　无论是 1905 年工人大罢工引起的俄国资产阶级革命,还是 1917 年的二月革命和十月革命,抑或是 1918—1922 年的苏俄国内战争,无不充分彰显出人民群众的革命性,展示了人民群众在历史进程中不可阻挡的伟大力量。"我国革命之所以是伟大的俄国革命,正是因为它发动了极广大的人民群众投身于历史的创造。"⑥在马克思群众观的指引下,列宁充分团结广大人民群众,调动人民群众的革命性,带领人民群众取得了无产阶级革命

---

① 《列宁全集》第三十六卷,人民出版社 2017 年版,第 83 页。
② 《列宁全集》第三十三卷,人民出版社 2017 年版,第 16 页。
③ 《列宁全集》第四十三卷,人民出版社 2017 年版,第 113 页。
④ 《列宁全集》第四十二卷,人民出版社 2017 年版,第 383 页。
⑤ 《列宁全集》第二十九卷,人民出版社 2017 年版,第 287 页。
⑥ 《列宁全集》第十三卷,人民出版社 2017 年版,第 196 页。

的胜利,打破了资本主义社会一统天下的局面,建立了社会上第一个社会主义国家,开启了无产阶级工人群众自己的事业。

斯大林继承了列宁关于党必须密切联系群众的思想,认为民族和国家的命运"首先和主要是由千百万劳动群众决定的"。斯大林将密切联系群众、走群众路线、建立融洽的党群关系作为党风建设的一项重要内容,指出在社会主义事业建设时期,人民群众作为自己事业的建设者,不仅要参与其中,更要给新的指挥人员以绝对的支持,否则社会主义建设事业将无从谈起。"工人阶级的党如果不同群众保持广泛的联系,不经常巩固这种联系,不善于倾听群众的呼声和了解他们的疾苦,没有不仅教导群众而且向群众学习的决心,那它就不能成为能够领导千百万工人阶级群众和全体劳动群众的真正群众性的党。"①

然而在实际中,斯大林并没有将其理论实践化。在经济上,1929 年以后,斯大林为了推行以重工业为核心的高速工业化,要求农业为其提供资金和劳动力,这是个体农民力所不及的,必须实行全盘集体化。斯大林认为集体化政策可以消灭农业历来落后的状况。自斯大林推行工业化与农业集体化运动之后,农业、农民与农村一直是处境极端艰难,在第二次世界大战期间和战后第一个五年计划时期更加突出,特别是饥荒日益严重。这一政策严重违背了经济规律,侵犯了农民的利益,遭到了农民的强烈抵制和反抗。在政治上,在贯彻民主集中制原则过程中,实际上搞的是没有广泛民主基础的集中制,把权力集中在少数人手里,最后集中在斯大林一个人手里。国家的政治经济生活都按党的机关的指示行事,干部由党组织层层任命,苏维埃的代表也都是党指定候选人通过等额选举产生。这就排斥了社会和民众的参与,人民的民主权利并没有相应的民主形式予以保障。

与苏联不同的是,中国共产党领导的无产阶级革命不但把包括农民阶级在内的无产阶级群众团结起来,而且还根据社会矛盾的不同,团结一切

---

① 《斯大林选集》下卷,人民出版社 1979 年版,第 623 页。

可以团结的群众去反抗共同的敌人。"在城市斗争中……我们必须全心全意地依靠工人阶级,团结其他劳动群众,争取知识分子,争取尽可能多的能够同我们合作的民族资产阶级分子及其代表人物站在我们方面。"①只有发动全体人民群众支持并参与战争,进行一场人民的战争,才能取得胜利。"革命战争是群众的战争,只有动员群众才能进行战争,只有依靠群众才能进行战争。"②

在革命战争年代,中国共产党依靠群众路线找到了革命的根本利益和农民经济利益之间的平衡点。在毛泽东思想体系中,全心全意为人民服务的宗旨、群众路线和民主集中制的组织原则、理论联系实际、密切联系群众、批评与自我批评的思想作风和工作作风等都是在长期的群众运动中形成与发展起来的,是以群众性的整党整风运动来保持和发扬光大的。早在"五四"时期,毛泽东在《民众大联合》中就指出,要改造中国,根本的方法是造成中国各阶层民众的大联合。③ 在第二次国内革命战争时期,毛泽东针对国民党反动派的堡垒政策,明确地指出:"真正的铜墙铁壁是什么?是群众,是千百万真心实意地拥护革命的群众。这是真正的铜墙铁壁,什么力量也打不破的,完全打不破的。反革命打不破我们,我们却要打破反革命。在革命政府的周围团结起千百万群众来,发展我们的革命战争,我们就能消灭一切反革命,我们就能夺取全中国。"④1938 年 5 月,毛泽东在《论持久战》一文中又明确地指出:"战争的伟力之最深厚的根源,存在于民众之中。……军队须和民众打成一片,使军队在民众眼睛中看成是自己的军队,这个军队便无敌于天下。"⑤1939 年 5 月 4 日,他在《青年运动的方向》一文中还指出:"只有动员占全国人口百分之九十的工农大众,才能战

---

① 《毛泽东选集》第四卷,人民出版社 1991 年版,第 1427 页。
② 《毛泽东选集》第一卷,人民出版社 1991 年版,第 136 页
③ 《毛泽东早期文稿》(1912.6-1920.11),湖南出版社 1990 年版,第 338-341 页。
④ 《毛泽东选集》第一卷,人民出版社 1991 年版,第 139 页。
⑤ 《毛泽东选集》第二卷,人民出版社 1991 年版,第 511-512 页。

胜帝国主义,才能战胜封建主义。现在我们要达到战胜日本建立新中国的目的,不动员全国的工农大众,是不可能的。"①透视民主革命时期中国共产党所领导的群众运动,既包含有工人运动、农民运动、学生运动、妇女运动、青年运动等,又涉及政治、经济、文化、党的建设等各个领域。庞大的群众群体形成浩浩荡荡的革命大军,推翻了压在中国人民头上的"三座大山",建立了人民政权。借助群众的力量和群众运动的开展,中国共产党不断发展壮大并走向成熟。

群众路线是党的生命线,贯穿党的一切工作。新生的人民政权在确立初期面对来自国际敌对势力的敌视、威胁和国内国民党残余势力的反抗破坏,经济上则面临一个经济结构落后、经济基础薄弱、饱受战争破坏的烂摊子。新政权面临着确立政治制度、恢复经济秩序和建设工业化道路等多重挑战。在各项基本制度尚待完善的情况下,发动群众来改革旧的社会制度成为奠定从新民主主义转变到社会主义的群众基础,成为中国共产党用以应对困难局面、推动社会变革的首选方式。新中国成立之初所进行的土地改革、剿匪、镇压反革命、抗美援朝、增产节约、"三反""五反"、知识分子思想改造以及"三大改造"等声势浩大的运动都是以群众运动的形式来进行的,这些运动适应了当时社会的需要,巩固了新生政权,恢复了国家经济的发展,既打击了贪污分子、不法工商业者,又团结了大多数人,对打破旧的社会制度和势力,解放被束缚的生产力,激发人民群众的政治和创造热情,是起了巨大历史作用的,基本上是成功的。

但是,群众运动不能解决社会的全部现实问题,特别是社会主义建设,这是与阶级斗争具有不同性质和特点的工作,不能完全沿用战争时期的方式方法去完成。打着群众运动的旗帜,却以脱离群众、脱离实际的方式违背人民群众的利益和愿望的现象;以违反社会发展规律的要求号召社会建设,不仅会伤害人民群众的积极性,而且践踏了党的群众路线的优良传统。

---

① 《毛泽东选集》第二卷,人民出版社 1991 年版,第 565 页。

我们要抛弃大搞群众运动的形式,但不能丢掉群众路线的实质内容。群众路线首先解决的是国家权力的归属问题,其次是解决国家权力如何运行以保证国家权力的人民归属这个关键问题,即国家权力的管理形态问题。新时代,中国共产党始终坚持人民利益的基本立场,坚守群众路线基本原则,以"人民对美好生活的向往,就是我们的奋斗目标"为基本理念,以"发展为了人民,发展依靠人民,发展成果由人民共享"为基本取向,极大凝聚了中国精神,团结了中国力量,使多阶级的联合统治获取了源源不竭的社会支持。中国共产党要进入社会、动员社会、组织社会,成为社会发展的主体力量和中心支柱,必须以群众路线为行动起点深入展开。丢掉群众路线的实质内容,反腐败也好,社会主义建设也好,是无论如何也搞不好的。

二、西方共产党及其他各党对马克思主义群众观的发展和运用

马克思主义诞生的时代,是帝国主义和无产阶级革命的时代。今天虽然从理论上说时代没有发生根本性改变,但是时代的特征已经发生了重大变化,和平发展成为时代主题,资本主义的社会关系和政治关系也发生了一些新变化,世界各国间政治、经济关系更加错综复杂。植根于人民群众土壤的马克思主义群众观,是人民群众社会实践的科学总结,又是人民群众社会实践的向导,不仅能够对中国等社会主义国家起指导性作用,同时也被其他国家的共产党及其他各党用来学习。这些国家的政党从扩大自身民众基础和巩固政治地位的高度出发,从不同角度表达和阐述了自己对群众观重要性的认识,不断丰富和发展马克思主义群众观,并以此作为开展群众工作的行动指南。

(一)西方共产党对马克思群众观的发展

西方共产党、工人党及其党内理论家以及西方进步的知识分子立足于

西方社会历史条件,结合西方文化传统,试图探索一条不同于苏联模式,适合西方发达国家人民的自由和解放道路。这样一种尝试与探索值得肯定。但是西方国家共产党在发展过程中遇到的风险也不言而喻。因为西方国家共产党的变革与转型都必须遵循马克思主义,根据自己的特殊国情和党情来完成,不可能照抄别国的政党模式,哪怕是成功的模式。

第一,共产党的群众基础在不断扩大。共产党是工人阶级的先锋队,是公认的工人阶级政党。随着经济发展和社会阶层分化,不同群体利益诉求和价值观的多元化趋势日益明显。西方国家共产党对其性质的表述做了新的调整。大多数国家的共产党把自己的阶级基础从工人阶级扩大为全体人民群众。第二次世界大战期间,意大利共产党不断开展系统的工人群众工作,不仅领导城市工人群众在都灵、米兰举行罢工和示威游行,广泛开展城市群众斗争,还加大了对农业无产者、南部和岛屿地区以及全国其他地区的农民这两种革命动力的组织工作。在法国解放前夕,71个省的解放委员会中,法国共产党控制了一半以上。巴黎就是由法国内地军在法国共产党党员罗·汤吉领导、在广大群众的协助下解放的。1991年西班牙共产党十三大召开,经过党内不同意见的激烈碰撞,大会最终宣布"西共继续坚持马克思主义思想和共产主义理想,坚持共产主义理论作为指导方针,不改变党的名称"①,西共将"通过团结在社会和文化上具有领导地位的工人阶级和群众,使党能够获得政治权力,控制社会经济活动,超越资本主义制度,从而在西班牙实现社会主义"②。日本共产党自称"是工人阶级的党,同时是日本国民的党";葡萄牙共产党自称"是工人阶级和全体劳动者的政党"等。西方国家的共产党虽然还自称是工人阶级的政党,但同时还认为自己是全体劳动阶层的党,甚至是全体国民的党,其阶级基础已

---

① 金伟、万蕊嘉:《西班牙共产党百年历程及其当代启示》,《马克思主义与现实》2021年第6期。

② 金伟、万蕊嘉:《西班牙共产党百年历程及其当代启示》,《马克思主义与现实》2021年第6期。

经扩大。

第二,党的运行体制从实行民主集中制转变为强调民主运行体制。资本主义国家的共产党是在十月革命以后,按照苏联共产党的模式建立和发展起来的,在党内形成了高度集中的权力体制。20世纪70年代,奉行"欧洲共产主义"的各国共产党严厉批评了苏联共产党将民主集中制变成了"官僚集中制",转而强调党内民主。苏东剧变以后,在有关党的组织原则问题上,不少西方国家共产党不再遵循传统的民主集中制,而是强调民主、自由和多样性。例如,法国共产党现在实行"民主的运转原则",西班牙共产党提出民主集中制原则应建立在广泛参与集体讨论的言论自由、批评和自我批评、斗争行动的团结等基础上等。

第三,从主张暴力革命实现社会主义转向主张和平民主来实现社会主义。第二次世界大战以后,大多数西方国家共产党在理论上仍然坚持暴力革命夺取政权的观点。20世纪70年代中叶,奉行"欧洲共产主义"的西欧各国共产党都主张摒弃暴力革命,通过议会斗争和群众斗争,对资本主义的政治、经济和社会进行长期的民主变革,逐步过渡到社会主义。苏东剧变以后,只有希腊共产党仍然主张通过社会主义革命,建立无产阶级专政,其他西方国家的共产党都主张通过和平、民主的道路走向社会主义。例如,日本共产党纲领提出,要争取用和平的方式取得革命胜利,但又要时刻保持警惕,以防敌人发动的暴力反击;美国共产党提出,通向社会主义的道路因国而异,美国社会主义可能通过和平的方式实现,但不承诺在革命的特殊时期放弃使用暴力来捍卫自己的权利。

(二)国外其他各党对马克思群众观的运用

马克思群众观不仅对各国共产党有指导作用,而且对国外其他政党产生了一定的影响。

在党群问题上,一些政党如匈牙利社会党和南非非国大等党将自身的执政比作签署了一份"人民的合同",党的群众工作是让党更好地扎根于民众,让民众赋予党以力量。希腊新民主党提出要建立"以人民管理为基础"的公民社会,真正做到"还民主于民"。西班牙工社党提出"推动民众参与"、努力形成党群良性互动的口号和目标。

在党群利益问题上,一些党认为,党的群众工作最终要转化为民众看得见、摸得着的实惠,政党才能得到民众认可。创建于 1879 年的西班牙工社党是西班牙最早建立的代表工人阶级利益的政党,它公开宣称自己是"阶级的政党,因而也是大众的、马克思主义的、民主的"①政党。创建于 2014 年的"我们能"党,则将实现世界社会主义作为长远目标。土耳其正义发展党高层领导人认为,要想赢得大选、巩固政权,就必须让老百姓得到实惠。统一俄罗斯党也指出,提高全民生活水平,是党联系和争取大多数民众的先决条件。

在扩大党的群众基础问题上,一些党主张要尽可能地扩大自身代表性,把传统支持力量和新兴阶层都纳入到党的群众工作视野中。德国社民党、西班牙工社党等要求,党不仅要向"关心党的工作的公民开放",还要加强与各种新社会运动和宗教团体的对话与合作。法国社会党主张在调和各阶层利益和愿望的基础上,建立"跨阶层新联盟",强调自己是"跨阶级的政党",认为中产阶级已经成为社会主体和稳定因素,必须更加关注他们的利益。秘鲁阿普拉党和南非非国大都强调,党的群众工作应该超越党派、行业、地区和阶层界限,"让那些在社会生活中没有声音的人也能够发表意见"②,建设"包括社会各阶级、阶层群众的强大、一致和团结的联合阵线"③。德国社民党强调必须得到多个社会群体的支持;德国基民盟提

---

① Elizabeth Nash. The Spanish Socialist Party Since Franco: From Clandestinity to Government: 1976-1982, in David S. Bell. eds. *Democratic Politics in Spain*, London: Frances Pinter, 1983:33-34.

② 张光平:《外国政党密切联系群众的新举措》,《当代世界》2007 年第 8 期。

③ 张光平:《外国政党密切联系群众的新举措》,《当代世界》2007 年第 8 期。

出建设"中间的全民党",指出尽可能广泛地代表社会各阶级的利益,为树立"群众党的形象"。希腊新民主党将党的性质正式确定为"社会中间党",强调以公民的利益作为制定一切政策的出发点。英国工党提出要将工党变成"人民的党",变成"商业界和企业界的党",1995年工党修改党章,放弃了坚持70多年的国有化目标。西班牙人民党的目标是建设一个"独立的、温和的、中间的、全民的党"。可以说,世界许多政党在制定修改党章、建设发展的目标时都受到了马克思主义群众观的影响,为党的发展提供了思想瑰宝。

三、对中国社会主义现代化建设的指导

马克思群众观是党的群众观点和群众路线思想来源的直接理论基础,也是党制定各项方针政策的理论来源。中国共产党成立之时,就把马克思主义写在了自己的旗帜上,把"为中国人民谋幸福、为中华民族谋复兴"这一历史使命扛在肩上,把坚持人民利益高于一切鲜明地写在自己的旗帜上,坚持把马克思主义作为中国革命、建设、改革的指导思想。一百多年来,无论面临多大挑战和压力,无论付出多大牺牲和代价,中国共产党的初心使命始终不渝、毫不动摇。习近平总书记在2023年12月中共中央政治局召开的专题民主生活会上指出,"党的最大政治优势是密切联系群众,党执政后的最大危险是脱离群众,要始终把人民放在心中最高位置,站稳人民立场,厚植为民情怀",这就为新时代新征程走好党的群众路线、做好群众工作指明了方向、提供了根本遵循。近些年来,中国社会上出现的一些社会矛盾和冲突,究其根本就是群众问题,反映出部分党政机关领导和企业负责人群众观念淡漠,甚至根本无视群众。如果这些群众问题不能得到妥善解决,就会影响到中国特色社会主义事业的建设。

马克思曾指出:"理论在一个国家实现的程度,总是取决于理论满足

这个国家的需要的程度。"①今天,我们正处在中国式现代化道路发展的历史新时期,我们必须清醒地认识到,不仅在实践发展中需要马克思主义理论的指导,对实践中出现的一系列问题更加需要给予理论上的科学的说明和解释,其中许多问题需要从群众观角度分析、说明和指导。坚持马克思群众观的根本性、决定性意义比以往任何时候都要更加突出,这也是社会主义现代化建设进一步发展的需要。

第一,马克思群众观明确了党群关系,解决了国家层面权力的归属和权力的管理形态问题。马克思群众观指出,共产党是无产阶级的一部分,来源于工人群众。列宁曾经把人民群众比作大海,而共产党人和党的干部只是沧海一粟;斯大林把人民群众比作大地母亲,把布尔什维克党比作安泰②,这明确说明了党与群众相互依存的关系。没有人民群众,就没有无产阶级政党;没有无产阶级,人民群众就不能团结一致取得革命斗争的胜利,创建真正属于自己的社会。一方面,群众离不开无产阶级政党的领导。党是群众进行革命和建设的领导核心。没有这个核心,人民群众的彻底解放就不能实现。另一方面,党是为人民群众服务的工具,这是最本质的方面。党离不开群众,党的智慧和力量的源泉也只能存在于群众之中。亨廷顿指出:"对于处于现代化之中的社会来说,所谓'建立国家',部分地意味着创建有效的官僚机构,但更重要的还是建立一个能够调整新集团参与政治的有效政党体系。"③在马克思群众观的指引下,中国共产党政党不仅提供了行之有效的政治管理机构以供构建社会秩序之需,而且能够满足社会多元利益和团体参与政治的民主需求,形成人民群众和政党、社会和国家的互动关系,着力改造或重建社会国家和各个领域的组织与制度,克服时代发展带来的危机,架构了人民群众通过运行国家权力来实现自我统治与

①　《马克思恩格斯选集》第一卷,人民出版社 2012 年版,第 11 页。

②　希腊神话中的著名英雄,著者注。

③　[美]塞缪尔·P.亨廷顿:《变化社会中的政治秩序》,王冠华等译,生活·读书·新知三联书店,1996 年版,第 370 页。

自我管理的实践逻辑。国家事务由此变成人民的事务,人民群众不仅获得相对国家而存在的自主权利,而且成为国家权力的所有者。中国共产党在执政中,始终坚持人民群众是推动历史前进的根本动力的唯物史观,坚持执政为民的执政理念,坚定地相信群众,依靠群众、凝聚群众,不断超越自身,带领人民群众依法管理国家、社会、经济等事务,党群联动的民主形态成为国家与社会向更高形态社会发展的力量。

第二,有利于制定正确的执政路线和方针。理论必须随着时代的发展不断丰富和完善,这是其保持生命力的根基。马克思主义理论当然也不能例外。在长期的革命、建设和发展的过程中,中国共产党一贯坚持马克思群众观的基本精神,在全部理论制定和实践工作中创造性地运用马克思群众观,形成了具有中国特色的群众观。群众路线就是中国共产党把马克思群众观与中国社会实际相结合的最好结果,是毛泽东总结实践经验概括出来的,是毛泽东所阐明的理论在党的全部实践活动中的具体运用。1945年,在中共七大上作关于修改党章的报告时,肯定"从群众中来,到群众中去"这一领导方法的同时,还特别强调了群众观点的重要性,"一切为了人民群众的观点,一切向人民群众负责的观点,相信群众自己解放自己的观点,向人民群众学习的观点,这一切,就是我们的群众观点,就是人民群众的先进部队对人民群众的观点"①。群众观点和群众路线是保证我们各项事业取得成功的两个根本法宝,它不仅突出强调了马克思主义的政治立场,为我们坚持马克思群众观提出了新的理论要求,而且回答了依靠谁来发展、为了谁而发展的问题。中国共产党在长期实践中将这一思想转化为自觉追求,以其熔铸在历史使命和责任担当的血脉基因之中,贯穿中国社会发展历程的各个维度,体现在政治民主、经济发展、文化繁荣等多方面,显示出强大的说服力、凝聚力、影响力,塑造了中国社会发展的新局面。

无论哪个历史时期,党的各项方针、政策都以人民群众利益为重,这是

① 《刘少奇选集》上卷,人民出版社1981年版,第354页。

马克思群众观的基本要求,也是中国共产党的实质所归。"密切联系群众是我们党的最大政治优势,脱离群众是我们党执政后的最大危险。"①只有坚持马克思群众观,把人民群众对美好生活的向往与中国式现代化道路结合起来,让人民群众成为社会发展的参与者、实践者和受益者,实现共建共享新格局,才能从根本上正确制定党的执政方针和政策,中国式现代化道路才会越走越宽广。

第三,有利于巩固党的执政基础。民者,国之根也,国之大也。政党建立的基础来源于人民群众,政党的群众基础越大,政党的能力就越强。自中国共产党成立之日起,我们党就始终持守着马克思主义政党的本质,坚持人民群众历史主体地位的世界观和价值观,秉承全心全意为人民服务的宗旨,践行为民执政的理念,始终把最广大人民群众看作是社会革命、建设和改革实践的主体。这一理念深深扎根于党依靠人民所进行的革命实践和新中国成立以来的社会主义建设实践之中,充分体现出党对马克思群众观的深刻理解和全面把握。

随着改革开放的全面推进,我国出现了公有制实现形式多样化和多种经济共同发展的局面,由此形成了具有不同经济地位、社会地位和不同利益特点的多层次社会阶层。这不仅对新形势下实践党的群众观点提出了新的要求,也给党的群众工作提出了新的任务。要正确处理各阶层之间的关系,加强与各阶层群众的密切联系,才能有效调动各方面的积极性和创造性。这既是党的群众工作的需要,也是扩大党的群众基础、巩固党的执政基础的需要。

执政为民,从根本上说就是要求党的一切执政活动都要从人民的意愿和利益出发,把为人民谋利益当作最根本的价值取向和目的。人民是国家和社会的主人,是决定我们事业前途和命运的最终因素、最根本的力量。

---

① 汪勇:《利益多元化对马克思主义大众化的影响及对策研究》,人民出版社 2017 年版,第 195 页。

中国共产党依靠广大人民群众的拥护取得政权,巩固执政地位也必须依靠广大人民群众,中国特色社会主义事业的建设,更加离不开人民群众主体性的发挥,离不开人民群众生机勃勃的创造性活动。党和群众是血浓于水的亲情,人民群众离不开中国共产党的领导,中国共产党更加不能背弃人民群众所寄予的厚望。在中国共产党的思想体系中,以人为本就是以最广大人民的根本利益为本,就是要以人民为中心,就是无条件地为中国人民谋幸福、为中华民族谋复兴。反过来讲,以最广大人民的根本利益为本,坚持以人民为中心,就是以肯定和坚持人民群众创造历史为前提的,是坚持马克思群众观。中国共产党之所以要以最广大人民的根本利益为本,归根结底,是因为人民群众是社会的绝大多数,是历史的创造者。代表绝大多数人民群众的利益,尤其是它们的根本利益,就是代表社会历史的发展方向。正因此,人民群众才成为中国共产党生存之基、力量之源,中国共产党依靠人民群众才能不断发展壮大,领导的事业也才能蒸蒸日上。

第四,为"美美与共,天下大同"的世界新格局提供了中国智慧。坚持马克思群众观,最根本的有两条:一是尊重人民群众的主体地位,二是激发和调动人民群众的主体能动性,调动人民群众的积极性、主动性和创造性,这是人民群众作为主体本质力量的解放和实现,也是中国共产党开展一切工作的思想遵循和行动指南。习近平总书记指出:"中国式现代化是全体中国人民的事业,必须紧紧依靠人民,汇聚蕴藏在人民中的无穷智慧和力量,才能不断创造新的历史伟业。"①一百多年来,中国共产党把全心全意为人民服务确立为根本宗旨,把人民立场作为根本立场,把为人民谋幸福作为根本使命,把维护人民利益作为根本出发点和落脚点,始终尊重人民是历史创造者的根本地位,从人民中来,到人民中去,带领人民为创造更加美好生活而不懈奋斗。习近平总书记多次强调:人民,只有人民,才是创造

---

① 习近平:《在纪念毛泽东同志诞辰130周年座谈会上的讲话》,《人民日报》2023年12月27日。

世界历史的动力。我们要"坚持人民是创造历史根本动力的历史唯物主义基本观点,坚持人民主体地位,充分尊重人民所表达的意愿、所创造的经验、所拥有的权利、所发挥的作用,把维护好、实现好、发展好最广大人民根本利益作为一切工作的出发点和落脚点,让现代化建设成果更多更公平惠及全体人民"[1]。中国特色社会主义在新时代取得的脱贫攻坚战的决定性成就、小康社会的全面建成、第一个百年奋斗目标等伟大壮举,无不是坚持马克思群众观的内核,在实践中向世人展示了中国智慧的科学总结及实践导向,彰显当今中国"国之大者"的风范,为世界各国政党扩大群众基础、巩固政治地位、开展群众工作,探寻富有自身特色和遵循历史传统的现代化道路提供了中国智慧,也为人类文明的进步给出了富有马克思群众观话语叙事语境和实践创新路径的中国方案。

---

[1]　习近平:《在纪念毛泽东同志诞辰130周年座谈会上的讲话》,《人民日报》2023年12月27日。

结　语

　　20世纪末,英国BBC广播公司在全球开展了一次"千年思想家"的评选活动,马克思位列榜首。这个评选结果出乎人们的意料,引起人们的反思。马克思的伟大之处并不在于他给出了解决问题的答案,而在于他提出的问题和解决问题的方式。一个有趣的现象是在发达的西方国家,马克思主义始终是最具有影响力的社会思潮之一。"不能没有马克思,没有马克思,也就没有将来;无论如何得有某个马克思,得有他的才华,至少得有他的某种精神。"①"地球上所有的人,所有的男人和女人,不管他们愿意与否,知道与否,他们今天在某种程度上说都是马克思和马克思主义的继承人。"②不少影响卓著的社会科学家都与马克思主义有着千丝万缕的联系,尽管他们的许多观点我们并不赞同,但他们将着眼点放在重大的现实问题和学术前沿问题上,用马克思主义的方法对当代资本主义作出了深刻的分析性批判,赋予马克思主义理论时代意义的新解释,使马克思主义在当代性和现实性的统一中更好地继承和发展,成为时代"'不可超越'的意义视

---

　　① [法]雅克·德里达:《马克思的幽灵》,何一译,中国人民大学出版社1999年,第21页。

　　② [法]雅克·德里达:《马克思的幽灵》,何一译,中国人民大学出版社1999年,第127-128页。

域"①。这些致敬、辩护的思想都值得我们称道、借鉴和关注。

20世纪以来，群众在政治生活领域的作用和地位越来重要。西方马克思主义者从突出重视无产阶级意识和实践性、从人类主体的内在能动性和自主性等方面对现代资本主义社会进行批判，企图呼唤主体性意识的觉醒和解放。西方历史学者在经历了两次世界大战的磨难后，燃起了对历史发展的目标和人自身命运的关注。他们强调人的理性和自由意志对历史发展的作用，宣称要把人从异己力量中解放出来，把历史的主动权交给人类自己。西方政治哲学家在20世纪80年代提出"社群主义"，他们强调国家、家庭和社区的价值，认为个人及其自我是由他所在的社群决定的。这些学派和学科都或多或少涉及群众观的内容，一些中外学者们对群众这一既古又新的研究重新燃起浓厚的兴趣，做出了丰富的研究。在本书的写作过程中，笔者采用著作文本解读的方法参与了理论问题的探讨，提出了自己的见解。在对马克思群众观历史生成的悉心梳理和文本的认真研读中，笔者尽量遵循马克思的本意来把握马克思群众观的真谛，破解理论上的困惑。当然，此项研究工作不可能也没有必要达到对理论探索定分止争、正本清源的功效，因为马克思群众观作为一个西方的理论，进入中国必然要经历水土不服的情况，在几千年封建制度占主导地位的中华大地上加以实践必然会遭遇挫折和困难，在指导社会主义这一人类历史崭新社会形态的探索实践的过程中也必然会面临许多现实问题。值得庆幸的是，中国共产党人始终站在时代和学术的前沿，对马克思主义进行了精髓继承、创造转化和丰富发展，对新出现的现实问题及时作出理论概括，体现出与时俱进的时代性、推陈出新的革命性、我将无我的人民性和穿越时空的真理性。中国特色社会主义的成功实践，就是马克思群众观在实际运用中取得的成功，是中国人民改造社会历史伟大力量的充分展现和生动实现。

---

① ［美］詹明信：《晚期资本主义的文化逻辑》，陈清侨等译，生活・读书・新知三联书店1997年版，第148页。

◎ 马克思群众观研究

　　理论上的清醒是实践上坚定的基础,理论认识上的混乱往往造成实践中各种模糊、扭曲甚至颠倒的现象。保持对马克思群众观的正确把握和清醒认识,是关系党的政治路线、组织路线和认识路线的重大问题。但由于"群众"而非"公民"是中国共产党民主政治理论和实践的主体,"群众"概念以及群众利益和群众解放取代了西方意义上的"公民"概念和"公民身份",实现了从"群众"而非从"公民"构建现代国家的历史任务。因而中国政治逻辑中的公民是由群众决定的。在国家构建过程与逻辑中,形成了中国共产党领导下的中国革命和建设的独特路径,即从"群众"及由其引申出的诸如"群众路线""群众运动"等概念和理论而非从"公民"概念以及公民身份成长来的构建现代国家的理路。"人们往往用'群众'来理解'公民',又用'公民'去比附'群众',甚至把'公民'等同于'群众'"①。随着中西方政治文化的不断交融,群众的民主意识越来越浓厚,不同利益群体对民主的诉求越来越强烈。表面上看,群众出现了向公民转变的趋势,群众"公民"身份的发展和完善成为中国政治现代化的内在要求。事实上,在中国式现代化道路的建设中,群众路线作为中国共产党的根本政治路线和组织路线,与中国民主构建具有内在的逻辑契合和高度的身份认同,因为民主的本质就是人的自我统治,是人在国家生活中的地位和权力归属的政治表现。中国的民主恰恰因为群众路线的嵌入体现出独特的人民民主。群众路线促进了人民民主的成长,群众路线推动了人民民主的发展,人民民主也将在党的群众路线的支撑下日益巩固和完善。

　　当下,我国社会的主要矛盾是人民日益增长的美好生活需要和不平衡不充分的发展之间的矛盾。马克思群众观的实质就是解决人们的现实困境、拓展未来发展方向的问题,是破解社会主义矛盾、实现共同富裕的基础。对"群众"内在结构问题、外在归属问题和历史定位问题的研究需要

---

　　① 姜涌:《中国的"公民意识"问题思考》,《山东大学学报(哲学社会科学版)》2001年第4期。

根据时代的变化做出新的阐释,或探究群众内涵的演变捍卫群体的权益,或赋予群众时代特征以发挥现实张力,或锚定群体功能发挥的利益内核进行具体化描述,或勘定群众的利益诉求变化减少政策执行过程中的"中梗阻",或阐释群众路线本身的理论逻辑、实践逻辑做好合法性与道义性的对话,提升政治文本及其理论宣传的吸引力和凝聚力,拓展群众在国家治理中的参与度和覆盖面,增强以人民为中心思想在实践层面的执行力和操作性,为中国式现代化道路开创新局面。

后　记

　　"在科学上没有平坦的大道，只有不畏劳苦沿着陡峭山路攀登的人，才有希望达到光辉的顶点。"这句话是伟大的思想家马克思一生的生动写照，也是我埋头于书海，在困惑与徘徊，焦虑与沮丧，挫折与动摇，在"许多不眠之夜，许多斗争之场，许多内心底和外面底刺激"的时刻，勉励自己的至臻良言。追求真理的坚持和冲动，是我写作的初衷。困知勉行，笔耕不辍，只为求真。古老智慧的价值与现代文明在头脑中碰撞，思想和灵魂在新的空间不断生长，阅读写作丰富了我的认知资源，拓展了我的认知边界，让我能够以更加深邃的目光审视世界，以更加宽广的胸怀悦纳不同的观点。

　　马克思的理论无疑是成功的，马克思的影响无疑是巨大的，马克思的学说像诗歌那般直击我们的心灵，用崭新的形象和思想来影响我们的认知。我们追随马克思这位世界顶尖理论巨匠，感悟马克思理论历久不衰的思想伟力，也烙印上了其镌刻着理想信念的崇高精神价值，为我们涤荡一切庸俗杂念。时代飞速变迁，世界格局风云诡谲，令人或困惑，或不安，或麻木，或躁动，马克思的初心和韧性帮助我拨开迷雾，找寻一切变化背后真正的根源。在人类从狩猎采集时代到农业时代再到信息时代的历史进程中，我们在源源不断的合作中获得新能力以配合生产的需求，进一步改善生活条件，从而奠定了人类在其他生物面前的优势，使人类成为地球之主。

但无论普通个体或杰出人物、小的团体或大的政党,他们的作用必须受到个人与群众、个人与社会、少数与大多数、人的活动与历史规律关系的制约;他们只有在推动社会发展的过程中,才能求得自身的发展;他们所代表的群众越广泛,取得群众的支持越大,在历史上所起的作用也就越大,这就揭示出当前的现实正孕育着怎样的可能性,未来的社会会朝着怎样的趋势发展。然而我深知自己能力有限,生活阅历、知识结构和思维方式的不足使得书中不能容纳更多的内容,特别是借助理论对当下社会纷争给予足够的回应,对新时代中国发展所面临的系列问题做出有力的论述,对"以人民为中心"的民主形态做出更彻底的理论阐释,为社会转型与国家建设注入强大的动力支撑。而这也将成为我赋予自己的现实使命,是自己今后努力的方向。

在这本小书付梓之际,心情无比惆怅,感慨万千。时代的转变不仅改变了人类的生活方式,也影响了人类文明的发展。我无法预测未来的世界在政治体系、社会福利、文化发展、医疗教育等方面会发生怎样的变化。变革仍在继续,尚未尘埃落定。我愿相信未来的世界比现在更美好,群众源源不断的理论智慧和实践力量终将帮助我们解决一切烦恼,人类历史悲剧的"三剑客":饥荒,战争和传染性疾病不会再给人类带来痛苦和恐慌,环境污染、气候问题、能源危机、核灾难、自然灾害等问题不会再困扰人类。在变革之轮运转速度不断加快的进程中,伴随着技术进步与生活水准的提高,物质富饶程度得到长期提升,人们享受着前所未有的繁荣富足的变革成果,马克思期待的超越民族国家、实现人类自身解放的实践哲学得以真正实现。更美好的未来还在前方,我将继续踏足更广阔的领域,在安静而有温度的文字里循着马克思的足迹探索,化真理力量为实践伟力,为推进中华民族伟大复兴、推动中国特色社会主义伟大实践不懈努力。